U0543753

名师工程
教研提升系列

以研立教

新编高校教师教学手册

主　编／吴能表　陈时见　刘义兵
副主编／邹士鑫　杨红丽　钟晓燕

西南大学出版社
国家一级出版社　全国百佳图书出版单位

图书在版编目(CIP)数据

新编高校教师教学手册/吴能表,陈时见,刘义兵主编. -- 重庆:西南大学出版社,2024.6
ISBN 978-7-5697-2096-9

Ⅰ.①新… Ⅱ.①吴… ②陈… ③刘… Ⅲ.①高等学校—师资培养—手册 Ⅳ.①G645.12-62

中国国家版本馆CIP数据核字(2024)第096077号

新编高校教师教学手册
XINBIAN GAOXIAO JIAOSHI JIAOXUE SHOUCE

主　编　吴能表　陈时见　刘义兵
副主编　邹士鑫　杨红丽　钟晓燕

责任编辑：刘　平
责任校对：赖晓玥
装帧设计：闻江文化
排　　版：王　兴
出版发行：西南大学出版社(原西南师范大学出版社)
　　　　　重庆·北碚　邮编：400715
印　　刷：重庆市正前方彩色印刷有限公司
成品尺寸：170 mm×240 mm
印　　张：18.75
字　　数：279千字
版　　次：2024年6月第1版
印　　次：2024年6月第1次印刷
书　　号：ISBN 978-7-5697-2096-9

定　　价：68.00元

《新编高校教师教学手册》编委会

主　编：吴能表　陈时见　刘义兵

副主编：邹士鑫　杨红丽　钟晓燕

编　委：(按姓氏笔画排序)

邓怡迷　石定芳　严　怡　杨万宏　杨　挺

吴　娟　易　鹏　祝顺琴　徐宏凯　谢　洁

雍小菊　霍　静

前言

PREFACE

　　强国必先强教,强教必先强师,教师是立教之本,兴教之源。在高等教育全面进入高质量发展、迈向中国式现代化伟大征程之际,高素质专业化教师队伍的基础性作用和根本性支撑越发彰显。高校教师发展面临新趋势新要求,从"科技—人才—教育"一体化发展的战略部署到"建设教育强国"的战略先导定位,从"为党育人、为国育才"的初心使命到"全面提高人才自主培养能力"的战略任务,从"四有好老师"到"大先生"再到"弘扬教育家精神"的时代要求,可以看出高校教师的战略定位、目标定位及功能定位都发生了系统性变革与深层次转变,这些转变亦为高校教师发展提供了根本遵循和实践指南。与此同时,高校面临着知识和技术迭代加快、人工智能冲击教育形态、教师数字化素养提升加速等诸多挑战。全面落实立德树人根本任务,更新教育理念,创新教学方法,提升教学学术,在中国式现代化中展现教育担当,既是对强国战略、育人使命的应然回应,亦是教师教学精进、职业发展的必然选择。

面向新时代,立足新征程,本书编委紧扣高等教育时代要求,围绕高校教师教学核心素养及教学实践需求,遵循"铸师德之魂,明教学之理,优教育之法,强教研之基"的逻辑理路,编写了《新编高校教师教学手册》,旨在为教师们提供一本理念先进、理论扎实、程序明晰、实用性强的教学指导手册,以期为广大高校教师提供更开阔的视野和格局、更系统的认知和导向、更精准的策略和方法。

本书坚持系统性和前瞻性的框架设计,遵循结构化的教学实践逻辑,系统梳理了高等教育的改革趋势,深入分析了高校教师教学发展的时代需求,科学选取了教学实践的主要环节,创新引入了典型案例与常见问题与策略,强化了教学章法的学理性,突出了教育方法的人本位,增强了教学案例的针对性,提升了教学实践的实操性。全书共分为九章,具体包含"师德规范与基本素养、教学准备与教学设计、课堂技能与教学策略、实践教学与毕业论文、学业评价与学生评价、教学评价与教学反思、信息素养与智慧教学、教学规范与教学事故、教学改革研究项目与成果培育"。每一章以"原理—内容—案例—问题—策略"为主线,按照"本章引言、内容导图、基本要求、教学典型案例、常见问题和应对策略"架构编写。在编写过程中,我们注重理论与实践的结合,既有对教育教学政策的分析、教育理论的介绍,亦有对教学实践案例和常见问题的列举,希望通过这种方式,帮助高校教师明确全球教育变革、科技发展竞争趋势和教育发展规律,更好地理解和适应新时代教育教学的要求,同时更加注重激发教师的创新思维和教学学术意识,引导教师将教育理念、教育政策、教学研究融入到教学实践中,为全面提升高校教师教学能力,全力打造"教育家"型教师提供学理基础、实践策略和有效路径,亦为高校师资队伍教学专业发展提供理论参考及实践借鉴,力争为建设高质量教育体系提供强有力的教师教学发展理论支撑。

  本书的编著缘起于我十余年来担任高校教务处处长时的管理实践及三十余年的高校一线教学实践,我对教师是教育的第一资源的感触特别深刻,教师是"教育理想"变成"教育实践"的"最后一公里",是推动教育高质量发展最为基础亦是最为重要的支撑。在管理实践中,我始终坚信研究引领发展,带领着团队开拓创新,深化改革,为学校改革发展培育了国家级教育成果,一流专业、一流课程、优秀教材等显著教学成果,但也时常面临着教师教育理念更新不及时、教学政策理解不透彻、教学流程规范不熟悉、教学改革研究不深入的困惑与忧虑。在自身教学专业化成长过程中,从"课堂教学比赛"到"明德教师"再到"偶像教师",我潜心教研,倾心育人,深感教育教学改革研究对于教师成长与发展的重要性。"赋能高校教师"教学发展,成为顺应改革之需的应有之义和应对改革之困的破题之举。理念是行动的先导。坚定的教育理想、优良的师德师风、先进的教育理念、扎实的教学理论、科学的育人方法,对于每一位高校老师来说既是教育教学的基本要求,亦是专业化发展的根本需求。进入新时代,高等教育变革之速度史无前例,在强烈的教育使命引领下,在浓厚的教育情怀驱动下,我召集了具备良好高等教育研究能力、丰富高校教学管理实践的管理人员,以及具有显著教学成果、丰富的一线教学经验教师,组建起研究团队共同编制此书。编委成员主要包括邓怡迷、石定芳、严怡、杨挺、杨万宏、杨红丽、吴娟、邹士鑫、易鹏、钟晓燕、祝顺琴、徐宏凯、谢洁、雍小菊、霍静等。书稿完成后,由本人进行统稿,出版社编辑为本书的出版亦付出了辛勤的劳动,在此一并致谢!

由于作者能力、水平、时间和实践经验的限制,书中不足之处尚请专家及读者批评指正!

吴能表

2024年6月10日

目录

CONTENTS

第一章　师德规范与基本素养

003　……一、核心——师德规范
007　……二、引导——教育理念
012　……三、基础——教学素养
021　……四、发展——自我修炼

第二章　教学准备与教学设计

041　……一、教学准备
049　……二、教学设计
062　……三、教学准备与教学设计的常见问题
　　　　　和应对措施

第三章　课堂技能与教学策略

075 ……一、概述
075 ……二、课堂教学的基本技能
081 ……三、常用授课策略
088 ……四、课堂增效策略

第四章　实践教学与毕业论文

095 ……一、实验教学
107 ……二、专业(生产)实习教学
115 ……三、调查分析
118 ……四、毕业论文(设计)

第五章　学业评价与学生评价

133 ……一、学业评价与学生评价概述
141 ……二、纸笔考试
149 ……三、书面作业
152 ……四、表现性评价

第六章　教学评价与教学反思

159 ……一、概述
165 ……二、教学评价
174 ……三、教学反思

第七章 信息素养与智慧教学

- 195 ……一、概述
- 199 ……二、智能化学与教工具
- 215 ……三、智能化学与教平台

第八章 教学规范与教学事故

- 237 ……一、教学规范
- 245 ……二、教学事故

第九章 教学改革研究项目与成果培育

- 253 ……一、教学研究类项目
- 262 ……二、教学建设类项目
- 275 ……三、教学成果奖申报与培育

参考文献

第一章

师德规范与基本素养

【本章引言】

具备良好的职业道德和基本素养是教师做好本职工作的基础和前提。教师的职业道德包括教师在从事教育工作中必备的观念、品质及所遵循的行为准则；基本素养则包括了良好的教育理念、知识素养、育人素养，同时还能够在职业生涯中不断成长，完成自我的修炼。本章就相关内容进行简要介绍。

【内容导图】

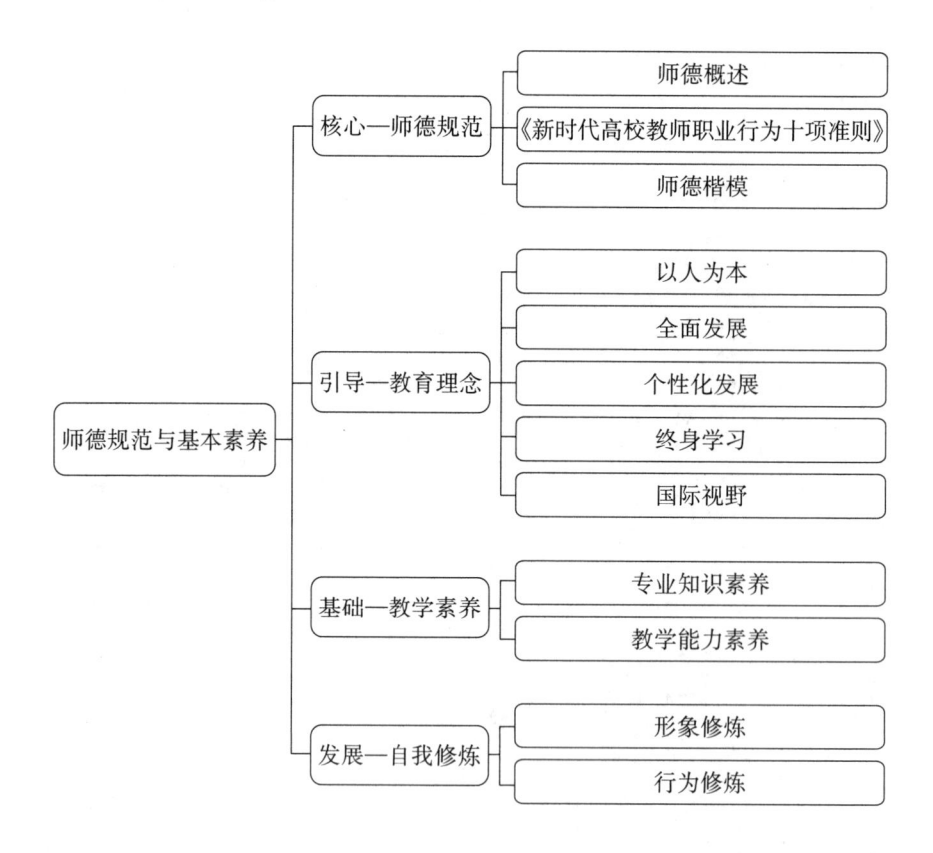

师德规范与基本素养
- 核心—师德规范
  - 师德概述
  - 《新时代高校教师职业行为十项准则》
  - 师德楷模
- 引导—教育理念
  - 以人为本
  - 全面发展
  - 个性化发展
  - 终身学习
  - 国际视野
- 基础—教学素养
  - 专业知识素养
  - 教学能力素养
- 发展—自我修炼
  - 形象修炼
  - 行为修炼

一、核心——师德规范

"才者,德之资也;德者,才之帅也。"人才培养一定是育人和育才相统一的过程,而育人是本。人无德不立,育人的根本在于立德。这是人才培养的辩证法。办学就要尊重这个规律,否则就办不好学。

——习近平

(一)师德概述

教师良好的言行举止对学生的发展起着促进和导向的作用,教师的道德品质也将直接影响下一代的成长。教师的职业道德,简称师德,是指教师在从事教育劳动过程中形成的比较稳定的道德观念、行为规范和道德品质的总和,也是每个教师所必须具备的道德情操和品德[①]。

党的十八大以来,习近平总书记高度重视师德师风建设,把师德师风建设作为提升新时代教师素质、办好人民满意教育的首要任务,对广大教师提出了"系扣人""大先生""引梦人"等殷切期盼,对教师职业道德提出"四有好老师""四个引路人""四个相统一"等要求与标准,强调"评价教师队伍素质的第一标准应该是师德师风"[②]。

为了贯彻落实党中央关于高等教育教师师德规范系列要求,全面提高高校师德水平,2018年教育部颁布了《新时代高校教师职业行为十项准则》,从正反两个角度对高校教师师德规范进行了明确要求,是教师落实"立德树人"根本任务的依据与参照。

(二)《新时代高校教师职业行为十项准则》

教师是人类灵魂的工程师,是人类文明的传承者。长期以来,广大教师贯彻党的教育方针,教书育人,呕心沥血,默默奉献,为国家发展和民族振兴作出了重大贡献。新时代对广大教师落实立德树人根本任务提出新的更高要求,为进一步增强教师的责任感、使命感、荣誉感,规范

---

① 张维维.浅谈教师的专业素养[J].课外语文,2018(4):192.
② 苏寄宛.新时代加强师德师风建设的着力点[N].光明日报,2022-06-28(6).

职业行为,明确师德底线,引导广大教师努力成为有理想信念、有道德情操、有扎实学识、有仁爱之心的好老师,着力培养德智体美劳全面发展的社会主义建设者和接班人。因此,教育部在2018年11月8日印发了《新时代高校教师职业行为十项准则》(教师〔2018〕16号),全文如下。

新时代高校教师职业行为十项准则

1. 坚定政治方向。坚持以习近平新时代中国特色社会主义思想为指导,拥护中国共产党的领导,贯彻党的教育方针;不得在教育教学活动中及其他场合有损害党中央权威、违背党的路线方针政策的言行。

2. 自觉爱国守法。忠于祖国,忠于人民,恪守宪法原则,遵守法律法规,依法履行教师职责;不得损害国家利益、社会公共利益,或违背社会公序良俗。

3. 传播优秀文化。带头践行社会主义核心价值观,弘扬真善美,传递正能量;不得通过课堂、论坛、讲座、信息网络及其他渠道发表、转发错误观点,或编造散布虚假信息、不良信息。

4. 潜心教书育人。落实立德树人根本任务,遵循教育规律和学生成长规律,因材施教,教学相长;不得违反教学纪律,敷衍教学,或擅自从事影响教育教学本职工作的兼职兼薪行为。

5. 关心爱护学生。严慈相济,诲人不倦,真心关爱学生,严格要求学生,做学生良师益友;不得要求学生从事与教学、科研、社会服务无关的事宜。

6. 坚持言行雅正。为人师表,以身作则,举止文明,作风正派,自重自爱;不得与学生发生任何不正当关系,严禁任何形式的猥亵、性骚扰行为。

7. 遵守学术规范。严谨治学,力戒浮躁,潜心问道,勇于探索,坚守学术良知,反对学术不端;不得抄袭剽窃、篡改侵吞他人学术成果,或滥用学术资源和学术影响。

8. 秉持公平诚信。坚持原则,处事公道,光明磊落,为人正直;不得在招生、考试、推优、保研、就业及绩效考核、岗位聘用、职称评聘、评优评奖等工作中徇私舞弊、弄虚作假。

9.坚守廉洁自律。严于律己,清廉从教;不得索要、收受学生及家长财物,不得参加由学生及家长付费的宴请、旅游、娱乐休闲等活动,或利用家长资源谋取私利。

10.积极奉献社会。履行社会责任,贡献聪明才智,树立正确义利观;不得假公济私,擅自利用学校名义或校名、校徽、专利、场所等资源谋取个人利益。

《准则》结合了道德信念、道德品质与道德行为等多个方面的内容,且在对要求进行阐述时使用了非常具体的动词,展现了从"信念"落实到"行为"的基本过程,强调了相关要求的可实施性。

在每一条的要求中又包含了正反两面的说明,既提出了积极的倡导,又划定了师德底线,内容上更加充实,要求上更加具体,对行为的规定进行了非常明确的说明,能够更加实际地指导高校教师落实"立德树人"根本任务。教师们应该时刻对照《准则》自省、自警、自励,立志做以德修身、以德治学、以德施教、以德树人的模范。

(三)师德楷模

习近平总书记在同北京师范大学师生代表座谈时指出,教师肩负着培养下一代的重要责任,做好老师"要有理想信念、要有道德情操、要有扎实学识,要有仁爱之心"。正确的理想信念是教书育人、播种未来的指路明灯,好老师应肩负国家使命和社会责任,道德高尚。长期以来,在我国教育事业发展的过程中,就涌现出了一大批优秀的教师,在他们身上集中体现了新时期人民教师的高尚品德,体现了教师职业的崇高和伟大,赢得了全社会广泛赞誉和普遍尊重。他们是教师职业道德楷模,也是我们共同学习的目标。[①]

• 张桂梅

张桂梅同志爱岗敬业、爱生如子,为了不让一名女孩因贫困失学,坚

---

① 张仲伍.普通师范高校教师在新时代的责任与义务[J].教育教学论坛,2019,443(49):14-16.

持家访11年,遍访贫困家庭1300多户,行程十余万公里。她长期拖着病体工作,以透支身体健康的代价,换来女子高中学生的好成绩。她不遗余力践行着"只要我还有一口气,就要站在讲台上"的诺言,用实际行动铺就贫困学子用知识改变命运的圆梦之路。多年来她一直住在学生宿舍,和孩子们吃住在一起,陪伴学生学习生活。她在教书育人岗位上为贫困地区教育事业作出了重要贡献,在她身上充分体现了人民教师潜心育人的敬业精神和立德树人的使命担当。

• 李保国

李保国同志35年如一日,矢志于山区开发与治理,先后取得28项研究成果,推广36项实用技术,让140万亩荒山披绿,使山区增收35.3亿元。打造了"富岗"苹果、"绿岭"核桃等全国知名品牌,探索出一条生态改善、产业发展、农民脱贫致富的山区发展之路,把自己最好的论文和科研成果写在太行山上,镌刻在山区人民群众的心中,被誉为"太行新愚公"。他患有重度的糖尿病、冠心病,每天要吃十多种药,但他始终坚守在教学、科研第一线。2016年4月10日,因心脏病突发抢救无效,不幸去世,年仅58岁。为表彰李保国同志的先进事迹,教育部于2016年5月13日决定追授李保国同志"全国优秀教师"荣誉称号。

• 黄大年

2009年,黄大年同志毅然放弃国外优越条件回到祖国,成为东北地区第一批国家级专家。他师德高尚,诲人不倦,主动担任本科层次"李四光实验班"班主任,鼓励学生将个人价值与国家前途命运紧密联系在一起,积极提升青年教师和团队成员的国际交流互动能力,培养了一批"出得去、回得来"的人才。他刻苦钻研,业绩突出,作为国家"863计划"首席科学家,在国外进行技术封锁情况下仍取得一系列重大成果,填补了多项国内技术空白。他不求名利,甘于奉献,长年带病工作,把生命最绚丽的部分献给他钟情的教育科研事业。2017年1月8日,黄大年因病逝世,享年58岁。黄大年同志用毕生努力实现了爱国之情、强国之志、报国之行的统一,是新时期归国留学人员和高校教育工作者的杰出代表。被追授"时代楷模""全国优秀教师""杰出科学家"等荣誉称号。

二、引导——教育理念

教育理念是指教育主体在教育实践、思维活动及文化积淀和交流中所形成的对于教育现象的理性认知和理性追求,是教育活动中的主旨思想,贯穿教学活动的始终,会对教学造成长期性的影响,同时还能够使具体的教育行为具有一种超越自身、跨越现实的功能,产生持续性发展的内在动力。很多重要而深刻的变革都是以教学理念的转变开场的,更有学者提出"现代大学的教育理念是一种无法用金钱衡量的最佳教育,其核心是在教育工作中坚持人文精神、科学素养、创新能力的统一",从一定意义上说,大学理念还蕴涵着大学的办学方向、目标、运营策略、社会责任以及人们对理想大学模式的系统构想[①]。所以对于高等教育而言,教育理念的选择与确定具有十分重要的意义。引导高校教师工作的教育理念主要有:以人为本、全面发展、个性化发展、终身学习与国际视野。

(一)以人为本

教育中的以人为本强调"以人的发展特别是作为教育对象的具体的个人的和谐发展为根本"。一方面,在传统的教育思想中,似乎知识多就意味着人的水平高、能力强。这一观点表面上看是将知识的增长与人的发展等同起来,实质上是人性关怀的缺失。它将获取知识当作教育的唯一目的,颠倒了知识与人的关系,在一定程度上忽视了人性,甚至把人物化了。另一方面,人必须将积累的知识转化为能力和素质,才能实现真正意义上的发展。因此,从这个意义上说,素质教育正是以人的发展为中心的教育。

那么,如何使受教育者在良好的环境影响下获得最大成效?首先,教育归根结底是一种方法。诺丁斯的道德关怀教育理论认为所有的教育行为、过程与方法都应具有道德性,即关怀性,否则将不成其为教育。而关怀就要考虑效果,但又不是功利的。在这一理念前提下,教育必须

---

① 李维民.中国民办高校与公办高校趋同化研究[J].陕西理工学院学报(社会科学版),2006,24(1):65-70,78.

改变只见"学生"不见"人"的状况。其次,教育又是对所有能促进人的精神全面发展的人类世代积累的文化的运用。文化的化人功能要求我们从关注人的全面发展的角度,增强学校进行文化建设的使命感。

教育活动中的人是在具体环境中生活的具有高度心理差异的个体。教育的目的在于使每一个人成为他自己,教育的责任在于开发学生的潜能。但是,长期以来,中外教育界都存在着在规定的时间内,用统一的规则与模式对不同的个体进行"智商"测试,从而衍生出形形色色的智力测试与标准化考试等现象。我们尊重人,就要尊重每一个人的个性,尊重个体差异性。我们的教育者首先不应该从统一的教育目标出发来评价学生,而应针对每一个学生的优势智能领域和弱势智能领域,为每一个学生提供发展的多元途径。在发掘优势智能领域的同时,帮助他们将优势智能领域的能力向弱势智能领域迁移与渗透,从而使他们的弱势智能领域也得到最大限度的提升。以开发潜能来发展个性,就能实现"教育面前无差生,每一个受教育者都是潜在的天才"的教育目标。

(二)全面发展

有这样一个故事:小白兔在长跑比赛中夺得了冠军,非常高兴。兔妈妈想,她的孩子长跑这样厉害,游泳也一定会取得好成绩,于是她就让小白兔去参加游泳训练。在一年后的森林运动会中,小白兔游泳成绩平平,甚至在原本的强项——长跑中也名落孙山,兔妈妈一下子傻了眼:"孩子,我原想让你能全面发展,没想到却害了你呀!"其实不仅是"兔妈妈",教师在实际教学工作中也会存在一大误区——盲目追求全面发展。要避免这个问题,就要首先明白,什么是全面发展?是哪些能力的全面发展?

首先,全面发展不等于全优发展。教育中出现问题,很多是因为教师对学生寄予了太高的期望和要求,什么都想做到最好,结果却往往什么都没有做好。那些集各方面知识能力于一身的人只是特例,要求学生在各方面做到全优是不现实的。教师应该做的,是根据每一个学生的特点,为其提供不同的发展平台,做到扬长避短,让每一个学生都有感受成功的机会,获得成长与发展。

其次,全面发展是一种和谐发展。全面发展不是各学科、各领域知识的简单叠加,它是"学创俱能、知行合一"的要求,更是"内外兼修、身心两健"的境界。所以,在实施教育的过程中,教师不仅要关注学生的学业水平,更要通过各种丰富多彩的活动,为学生的身心和谐发展创造机会、搭建平台,使学生在多种活动中得到锻炼。所谓"学校小社会,社会大学校",当学生在学校通过各种活动得到了成长和发展,也就能很好地适应社会的发展和要求。

再次,全面发展是一种可持续的发展。学校教育的目的不仅是让学生学得知识、获得能力,更重要的是为其一生的成长奠定基础。学生总是会离开学校的,在社会这个更大的学校、更大的舞台上,能不能继续做到全面发展,学校的教育至关重要。所以,教师的教育不仅要关注当前,更要着眼长远,让学生将学习作为一种习惯,一种生活态度,一种人生追求。只有这样,教育的价值与意义才能得到体现。

现在,我们重新去审视前面的小故事,去反思我们自己的教学实践,就会发现我们有意拔高了对学生全面发展的要求。如果教师违背学生身心发展规律,拔苗助长,就会造成教育中许多的尴尬和悲剧。所以,现在要做的是正视学生的发展规律,正确理解全面发展的内涵,实施真正的素质教育,使每个学生都能获得有效的、科学的发展和成长。

(三)个性化发展

在前面所述的小故事里,除了盲目追求全面发展外,兔妈妈其实还犯了另一个错误:忽略了个体本身的特点。小白兔的生理特征决定了它适合跑跳,而不适合游泳,盲目追求在游泳上取得成果其本身就是不现实的,而这样的问题在我们当前教育环境中屡见不鲜。要实现学生个性化的发展,教师在教学工作中就需要注意以下几点。

首先,个性化发展具有主体性。个性化发展的主体是学生,学生应该在发展中占据主体地位,这就要求教育工作者在实际教学中应注重提高学生的主体意识、主体能力与主体价值,让学生积极参与到自我的成长与发展中,了解自身"个性",建立起清晰且符合自身特征的发展目标,并在此过程中自我学习、自我管理和自我教育,实现其主体地位,培育自主性、能动性、创造性、独特性、整体性等主体性品质[①]。在此过程中,教师与学校切忌"大包大揽"或者"放任自流",前者会损伤学生的主体性地位,削弱学生在自我发展中的参与感,难以实现真正的发展;后者则会使学生陷入"自我"的漩涡,尊重并不等于放任自流,教师对学生负有引导的责任,在学生进行自我认知过程中对自我存在的缺陷与不足难以接受或在面对问题产生负面情绪时,都需要教师提供正确的引导,使其在充分尊重自我的基础上扬长避短,自我修正,才能实现自我成长。尊重学生的主体地位并不等于在教学中教师不作为、不出力,相反,这更考验教师的智慧。教师需要在教学中构建良好的师生关系,充分尊重学生,调动学生的积极性,引导学生大胆质疑、学会合作等,从教学中的主导者转换为引导者。

其次,个性化发展具有全面性。全面性指的是面向全体学生的个性化发展需求,而不是针对部分具有明显特长的学生或是学生的特长方面。个性化发展并不等于只发展特长方面,而盲目放弃其他方面的培养。教师应致力于培养学生各方面的素质,使个性特征得以优化,即在全面发展的前提下,对个体表现出来的优势方面进行着重培养。为社会培养多元化的人才。

再次,个性化发展具有系统性。尊重个性特征,引导学生进行个体化发展,应融入教育教学的全过程,包括个性化发展的教育目标、主张针对不同的个性特点采用不同教学方式的教育方法和为每一个学生的个性充分发展创造条件的评估标准等。因此课程设置、培养方案、评价方式都要考虑到学生的个性特质,把培养完善个性的理念渗透到教育教学的各个要素与环节之中,从而满足学生个性化发展需求,对学生的身心素质特别是人格素质产生深刻而持久的影响。

[①] 周璇,刘悦男.个性化、多元化教育理念与高校人才培养战略[J].学术交流,2008,177(12):303-306.

(四)终身学习

教师为什么要终身学习？南宋著名的学者朱熹在《观书有感》中写道："问渠哪得清如许，为有源头活水来。"这两句诗常常被人们用来比喻只有不断学习新知识，才能达到新境界。对于为学生提供专业服务的教师而言，只有不断学习并接受种种鲜活的知识，广泛吸收，才能在反思中不断成长，不致被时代抛弃[1]。所以，教师应保持"严谨笃学，与时俱进，活到老，学到老"的发展愿景，在新知识、新信息不断更新的多元化社会中，"终身学习"更应成为新时期每一位教师的基本理念。

荀子在《劝学》中写道："学不可以已。"在学习型社会中永远不能停止的事情就是学习。每一个人都将是终身学习者，教师作为学生学习与发展的指导者、促进者，应当学会学习，仅有一桶水是远远不够的，必须具有"活水源"，这个"活水源"就是不断地学习。当今社会是信息化社会，学生每天都在接受着大量的信息，面对东西方不同文化思维的碰撞，面对学习和生活中的诸多压力，他们每天都会产生很多疑惑，其有"桶水"的教师，尤其是高校教师，再也难以为学生传道、授业、解惑了，教师必须具有源源不断的"源头活水"方可为人师。学习是教师专业水平持续增长的源头活水，教师只有通过学习，才能提高思想境界和道德水平；只有通过学习，才能不断丰富自己的专业知识；只有通过学习，才能掌握现代教育技术和教学技能。教师对于学习就像植物对水分的吸收一样，一天也不能缺少，否则，教师的职业生命将会逐渐枯萎。教师只有做到学而不厌，才能诲人不倦。

(五)国际视野

随着经济全球化进程的不断推进，任何微小行为都可能引发"蝴蝶效应"，给全球形势带来影响。这就意味着各国的高等教育之间是紧密相关的，先进国家的高等教育会在一定程度上影响到我国对教育趋势的判断和教育政策的制定。紧跟国际高等教育脚步，能够拓宽人才培养的

---

[1] 麻建林.教师必须树立终身学习的观念[J].新一代(理论版),2016,486(2):90.

渠道，进行全球范围内的优势资源整合，推动协同创新，最终培养出具有国际视野，能够适应未来复杂多变环境下的高质量人才，为服务国家重大战略打坚实的基础。

当前，世界正面临着百年未有之变局，国际形势复杂多变，国际化教育的重要性不言而喻，但无论引入哪种理论和模式，最终都需要扎根于中国大地，完全的国际化是不可取的，正如习近平总书记所指出的："中国有独特的历史、独特的文化、独特的国情，建设中国特色、世界一流大学不能跟在别人后面依样画葫芦，简单以国外大学作为标准和模式，而是要扎根中国大地，走出一条建设中国特色、世界一流大学的新路。"所以，在高等教育中，我们更加强调的应该是一种国际化视野，也称为全球视野或国际意识，它指的是人们从世界的高度客观了解世界历史与当前国际社会，同时立足于本国的实际，认识自身的权利和义务并在当前的国际形势中为提升本国的地位与作用采取恰当的行为。

三、基础——教学素养

"教学素养"是教师从事教学工作的必备素养，主要包括两层含义。一是教师教什么，指教师运用自身的知识和能力教学生学习什么知识；二是教师如何教，指教师通过不断学习提升自己的教学素养，让自己达到"会教"和"教会"境界，从而顺利实现教书和育人目标。新教师要具备基本的教学素养，就要掌握扎实的专业知识和过硬的教学能力。

(一)专业知识素养

习近平总书记在北京大学师生座谈会上提出，建设政治素质过硬、业务能力精湛、育人水平高超的高素质教师队伍是大学建设的基础性工作。教师的专业知识素养直接影响到学校教育的状况，因此它是当代课程改革的一个核心问题。根据知识的特征，高校教师应具备本体性知识、条件性知识、实践知识、文化知识四类知识[①]。

---

① 李永鑫.高校新教师成长手册[M].北京:科学出版社,2020(4):27.

1.本体性知识

教师的本体性知识是指教师所具有的特定的学科知识,包括语文知识、数学知识等,这是人们所普遍熟知的一种教师知识。教师扎实的本体性知识是其取得良好教学效果的基本保证。教师掌握本体性知识的途径包括以下四个方面。

(1)理解所教学科专业的知识体系、基本思想与方法。学科知识既包括某一学科的知识体系和原理等显性的客观事实;同时,又包括某一学科的基本思想、态度和价值观等隐性的知识。因此,教师在把握学科知识时,首先要了解该学科的发展历史、前沿研究等;其次,理解该学科的基本思想和研究方法;再次,把握该学科未来发展的方向。[①]

(2)掌握所教学科的基本知识、基本原理与技能。新教师可通过阅读学科教育期刊和专业书籍,了解学科教育研究的基本动态,跟踪学术研究前沿,及时更新学科知识;参加各种教师进修培训,了解同行对于学科知识、原理和技能的理解,交流教学的经验;在日常教学中有意识地用学科的基本原理来指导自己的教学行为,加深对学科基本原理的理解。[②]

(3)了解所教学科与其他学科的联系。教师了解所教学科与其他学科间的联系,可以帮助学生形成整体的、综合的知识观。教师整理所教学科和其他学科联系的过程,既是教师背景知识的激活过程,也是学习反思过程。[③]

(4)了解所教学科与社会实践的联系。了解所教学科与社会实践的联系,有利于教师更准确地判断该学科知识的价值,帮助学生建立知识与实践的联系。新教师应设立研究性学习课题与实践作业,与学生共同

[①] 吕立杰.小学教师专业标准案例式导读(第2版)[M].长春:东北师范大学出版社,2012:132-133.
[②] 教师专业标准研究课题组.中学教师专业标准 要点行动示例[M].北京:北京师范大学出版社,2013(4):87.
[③] 教育部教师工作司组编.中学教师专业标准(试行)解读[M].北京:北京师范大学出版社,2013(1):95-96.

经历观察、实验、推理和交流等实践过程,从而加深教师对社会实践问题的开发与实施环节的了解。[1]

2.条件性知识

教师的条件性知识是指教师所具有的教育学与心理学知识[2]。教师的职业特点,要求教师广泛地学习和了解其他相关学科的知识和理论,以及各个学科知识之间的关系,以扎实、广博的通识性知识作为基础。教师掌握条件性知识的途径包括以下三个方面。

(1)正确认识条件性知识对自身的重要性,提高学习积极性。高校教师作为高校教育的主力军,必须具备教育学、心理学等条件性知识。高校教师要将教育理论知识和自身感兴趣的教育教学案例相结合,利用教育理论知识去分析实际生活中的问题。

(2)积极参与教师培训。教师培训是职后教师条件性知识的一个重要来源。在教师培训活动中,有经验的教师和教学主管会参与其中,这是教师获得条件性知识最直接的途径。此外,青年教师还要积极参与教育学、心理学等方面的讲座,学习前辈的经验。

(3)将理论学习和实践应用相结合,在行动中学习理论。学习过程中理论与实践要相结合,不能搞脱离实际的理论学习,否则是学不下去的。例如,在学习教学论时,应当结合自己的教学实际,把学习到的东西,如了解学生、教学模式确定、教学方法的设计等,应用于自己的教学实践中,解决实践中的问题。[3]

3.实践知识

教师的实践知识是指教师在面临实现有目的的行为中所具有的课堂情景知识以及与之相关的知识,具体来说就是教师教学经验的积累。实践知识受一个人经历的影响,这些经历包括个人的打算与目的以及人

---

[1] 教育部教师工作司组编.中学教师专业标准(试行)解读[M].北京:北京师范大学出版社,2013(1):96.

[2] 柴宝芬.浅议教师的职业素质和职业角色[J].现代营销(学苑版),2012(2):218.

[3] 赵立伯.教师论[M].北京:教育科学出版社,1992:130.

生经验,所以这种知识的表达包含着丰富的细节,并以个体化的语言而存在[1]。教师获得实践知识的途径包括以下两个方面。

(1)教育行动研究。教育中的行动研究指的是广大教师或与科研人员一起去研究本校本班的实际情况,解决日常教育教学中出现的问题,从而不断改进教育教学工作的研究[2]。在研究过程中,实践者是研究者,在经验中不断地学习。

教育见习和教育观摩。教育见习和教育观摩以类似于学徒制的方法理解教与学的知识和技能,是形成教师实践性知识的一种重要途径[3]。教育见习应贯穿于教师职前培训活动的始终,而教育观摩则应成为教师职后研修的基本途径。

(2)教育案例研究。教育案例描述的是教育实践,它以丰富的叙述形式,向人们展示了一些包括教师和学生的典型行为、思想、感情在内的故事。优秀教师积累的丰富的"实践智慧"可以通过案例得到有效的保存和传递,宝贵的经验可以通过案例让大家共享。青年教师借助案例进行交流、探讨,将会得到较大的成长。[4]

(二)教学能力素养

教学能力是指教师为达到教学目标、顺利从事教学活动所表现的一种行为特征,由一般能力和特殊能力组成。一般能力指教学活动中所表现的认识能力,如了解学生学习情况和个性特点的观察能力;预测学生发展动态的思维能力等。[5]特殊能力指教师从事具体教学活动的专门能力,包括教学设计能力和教学调控能力,如编写教案、课堂管理等能力。

1.教学认知能力

教师教学认知能力是指教师认识、理解与把握教学活动基本元素

---

[1] 申继亮,谷生华,严敏.中学语文教学心理学[M].北京:北京教育出版社,2001:330.
[2] 黄正平.专业引领:班主任专业化的有效路径[J].当代教育科学,2008(12):42,64.
[3] 刘兴富,刘芳.教师专业化发展的理论与实践[M].北京:光明日报出版社,2010:185.
[4] 陈辉.校本课程开发中教师专业发展存在的问题及对策[J].继续教育研究,2008(2):68-70.
[5] 林铁成,陆姣.高职院校教师教学能力提高途径的探索研究[J].读天下,2020(16):105.

(诸如任务、内容、对象)的能力,包括理解专业培养目标及课程的能力、了解教学对象的能力、分析与处理教材的能力。

(1)理解专业培养目标的能力包括理解专业培养目标与教育目标、课程目标的关系,理解专业目标的表述形式,理解专业培养目标的作用;理解课程是指理解课程的概念,理解课程的编制、课程的基本内容和实施方法。

(2)了解教学对象的能力是指教师对学生的认知水平、社会背景多方面了解的能力。了解教学对象的能力要求教师了解当代学生身心发展的特征;克服主观心理倾向,有客观的认知态度;要有明确的目的;掌握和运用可行的方法。

(3)分析、处理教材的能力是指教师能准确地分析教材,合理地处理教材重难点的能力。教师应当具有分析和处理教材的基本能力,表现为以下方面:能分析教材的总体结构,构建知识框架;能分析知识间的逻辑关系,构建教学的思维主线,形成教学思路;能合理地处理教材中的内容和素材,根据教学需要对内容进行选择、加工和重组;能关注学科动态及科学发展前沿问题。

2.教学设计能力

教学设计能力包括设计教学目标的能力、突出教学重点和难点的能力、选择教学策略和方法的能力、编写教案的能力等。

(1)设计教学目标的能力。教学目标是指课堂教学的具体目标,通常为单元教学目标和可视教学目标。设计教学目标的能力表现在:遵循教学目标设计的依据,了解教学目标的陈述方法,掌握教学目标的设计要求。

(2)突出教学重点、难点的能力。教学的重点,是指教材中最重要、最基本的内容;教学的难点,是指学生感到难以理解或接受有困难的内容。教学的关键点,是指在学生理解和掌握本教材知识过程中起关键性作用的知识点。教师要在精通教材的基础上掌握教学的重点、难点和关键点,使教材的知识点分布轻重有别、条理清楚、主次分明。

（3）选择教学策略和方法的能力。第一，能正确理解和运用启发式教学，具体要求有四个方面：在教学目标的达成上应把知识传授与学生的能力培养结合起来；在教学策略的选择上应以学生独立学习和独立研究为主要方式；在教学效果的评价上应以激发学生主动学习的热情，使学生学会学习为基本标准；正确选择教学策略。第二，能正确选择教学方法，表现为能够根据教学目标的要求选择教学方法，能够根据教学对象的特点选择教学方法，能够根据教学内容的特点选择教学方法，能够根据教师自身的素质和特点选择教学方法。

（4）编写教案的能力。教案也称为课时计划，是教师对一节课的安排和设计的直接体现。表现在以下方面：能准确设计和表述教学目标；能根据教学目标安排教学活动和流程；能合理设计教学程序；能恰当处理教学内容；能选择适当的教学方法；能在教案中设计有结构的板书。

3.教学调控能力

教师的教学调控能力是在课程实施阶段对教师的能力要求，包括反馈教学信息的能力、调控教学进程的能力和课堂管理的能力。

（1）反馈教学信息的能力。反馈是信息流通的重要环节，是了解教学运作情况，及时发现现存问题的重要手段。教学信息反馈是检查教学效果、组织后续教学的重要依据，是影响教学质量的重要因素。加强教学信息反馈是教学改革和发展的需要，反馈教学信息的能力也是教师必须具备的教学调控能力之一。高校教师反馈教学信息的能力包括及时掌握反馈信息的能力、准确输出可靠信息的能力、及时排除谬误信息的能力。

（2）调控教学进程的能力。调控教学进程能力包括适时地调整教学内容，适当地变动教学程序，合理地调整教学手段。教师在选择教学内容时，首先需要以教学大纲中的学习目标为依据，将课程内容分解，再根据学生需求进行调整，侧重讲授学生"必须知道"（即对知识理解非常必要）以及"需要知道"（即目前不重要，但以后一定要知道）的知识和技能。教学手段是课堂教学中活跃而重要的因素，教学的成败在很大程度上取决于教师是否能妥善调整教学手段,在教学过程中教学手段的选择依赖于教学内容、教学情境以及教学对象的身心状况。

(3)课堂管理能力。课堂管理能力是指能够从教学需要出发,根据教学对象的特点,采取有效的措施,推动课堂教学顺利进行的能力。课堂管理能力具体表现在能恰当运用纪律规定、营造健康美好的课堂环境、建立和谐的师生关系,影响大学教师课堂管理的因素主要包括专家权威、人格魅力、有效评价、角色权力四个方面。课堂管理能力可从以下几方面培养:学习人际交往的知识、培养晓之以理的说服力、正确理解和扮演教师职业角色。

4.教学评价能力

教师的教学评价能力指向教与学两方面:一是指教师对学生学业成绩评价的能力;一是指教学自我评价的能力。

(1)学生学业成绩评价能力

对学生学业成绩评价的能力是指教师对学生学业成绩是否达到教学目标的判断能力。教师对学生学业成绩评价的能力体现在以下三方面。

①正确运用评价方法

对学生学业成绩的评价要根据评价目的和评价方法的特点选用评价方法,一般包括考查和考试两种方式。考查属于定性的评价方法,通常适用于无法定量考核或无须定量考核的学习活动,如观察、课堂测验、课堂提问、检查作业、论文写作实践作业等。考试是将定量分析与定性分析结合起来的一种评定方法,如口试、笔试、操作考试等。

②客观评定学生学业成绩的能力

•合理运用记分方式:通常记分的方式有百分制、等级和评语三种。考查适宜采用等级制,考试适宜采用百分制,书面作业类的考核适宜采用评语。

•恰当运用评分标准:应根据试题的难易程度和权重系数确定评分标准。评分做到原则性和灵活性相结合,既要遵循标准答案,又不拘泥于答案。

•及时整理评价信息:主要包括信息资料归档、绘制统计图表和计算必要的统计量。

•全面分析学业质量:综合运用各种方法全面分析学生的学业质量,并深入分析学生质量问题产生的根本原因。

③有效调整教学策略的能力

教师调整教学策略的能力是指教师在整理分析教学反馈信息的基础上,发现教学中的问题,及时调整教学策略,以提高教学水平、保证教学质量的能力。这种能力表现为调整教学目标、完善教学内容、改进教学方法等方面。

(2)教师教学自我评价能力

自我评价是高校教学评价应当提倡和重视的评价方式,高校教师专业的独立性、自主性较强,教师的自我评价真实、客观,对改进教师的教学意义重大。

教师教学自我评价能力是指教师能依据一定的标准对自身教学实践及教学效果进行客观评价的能力。教师的自我评价能力也是教师教学的自我反思能力,表现为反思教学目标的能力、反思教学观念的能力、反思教学态度的能力、反思教学内容的能力、反思教学方法的能力和反思教学效果的能力。

①教学目标是教学活动实施的方向和预期达成的结果,是一切教学活动的出发点和最终归宿,反思教学目标设置是否合理,有利于教学质量的提升。

②教师的教学观念会渗透在教学的方方面面,直接地对教学效果产生影响,教师要能够反思评价自身的教学观念是否陈旧、是否符合学生的发展需要,才能及时调整自己的教学方法、教学途径等,使教育教学活动更好地发挥其价值。

③教师的教学态度不仅会影响教学效果,并且还会间接地影响学生的学习态度,教师时时反思自己的教学态度是否积极、严谨,并及时做出调整,教学必定能够收获成效。

④教学内容的反思可以分为教学前反思和教学后反思,教学前反思也即反思"教什么",教学后反思是根据教学情况反思教学目标的达成情况。反思教学方法应当包括反思是否面向全体学生、是否注重学生的参与、方式手段是否多样化。教学效果是评价教师教学的重要指标,对自己教学效果的反思,无疑可以促进教师成长。

5.正确运用教学媒介的能力

教师语言和教学技术是教育教学中的两个重要媒介,随着时代的发展,大部分高校已具备较为齐全的教学设备,而"大学者,非有大学之谓也,有大师之谓也",高校教育水平更取决于师资水平。高校教师应当如何运用好自身的语言媒介和学校提供的教学技术媒介是值得深入探寻和实践的问题。

(1)教师的语言表达能力

语言表达能力是教师应该具有的基本的能力。教学语言分为口头语言、书面语言和身体语言三种类型。

①口头语言表达能力。教师的口头语言表达能力表现为发音准确,吐字清晰;表述简明,逻辑性强;抑扬顿挫,节奏性强;妙语如珠,通俗易懂;寓意深刻,启发思考。

②书面语言表达能力。书面语言表达能力主要指教师的课堂板书能力。板书是学生通过视觉获得知识信息,利用视觉交流信息的渠道。板书在教学中的作用主要是能够以简明的方式揭示知识间的内在联系、突出教学中应当掌握的重点、帮助学生理解讲授中的问题、激发学生的学习兴趣,保持学生的注意力。教师板书常用的类型包括板书、板演和板画三种。教师的板书能力表现为以下四个方面:结合教学内容进行板书设计,通常板书表达形式有逻辑要点式、结构图形式、图表演示式三种;板书要正确规范、书写美观;板书既要系统完整,又要简明扼要;板书的书写和擦拭应适时有序。

③体态语言表达能力。教师的体态语言或者身体语言,是指教师借助表情、体态、动作等身体姿态传递信息的无声语言,它是教师对口头语言和书面语言的深化和补充。教师的体态语言有三种类型:动态无声交

流、静态无声交流和有声交流。这三种形式在教学中经常是结合在一起运用的。教师体态语言表达能力的要求：用眼达意，注意调控；表情丰富，沟通情感；姿势恰当，讲求风范；情绪饱满，心态健康。

(2)教师运用教学技术手段的能力

教学技术手段是指高校教师为传递教学信息而借用的各种物质媒体或物质条件，分为常规教学手段和现代化教学技术手段两类。

常规教学手段主要是指课堂教学中经常使用的直观教具。教学中常用的直观教具包括图表、黑板画、实物、标本、模型，也包括粉笔、黑板、教鞭等辅助教学用具。

现代化教学技术手段是指利用现代科学技术传递教学信息的各种教学工具，包括多媒体电脑、电子白板、投影仪及平板电脑等各类智慧型硬件设施，以及承载教学信息的教学平台及软件工具。现代化教学技术手段大部分是视听工具，它们比传统的技术手段提供的信息量更大，展示的形象更丰富生动，有效地补充了学生的直接知识经验。

培养运用教学技术手段的能力要求：运用常规教学手段的要求是目的明确，选择合理；准备充分，使用适当；展示清楚，引导观察；演讲结合，提高认识；注意维修，动手制作。现代化教学技术手段要求与常规教学手段相结合使用；掌握现代化教学技术手段的使用方法；合理选择和应用现代化教学技术手段；应与讲解、引导、思考结合起来；应当把应用现代化教学技术手段与教学改革结合起来。

四、发展——自我修炼

教师的历史地位、社会职责与教师的自我修炼密切相关，尤其在当今高等教育快速发展时期，"学高为师，身正为范"应该成为高校教师教书育人、为人师表的方向标。高校教师作为高校教育的主力军，提高其职业修养和专业素质变得极为迫切，它对教师的教学效果和教学质量有至关重要的影响，而教师的自我修炼是职业修养和专业素质提升的内在途径。高校教师的自我修炼可以从形象修炼和行为修炼两方面进行。

(一)形象修炼

高校教师提升自身素养,注重自身良好形象对于高校建设和学生发展起着重要的促进作用。一个人的形象不仅是指外在形象,还包括内在的精神气质也即内在形象。对于教育工作者而言,两种形象都是自我修炼的重要目标,因此高校教师需要注重自身内在形象和外在形象的修炼,做到内外兼修,齐驱并进。

1.教师的内在形象

教师的精神面貌是教师言行规范的心理基础,应与时代相吻合,教师应给人以朝气蓬勃的印象,应该具备自尊自信的心态、真诚正直的品质、活泼开朗的性格和豁达宽广的胸怀。

(1)心灵美

教师应发扬勤奋好学、吃苦耐劳的精神,不断吸收新知识、学习新技术。另外,根据课程内容的复杂性特点,教师更要在课前认真备课,"吃"透教材,钻研教法,备好教案。课中,对成绩相对较好的学生教师要严格要求,激发他们的学习热情。对成绩较差的学生要给予鼓励,增强他们的信心。课后,教师要无微不至地关怀学生,晓之以理、动之以情,要平等对待每个学生,只有这样才能得到学生的理解和尊重。

(2)知识智慧及专业技能美

知识智慧是教师的精神财富,专业技能是教师的基本功。随着社会的发展,学生对教师的要求越来越高,常常从技术专长、教学能力、文化知识、教学水平等多个方面对教师进行评价。一个教师,无论他多么品德高尚、热爱学生,但如果知识贫乏、专业技能水平较差,也是得不到学生信赖和爱戴的。所以,教师必须富有真才实学,必须拥有广博的知识。

(3)教学情感美

要使学生自觉积极地投入活动,教师就要对每一个学生投入极大的热情。如在上课时用积极的态度对待每一分钟,把对学生的爱转化为热情投入教学之中,并不失时机地对每个学生的优缺点加以讲评。如果教师情感上与学生格格不入,本身情绪就不高,会大大影响学生的积极性,教学效果就不会好。

(4)教风教法美

教风教法是教师知识智慧的再现,也是直接体现教师形象美的形式因素。教师丰富的知识储备、熟练的技术技能,必须伴以严谨的治学态度;教师课前要认真备课,钻研教材教法,对场地器材的设置与布局都要有充分的考虑;课堂上要沉浸在教学之中,引导学生进入学习情境。总之,教师娴熟驾驭教材的能力,能给学生以美的享受。

2.教师的外在形象

人们常说"三分长相,七分打扮",教师不要把外在形象看作是无关紧要的小事,它反映了个人修养和情趣的高低。教师在日常教学活动中不是以静止状态和学生相处的,高校教师展现给学生的是一个立体鲜活的个人形象,所以其仪表风度、讲解的语言、示范的动作和交往中表现出的礼仪等都会体现出教师的个人修养。

(1)仪表风度美

①形体美

作为专业的教师,必须坚持进行科学锻炼,保持形体美,给学生以美的感觉。黑格尔说:"通过锻炼塑造一种和谐发展的人体,是同雕塑家的艺术创造相似的一种艺术创造。"教师应有健美的形体,力求通过外貌给学生带来美的享受。一个大腹便便的教师是不可能完成一个轻松、漂亮的示范动作的,更不可能给学生带来美的视觉享受。教师的形体、服装、姿态和内在素质构成了自身特有的风度,会给学生留下深刻的印象。好的第一印象,对教师威信的形成起着重要的作用。

②仪容美

健康洁净的面容:教师要有良好的卫生习惯,面净、发顺、牙洁。女教师要以自然为美,适度修饰,不宜过分。首先要了解自己的皮肤属于哪种类型,再根据皮肤选择相应的化妆品。了解自己的脸型特点,化妆要注意妆容自然,任何不自然的妆容,效果往往适得其反。年轻男教师不宜留长胡子,满脸不加修饰的络腮胡子,容易给人一种懒散的感觉;年长教师留有胡子,不失为长者风范,但也要注意修饰。

美观朴实的发型：教师发型以体现为人师表、端庄稳重为特点，美观、朴实为好。要通过发型显示个人特色，这要求教师根据自己的脸型、体型和年龄来选择发型。总的来说，应符合和谐、均衡的审美原理。如从脸型、形体、年龄等方面考虑选择喜欢并适合自己的发型。年轻女教师宜梳线条流畅舒展、简洁微曲、式样新颖的发型，以体现青春活力；中老年女教师则以整洁庄重的发式为宜，显得朴实、端庄。

整洁得体的着装：教师的着装应以体现为人师表、端庄持重的特点为宜。教师的服装，应体现职业特点并展现个人独特风格。比如性格活泼的女教师穿着色彩艳丽、线条多变的服装，会显得有朝气；温文尔雅的女教师，配上色泽淡雅、线条柔和的服装，则更显得娴静秀美。精力充沛的男教师穿运动或休闲服装，会显得很有活力；持重老成的男教师，西装革履可体现他们的气质和风度。教师的服装不必追求质地华贵、款式新颖，有时旧而整洁，反而更显其风度和涵养，给人干净利落、精明能干的印象。一味求新鲜、追时髦或者不修边幅，则会显得平庸俗气，格调不高。服饰的颜色、线条要适合人的体型。服装色彩搭配要整体均衡，服装与饰物要搭配和谐，同时适当考虑年龄因素。着装打扮和一个人的文化素养以及精神面貌有着内在联系。作为一名教师，着装打扮还有着重要的教育意义。教育心理学的研究表明：教师的服饰陈旧，色彩单调，对课堂气氛和学生情绪会产生消极影响。衣着邋遢、面容疲惫的老师，更容易让学生昏昏欲睡。教师服装的职业倾向性应为文雅、庄重和朴素，既不呆板，又不矫饰，这既符合教师文质彬彬的气质，又合乎教师的审美情趣。总之，教师的着装打扮要符合和谐适度、体现个性的审美要求。

(2)讲解语言美

教师的语言修养是教育艺术的表现形式之一。苏联著名的教育家马卡连柯说："同样的教育方法，因为语言的不同，效果就可能相差二十倍。"语言表达能力是教师的一大基本素质，是教师完成教学任务的重要手段，教师的语言表达能力很大程度上影响着学生的学习兴趣和学习效率。文雅的谈吐、幽默的讲解能表现出教师洒脱的风度。在教学讲解过程中，教师的语言要轻缓、亲切幽默。通过清晰准确、果断有力的教学语言,教师不仅可以迅速调动课堂气氛,集中学生注意力,调动学生学习兴趣,还可美化学生心灵,获得育人的效果。

(3)动作示范美

教师的优美示范动作不仅为学生树立了正确的标准,而且能给人美的享受。通过准确、熟练、优美的演示,使学生产生连锁式的心理反应:欣赏—羡慕—向往—主动实践。这是一个激发学生学习积极性,从而提高课堂教学质量的过程。所以,教师要把握好教材,掌握好要领,注意经常参加锻炼,使自己的示范准确优美、协调熟练。

(4)交往礼仪美

教师除了要有良好的精神面貌、端庄优雅的气质,还必须注重文明礼貌。这主要表现为主动向人打招呼,灵活运用礼貌用语,遵守社会公德。教师平时注意运用礼貌用语,不仅能体现出文明和修养,气度和谦恭,而且能使对方产生好感,促进人际关系的和谐。

另外,尊重他人隐私。不要打听他人隐私,即使是出于好心帮助别人,也得视对象和情景而定。同时,不能在别人背后说三道四,甚至传播各种小道消息。

(二)行为修炼

行为修炼是教师自我修炼的一大重要组成部分。高校教师行为修炼一方面要增加自身行为的专业性,以此给学生塑造良好的学习榜样,体现行为的示范性;另一方面要在行动上成为学生的良师益友,建立良好的师生关系有利于教师顺利开展工作。

1.行为体现专业性和示范性

(1)行为的专业性

①对待学生严而有度

在教育实践中,教师扮演着严父和慈母的双重角色,对待学生不能过分严厉也不能感情用事。要平衡严厉和慈爱,具体做法有如下几点:

• 具有正确的教育观和良好的文化修养；

• 学会保护学生，教师教育尺度要松紧适度，对学生的错误不姑息，但也不能用高压手段；

• 了解学生的长处和短处，了解学生的心理特点和承受能力，才能在教育学生时宽严有度；

• 在树立素质教育的思想和育人观念的基础上，严格要求学生，而不是盲目严厉；

• 对学生严格要求时，选择学生容易接受的方式；

• 对学生的要求要始终如一，不能时紧时松；

• 善于观察学生潜在的问题，及时引导。

②正确使用批评

批评在教育教学工作中经常会用到。如果运用恰当，能帮助学生认识到自己的错误，并加以改正，促进学生的成长；如果运用不恰当，会引起学生的不满和逆反心理，不仅起不到教育作用，反而会使师生关系紧张。因此在批评学生时要注意：

• 批评学生不要过度，不要使用过激的言语，不得侮辱学生；

• 避免批评的不公正；

• 批评不在于次数，而在于效果；

• 批评学生时语气要真切诚恳，而不是对学生讥讽嘲笑；

• 批评学生时要沉着冷静，把握学生的错误要点。

③正确运用惩罚

懂得用善意的、正确的方式惩罚学生的教师，更受学生的喜爱。惩罚的真正目的是让学生进行深刻的自我反省，并积极主动地改正错误。

为此，教师要合理运用惩罚。

• 要让学生明确受惩罚的原因及其严重性，盲目的惩罚不能达到教育的目的；

• 惩罚方式应具有灵活性，结合学生的特点选择惩罚方式，要考虑学生的生理和心理承受能力、个性特点等；

·惩罚后要给予学生积极的帮助,使学生受惩罚后,不仅不再犯错,还会以适当的行为替代不当行为;

·惩罚以后要一如既往地关爱学生,不歧视、不疏远,多观察受惩罚的学生,不给学生造成负面影响;

·绝不体罚学生;

·要站在学生的角度进行换位思考,再决定是否惩罚学生;

·教师应加强对学生心理知识的学习,并加强对学生心理健康的教育。

(2)行为的示范性

①言行举止的示范性

教师的言行举止会给学生的心理、行为产生积极或消极的影响。在日常教学生活中,教师必须严格要求自己,从各个方面都成为学生的榜样。

·语言清晰有力、生动风趣、思路清晰;

·走路应步履稳健、抬头挺胸,表现出朝气蓬勃和积极向上的精神;

·日常生活中要注意文明礼貌,讲究卫生,不要乱抛纸屑、烟蒂,不要随地吐痰、践踏花草等;

·和学生交流要热情而有分寸,亲切而讲究礼节;

·对待学生温文尔雅,让学生感受到教师的和蔼可亲、平易近人;

·面对突发状况,要保持冷静。

②思想态度的示范性

大学生对未来缺乏明确的规划,容易把教师作为模仿的对象,教师必须注意自己的言论和行为对学生的影响,努力把他们引向正确的人生道路。

·教师本身要有科学的人生观、世界观和价值观;

·尽到教师应尽的义务;

·身教重于言教,说到做到,不能表里不一;

·在细节上严格要求自己,对学生提出的要求自己也要做到。

(3)为人品格的示范性

教师身体力行,学生就会把教师作为效仿的榜样,将之视为道德的典范、学习的楷模。教师以身作则对学生的成长起着不可忽视的作用。

- 教师自己做到了对学生的要求,学生会对教师信任有加;
- 教师要讲真话,要诚实,不对学生说谎,学生才能信任教师;
- 在摆事实、讲道理的时候,教师要鲜明地指出反对什么、坚持什么;
- 针对学生思想上存在的实际问题进行引导,清除其思想障碍,纠正其思想误区;
- 注意情感渗透,教师的语言要有感染力,能感化学生;
- 处事公平合理,不抱偏见,对学生一视同仁。

(4)社会责任的示范性

教师的责任不仅包括教师的教育责任,还包括教师的社会责任。教师不推卸责任,具有良好的责任意识也是激发学生学习热情的动力之一。具有强烈责任意识的教师会深受学生喜欢,因此教师要培养自己的责任心,增强自己的责任意识。

- 养成良好的职业道德,时时处处严格要求自己,不推卸责任;
- 责任意识体现在尊重、信任、欣赏、鼓励和引导学生上;
- 关心自己的教学成果,分析自己的教学是否做到了传授知识、培养能力和教授学习方法并重;
- 重视来自学生的反馈,不能只顾完成自己的任务而忽略学生的收获,应询问他们是否对自己的教学感兴趣,是否能学到知识。

2.行动中和学生成为良师益友

教师的主要工作对象是学生,但是许多教师往往把自己当作权威,不愿意和学生平等相处,让自己处于高高在上的位置,这很容易使师生间产生隔阂。但是,走近学生,了解学生的内心想法,成为学生的朋友,对于教师开展工作有着至关重要的作用。以下策略,可以帮助教师成为学生的益友。

(1)关爱学生

①尽快记住学生的名字

记住学生的名字,让学生感受到自己被重视、被认可。要将学生看作独立个体而不是一个群体。那么新教师如何能在短时间内快速记住学生的名字呢?可以采用以下方法:

• 借助座次表,本方法适用于实验教学或小组教学中;

• 电子信息法,在课前收集学生的电子照片,并注明学生的相关信息,如姓名、学号、学院、专业等;

• 标签记忆法,每个学生在座位面前贴一张纸,写上自己的名字;

• 阅读档案记忆法,即通过阅读学生档案材料来记住学生的名字;

• 主题班会记忆法,利用主题班会让学生进行自我介绍;

• 利用课间休息,多和学生沟通,询问他们的名字,交流的次数多了,自然能记住学生的名字。

②尽快了解学生的性格

a.了解每一个学生的性格特点,是教育取得高效率的基础。尤其是提倡个性化教育的今天,要做到因材施教,就更需要把每个学生当作教学活动中与众不同的个体。

• 组织活动,如点名时,可让学生对个人喜好进行阐述;

• 阅读相关书籍,了解心理学关于性格类型、气质类型的描写,通过对学生日常行为的观察来了解学生;

• 广泛听取各方面的评价,如周围同学和其他教师的评价,全面、准确地判断学生性格;

• 通过与学生直接的交流沟通,了解学生的性格。

b.让学生感受到教师的关心。爱心与教育是相辅相成的,没有感情的教育不能算真正的教育。用爱感化学生,让学生了解教师对他们的关爱,这样产生的积极影响有以下几点。

• 建立相互信任的师生关系;

• 建立融洽的班集体,促进学生之间的团结友爱;

• 有利于创造愉快氛围,增强学习动力;

• 学生在充满爱的条件下长大,进入社会后也会对他人充满爱心。

c.教师可以通过以下细节使学生感受到教师对他们的关心:

•倾听,教师用自己的眼、耳、心,发自内心地去感受学生;

•与学生做朋友,了解、认同学生的困惑,而不是做一个高高在上的教师;

•应给予学生独立空间让他们去做他们想做的事,并认同他们的感受,在做事方法上给予指导;

•对于学生的问题,教师可以不急于回答,尽力提供可用资源,促使他们自己找到答案;

•教师应设身处地地去考量学生可能需要的协助,进行有效的、主动的帮助,而不是等待学生的求助。

d.让学生对教师敞开心扉。作为教师,要全面了解学生的心理和行为,这样才有利于对其进行教育管理。想要更好地促进学生发展,就应该想方设法让学生敞开心扉,主要方法如下。

•消除防御心理,教师在日常生活中,应多参加学生活动,让学生消除对教师的陌生感和戒备心。

•用亲切、友善的态度去感化学生,逐渐让学生把教师当作朋友;

•了解学生的兴趣爱好、思想状况、喜怒哀乐,设身处地为学生着想;

•利用同理心,移情于学生,使学生和教师有更多共同语言;

•不随意批评学生,对学生的错误给予提醒或个别交流,让学生感受到教师的宽容和理解;

•营造轻松愉快的谈话氛围,有利于学生精神放松;

•善于倾听,不随意打断学生的倾诉;

•在交流时应善于引导学生,例如,多用专注的目光、点头的动作和"你接着说""你准备怎么办""你觉得"等开放性的引导语,少用"是不是""对不对"等封闭式的问语;

•学习心理咨询方面的专业知识,用科学的方法引导学生敞开心扉。

e.倾听学生的心声。倾听,是心理访谈的一种方式,也是教师和学生相处过程中的交流方式之一。把握倾听的要点,可以促进对学生的了解,促进沟通。

教师倾听学生心声的技巧有:

- 专注地倾听学生,不在学生倾诉的时候做其他事,不表现出对学生的漠不关心;
- 接纳学生,耐心、平等地对待学生;
- 建立相互信任,教师应以真诚的心面对学生,使学生减少防御心理;
- 积极回应学生,对学生所讲的内容及时给予反馈,如点头表示让学生继续说下去等,表明自己在认真倾听;
- 倾听学生的表达,了解学生的喜怒哀乐;
- 运用同理心,把自己放到学生的位置上,假设自己正在经历学生的经历,设身处地考虑学生的处境;
- 不随意评论学生所表述的内容,以免造成对学生的二次伤害;学会并努力做到倾听的"尊诚"大基本度。

f.教师应捍卫学生的权利。学生既有应履行的义务,又有应享受的权利。不仅在中学,在高校里学生被侵权的案例也屡屡发生。因此教师除了日常教学工作,还应该捍卫学生的权利,使每个学生都能健康发展。

教师在捍卫学生权利时,应该注意:
- 提高法律素养,了解哪些行为是侵犯学生权利的行为,知道如何运用法律手段保护学生;
- 教育观念与时俱进,摒弃陈腐落后的师生观,树立师生平等的观念,尊重学生,充分认识到在人格尊严上师生是平等的主体;
- 培养学生的权利意识和自我保护意识。

(2)尊重学生

①不歧视任何学生

教师在任何场合、任何状况下都不能歧视学生,要做到公平公正。歧视学生不是一个合格教师应有的行为,歧视学生的教师也不会受到学生的欢迎。

新教师也应该在这些方面多加注意:
- 课堂提问不能只关注优等生而忽视后进生,应该多鼓励坐在教室死角的学生,唤起他们学习的热情;

•鼓励每一个有特长的学生参加班级活动；

•处理学生的错误不能厚此薄彼，不能带有偏见，要对事不对人；

•在奖学金评比、班委选举等活动中，更应该公平公正，保障每个学生的权益；

•对于某方面先天不足的学生，更要注意平等对待，不能使他们的缺陷被放大，影响其心理健康。

②尊重学生的隐私权

隐私权，即公民享有的私人生活安宁与私人信息依法受到保护，不被他人非法侵扰、知悉、搜集、利用和公开的一种基本人格权利。大学生理所当然享有自己的隐私权。教师要特别注意：

•学习相关法律知识；

•与学生平等和谐地相处，拉近与学生的心理距离，营造出相互信任的教育氛围；了解到学生的隐私会对其成长有危害时，要适时介入，如有自杀倾向的学生，要时刻关注其动态；

•保护学生的隐私，在日常学习中不透露学生隐私，如身体、家庭等方面的缺陷；

•不强迫学生暴露自己的隐私。

(3)认可学生

①对学生微笑

当教师向学生微笑时，实际上是以巧妙含蓄的方式告诉学生，教师尊重他。这样的教师也容易得到学生的尊重与喜爱，赢得他们的信任。在日常教学中，教师应注意以下几方面，以控制自己的不良情绪：

•加强身体锻炼才能做好教学工作，也有助于控制不良情绪；

•学会减压，保持良好心态；

•及时调整情绪，不把负面情绪带给学生；

•认真备课，把知识点烂熟于心，才能信心百倍，远离紧张，微笑面对学生。

②主动向学生问好

尊敬师长自古以来就是中华民族的传统美德，但不仅是学生要向教师问好,教师也可以主动向学生问好,改变传统"师为上,生为下"的观念,真正做到师生平等。

·当学生向教师问好时,教师应积极回应学生,不能视而不见、充耳不闻;

·回应学生的问好时,可以多关心学生最近的学习生活状况;

·教师在课前、课中和课下都可以随时向学生问好。

③用眼神注视学生

在课堂上,师生之间的感情交流、信息传递,常常是通过眼睛来表达的。教师和学生的眼光接触,实际上是一种无声的语言交流。眼神的交流可以拉近师生间的心理距离。

教师的眼神可以起到以下作用:

·唤回学生的注意力。对精力不集中、做小动作的学生,可以用眼神提醒他;

·用眼神巡视,及时发现那些上课不积极主动发言的学生的动态,使学生感到教师有注意到自己的存在;

教师用眼神注视学生的方法如下:

·上课时扩大目光注视区域,争取做到每个角落都能扫视一次,使全班学生与教师有大体均衡的目光接触机会,不要只盯着教案或课本;

·眼神分配要合理,不要对某个学生注视时间过长,增加学生负担,也不要对某个学生完全视而不见,使之感到被冷落;

·正确选择目光投放点,不要随意看门外、窗外、屋顶、墙壁等,以免分散学生的注意力。

④用爱的语言鼓励学生

鼓励在教育中有着重要的作用。学生从教师那里得到鼓励的话语,会觉得教师对他们抱有期望,教师喜欢他们。他们才更愿意亲近教师,心情也会变得轻松,从而乐于学习,并努力从学习中获得成功。

在运用言语鼓励时,教师应做到:

·经常鼓励学生,让学生时刻感受到教师的关爱;

·鼓励要面向全体学生,特别是在班级中容易被忽视的学生;

・鼓励性的语言要适度,不要助长学生的骄傲情绪;

・根据学生的情况逐步加深鼓励的层次,使学生取得更大的进步。

⑤善于发现学生的长处

对教师而言,善于发现学生的长处就如同伯乐相马。发现学生的长处,才能更好地因材施教,促进学生的发展。这是教师工作的重点,也是难点。发现学生的长处要做到以下几点:

・充分相信每个学生都能够发展,承认每个学生发展的差异性,每个学生的长处是相对的;

・热爱、信任学生,尤其是要观察学困生,发现他们的闪光点;

・时常鼓励学生,做一个善于表扬的有心人;

・拓宽发现的视角,除了课堂,还可以通过班级活动、日常交流发现学生的长处;

・对别人反馈的意见进行审视、核实,不要被他人左右,用心对待每个学生。

⑥学会欣赏学生

欣赏学生,就是肯定每个学生,对学生充满期望。学生感受到教师对自己的期待,会增强学生的学习兴趣和动力,以更大的热情投入到学习中去。那么要如何欣赏学生呢?

・欣赏学生的进步,及时鼓励学生,让他们感受到成功的喜悦;

・欣赏学生的想象力,不要轻易打击学生的奇思妙想;

・欣赏学生的创造力,教师不能因为自身工作的传统性就否定学生的创造性思维。同时教师还应创造条件,开发学生的创造力;

・欣赏学生的自主能力,尊重学生的选择并进行指导;

・欣赏学生的独特见解,不要让答案僵化,鼓励开放性作答。

(4)发展学生

授人以鱼,不如授人以渔。教师不仅要把书本知识教授给学生,还要时刻关注学生的发展,让学生形成健全的人格,教会学生学习的方法,为学生终身发展奠基。

①帮助学生树立自尊意识

自尊心是自我意识的一种表现,是个体的自我肯定,是人格特有的心理状态。自尊心对学生十分重要,教师有责任帮助学生树立自尊心,并保护学生的自尊心。

•利用谈话,培养学生的自信,了解学生的弱点,有针对性地缓解学生内心的恐慌;

•寻找契机锻炼学生,使学生获得成就感,增强自尊;

•当学生犯错时,教师应给予帮助,让学生感受到教师的期望,加强学生的自我约束力;

•有目的地开展班级活动,让学生在活动中获得成功,增强自尊;

•鼓励学生参加辩论、演讲等活动,锻炼公开表达能力,感受他人的关注;

•注意对经历过失败的学生给予适当的指导,帮助学生找到自己的能力所在,找回自信;

•将学生与相似的名人进行类比,让学生树立信心,增强自尊心。

②激发学生的学习动机

学习动机是推动学生进行学习活动的内在原因,是激励、指引学生学习的强大动力。在学习过程中,学生保持着适当的学习动机,有利于促进学习。

对此,教师要注意激发学生的学习动机。

•注意动机的类型,要培养学生高尚的、正确的动机而不是低级的、错误的动机。着重培养学生的内部学习动机,而不是外部学习动机;

•进行学习目的教育,让学生正确认识学习的意义从而形成长远、间接的动机,使学生端正学习态度,提高学习的热情与自觉性;

•采用生动的、适合学生心理发展水平的方式,把学习目的与生活目的的教育联系起来,培养学生的学习动机;

•培养学生的求知欲和认知兴趣,让他们在进行学习活动的过程中产生愉快的情绪体验,从而产生进一步的学习需要;

•明确每节课的具体目的和知识的具体意义,吸引学生;

•将原有动机转移到新的动机上,让学生产生学习需要;

•协调引导学生的期望,使其自我期望符合自身特点。教师必须向学生指出在学习上哪些是可行的,哪些是不可行的,促进学生发展恰当期望,激励学生完成学习目标;

•教师对学生的评语也会影响学生的学习热情,评价学生应该注意以下几点:

☆要让学生对评价有一个正确的态度,分数并不是衡量学习效果的唯一指标;

☆评价必须客观、公平和及时。如果评价不公平会使学生失去学习动力;

☆评价必须注意学生的年龄特征与性格特征,切勿对大学生使用中小学生的评价方式。

③制定学习目标

学习目标指引着学习的方向,可把学习目标称为学习的诱因。学习目标需要有可行性,学生通过努力之后可以达到,而非无法实现或轻易可以达到。

教师在帮助学生制定学习目标时要注意以下几点。

•帮助学生由近到远地制定目标,实现近期目标后再实现长期目标,目标要有"近、小、实"的特点;

•督促学生养成持之以恒、定期检查以达到学习目标的习惯;

•帮助学生学会自己制定学习目标,要让学生注意如下几点:

☆目标要符合国家、学校、课程的要求。

☆目标要详尽、缜密,可按照时间和学习章节划分,如一天的目标、一个星期的目标、一个月的目标、一个学期的目标等。

☆目标要切合实际,因人而异,在个人的能力范围内,不好高骛远,不妄自菲薄。

☆目标要有针对性,在制定目标时,应针对不足,加强个人薄弱环节的学习。

☆目标要落到实处,教师应随时监督学生学习目标的实施情况,要求学生持之以恒。若意志薄弱,学生可以让同学、室友进行提醒和监督,记录目标达成的情况。

☆对目标完成情况要及时检查。若没有按时达成目标,效果不明显,就要查找原因,仔细思考哪一环节出现了问题,再有针对性地进行调整和改善。教师要帮助学生修订目标,制定出切实可行的学习目标。

第二章

教学准备与教学设计

【本章引言】

　　本章主要从教学准备和教学设计两个方面进行论述。教学任务的指引性准备不仅是教学目标设计的前提,也指导教学评价的方向和反馈方式;教学内容的专业化准备为教学设计的教学内容设计和学生学习起点设计提供必要的依据;教学条件的筹划准备为教学方法设计等提供保障。通过整理教学准备和教学设计中常见的问题,为教师提供了应对的措施和建议。

【内容导图】

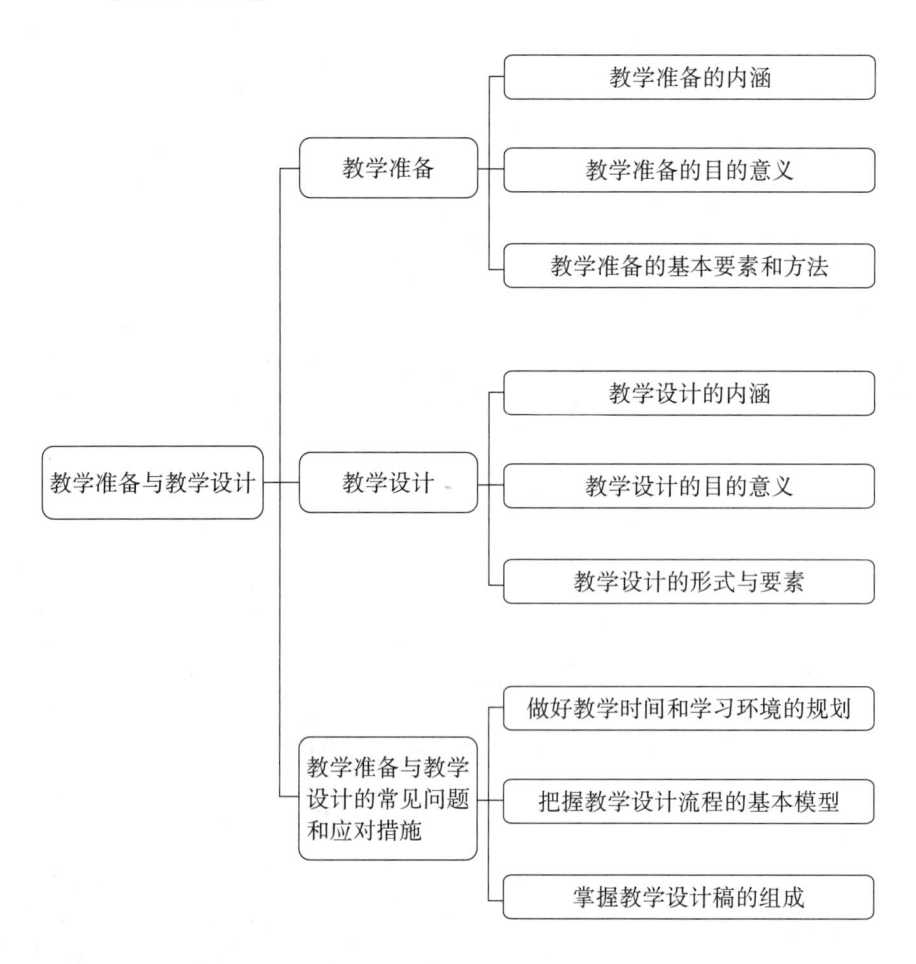

```
                                  ┌─ 教学准备的内涵
                    ┌─ 教学准备 ──┼─ 教学准备的目的意义
                    │             └─ 教学准备的基本要素和方法
                    │
                    │             ┌─ 教学设计的内涵
教学准备与教学设计 ─┼─ 教学设计 ──┼─ 教学设计的目的意义
                    │             └─ 教学设计的形式与要素
                    │
                    │  教学准备与教学  ┌─ 做好教学时间和学习环境的规划
                    └─ 设计的常见问题 ─┼─ 把握教学设计流程的基本模型
                       和应对措施      └─ 掌握教学设计稿的组成
```

教学是由教师的"教"和学生的"学"共同组成的、人类特有的,符合社会需要的人才培养活动。通过教学,教师有目的、有计划、有组织地引导学生学习,掌握具体的科学知识和技能,促进学生素质提高,将学生培养成符合社会发展所需要的人。随着时代的信息化发展,社会对人才的标准也不断调整,教学朝向这个标准,才能培养出符合时代需要的人。

作为高校的一名教学研究人员,教师已经熟悉了自己专业领域中具体学科的内容和研究方法,为了更好地达到课程的教学要求,在进行教学准备和教学设计前,要明确具体学科教学的专业培养目标、毕业要求等,为教学做好指引。按照评估要求做好教学准备与教学设计,会达到事半功倍的效果。

本章的学习重点:
(1)根据具体专业对学科的要求,做好课程的教学准备;
(2)达成学科的育人目标,做好课程的教学设计。

一、教学准备

(一)教学准备的内涵

教学准备是确保落实高校育人目标的基础性工作。一般课堂教学前的准备工作,是从一门课程出发的,包括教学任务的指引性准备(即教学背景的分析、教学任务的确定)、教学内容的专业化准备(即教学内容的确定),和教学条件的筹划准备(即教学策略的选择)。

教学准备包括:
·教学任务的指引性准备
学科专业的培养目标与课程目标相对应;
学科专业的毕业要求与课程考核目标相对应;
·教学内容的专业化准备
学科教学内容横向梳理与学科知识大概念和专题化相对应;
学科教学内容纵向梳理与学科教学目标主次相对应。

·教学条件的筹划准备

教材案例建设与课程培养的课程大纲相对应；

课程教学资源库与课程教学培养措施相对应；

实习实训的基地建设与学科专业的质量指标点相对应。

(二)教学准备的目的意义

教学准备具有明确的针对性。新入职的高校教师，教学主要以本科阶段学科专业的学生为对象。"本"是指本学科的基本概念、基本方法以及基本信息等，这些最基本的东西能更好地训练学生最基本的思考能力与思维方式，有助于训练学生在专业领域内原创性的思想与能力，也有助于形成对伦理问题、人生问题等的正确看法[①]。教学准备要借助信息技术手段，创造条件让学生思考，使其具有洞察力、富有批判精神，成为具有独立人格的、有理想目标的人。本科是大学教育的第一个阶段，这个阶段是学科专业的基础，打好基础才能为继续深造做好准备。

在进入本科学习之前，学生所学的具体科目，如历史、物理、化学、生物、地理等，是从具体科目所归属的全学科视角提炼学科基础概念，为学生提供归纳概括出学科概念的"事实"信息，是从不同学科的研究中提取或整合，甚至改编、组装成学生所学的知识结构，培养全学科甚至是学生终身学习需要的基本能力和情感态度价值观。知识内容只是分年级、分阶段来帮助学生理解，并不是科学研究经历的全过程，由于教学任务和教学时间的约束，无法还原纷繁复杂的科学研究过程；在解决问题的思路和方法上，缺少对学科具体问题的专业研究。学生虽然初步建立了对学科的认识，但并不理解从专业中划分出具体学科的背景和缘由。本科阶段的学习，学生需要认识具体课程在未来学科发展中的重要作用和意义。

在对本科生进行教学前，教师应指出该课程在专业领域中的贡献，学科研究的范畴和方法；根据教学的课程大纲整理出明确的专题，确保

[①] 张希胜,张兴旺.美国大学本科生院建设及其对我国高校的影响[J].高校教育管理,2015,9(6):76-82.

学生在规定的学时内,获得学科概貌,建立学科的知识框架;根据教学的需要,创设学习环境和条件,为本科生的学习和未来发展保驾护航。并且在学科的教学中结合学科的特点做好课程思政的引导,课程与思想政治理论课同向同行,形成协同效应,实现学科的育人功能。

(三)教学准备的基本要素和方法

1.教学任务的指引性准备

高校设置的学科专业都有明确的培养方案,培养方案设置了专业的培养目标和毕业要求。为实现培养目标,确保学生达到毕业要求,设置了一系列的相关课程。随着高校课程改革的深入,每一门课程均制定有明确的课程大纲。培养方案和课程大纲也会在一定周期内进行修订,所以在做教学任务准备时教师需要认真阅读本专业中具体课程的最新版课程大纲。

新入职教师首先需要做好教学任务的指引性准备,包括文本材料的准备和任务信息的准备。

(1)文本材料准备如下:

·任教学科的专业培养方案;

·所教课程的课程大纲;

·课程大纲推荐的教科书,以及学科最新研究文献。

高校在进行教学改革的过程中,会随着社会发展需要添加新的教学课程,这就需要根据实际,补充和完善新添课程的课程大纲,并配合推荐好相关的教科书。

(2)任务信息准备如下:

·将课程大纲中的具体目标与专业培养方案的毕业要求相对应;

·根据课程大纲的课程具体内容与推荐教科书,确定教学内容;

·根据课程考核要求,拟定教学各阶段过程性考核和总结性考核方式。

教学目标与毕业要求对应的过程,是教师对教学任务梳理的过程。新教师最初可能会盲目梳理,出现这种情况不要害怕,先把对应的理由文字化,有利于同他人交流和沟通;也便于指导接下来的教学内容确定工作。随着教学准备的不断深入和教学经验的积累,对应关系背后的理由会越来越完善,最终才能形成便于交流的书面表达。

课程考核要求中有较为明确的学习要求,根据要求拟定出各阶段的过程性考核,只要能清楚地记录学习过程,每个部分知识的领悟表现形式是可以多样的,例如,通过课堂学习的出勤签到、网络课程的学习时长、完成网络提供的小测试或当堂作业、小组合作完成课程项目并汇报等形式展开过程性考核,就可以避免每门课都安排学生撰写课程论文,导致学生课业负担过重。总结性考核一般可以放在学期末进行,是有选择地对课程主要内容进行检测,与过程性考核配合,完成课程大纲具体内容目标要求,对学生学习达成度进行全方位测评。

2.教学内容的专业化准备

高校教学使用的教科书一般是根据课程大纲和实际需要编写的,信息面和深浅度会根据不同专业有所侧重。常见的类型是由深耕该学科领域的专家,根据自己的教学经验独立编写完成;另一类是由主编根据学科专业的特征,与一群熟悉专业的专家编委,确定出教科书的内容主线和编写结构,共同编写完成。根据自己教学经验编写的教科书,有鲜明的个性特征,较适合与编者所在学校同等水平的院校相关学科专业使用。共同编写的教科书,普适性强,需要教师依托教科书,根据确定的教学内容,按照知识逻辑,配合课程思政的具体要求,对教科书的内容进行删减或调整,有目的地重组,才适合不同学校学生使用。

随着高等教育改革的深入推进,纯理论课的教学课时被压缩,只有打破教科书原有的结构,删除或弱化与中学学科重复的教学内容,把精力放在深化、拓展学科的基本概念、基础理论,梳理知识的内在逻辑上。教学内容专业化以学科的知识脉络和整体框架为载体,更好地结合教师的优势,根据教学任务,在有限的教学时间内实现专业化的教学。

以中国石油大学化学工程与环境学院的本科课程"无机化学与分析化学"为例,课程从原有72学时压缩至64学时,在不降低教学要求的前提下,改变传统的教学,进一步强调学生知识面的拓宽和实践能力的培养。将整个无机化学的知识,以化学平衡概念为核心划分为化学基础理论、溶液中的离子平衡、电化学平衡、物质结构和元素化学等五个专题化的模块。针对不同的模块,适度删减、弱化、拓宽或深化部分教学内容[①]。

思想政治理论课的专题化教学,可从一条贯穿始终的知识主线进行发散性学习,教师通过纵向问题链,例如邓小平理论的主要内容之一"改革开放主题",设计"中国为什么提出改革开放""中国特色社会主义与改革开放之间的融合契机是什么""改革开放对今天的中国具有什么深远影响与启示借鉴"等[②],学生通过纵向对比,在解锁问题的过程中,层层加深对教学内容的理解。

教学内容专题化需要做好对教学内容的横向梳理和纵向连接的准备,才能打破传统教育思想的瓶颈,使各章节的内容有机串联,使学科焕发出生机。

(1)横向梳理准备如下:

· 寻找学科本质的统一观点,形成学科的基本体系;

· 按照知识的关联确定核心模块,整合学科知识大概念;

· 结合学科发展前沿或生产实际,提炼出学科特定知识点专题进行研讨。

· 挖掘学科的课程思政内容和表现形式。

形成学科的基本体系,确定知识关联的核心模块,整理出学科知识大概念,是需要一个过程的。新手教师可以按照教科书体系进行梳理,在教学设计之前,以书面形式整理出自己的理解和认识。

教师梳理出教学的线性知识链接,不仅能将教学知识结构化,便于教学设计时能简洁地组织语言完成教学;还有助于发现在课程目标要求下,自己教学知识的短板。在高等教育的课程教学中,教师不要回避自

---

① 刘海燕,代小平,张瑛,等.压缩学时背景下无机化学教学改革[J].大学化学,2021,36(7):39-45.

② 韦涛.基于问题导向的思想政治理论课专题化教学改革研究[J].教育观察2021,10(6):116-118.

己不擅长的内容,尝试运用基本的学习方法,创设必要的专题研讨,不仅有助于师生共同进步,将终身学习贯彻到教学的准备工作中,还能给学生做好学习的示范,让学生不惧怕面对困难和未知的世界。

课程思政是由不同学科和课程之间共同联合形成的有机统一的课程体系,为教学达到立德树人根本任务,挖掘学科适合的内容和表现形式,在传授课程知识的基础上引导学生将所学的知识转化为内在德性,转化为自己精神系统的有机构成,转化为自己的一种素质或能力,从而培养学生认识世界与改造世界的基本能力和方法[①]。

(2)纵向梳理准备如下:

·抓住"基本"与"核心",强调相互关系;

·以递进式、互为因果等关系,分解教学知识点;

·依据学科内在实质,弱化中学已学习过的知识;

·与课程大纲对应,锚定主要课程教学内容。

教师需要抓出学科的基本概念、基本技能以及核心知识,只有梳理出知识之间的关系,将教学内容按照内在联系划分成若干小单元,确定教学内容的因果或逻辑关系,教师才能做到事先编制好适合的教学顺序,在教学的知识点的把握上,才能形成便于学生学习理解的说明和解释。

不同来源的学生,对于已学习过的知识会出现深浅不同的差异,为了便于教师准备,对学科内在实质的认识上,一般以中学的学科课程标准为依据,教学内容主要锚定高校课程大纲对应的目标。

3.教学条件的筹划准备

"条件"是影响事物存在和发展变化的诸种因素,教学条件就是影响教学存在和发展变化的各种因素。这里讨论的主要是影响高校教学顺利完成的主要有利条件。主要的有利教学条件一般包括教材的选用与建设、课程教学资源库建设、实习实训的基地建设等。

教材的选用与建设。在一定时间内,学科专业的发展会迎来变革,新入职的教师充满朝气和智慧,有勇气和能力面对学科的变革。在教材

[①] 邱伟光.课程思政的价值意蕴与生成路径[J].思想理论教育,2017(7):10-14.

的选用和建设方面,他们可以沿用课程大纲规划的教材,也可以开发具有学科特色的实践性教材与补充性教材。

课程教学资源库建设包括纸质、电子、网络等资源的一体化建设,为线下和线上混合教学提供基本保障。教学资料库包括课程的课程大纲、教学内容、实验实习、实训指导和学习评价方案的内容。各种教学资源有效整合,为学科课程教学提供完整、系统、优质的服务。

实习实训平台建设,是为课程学习提供实践操作的平台,平台建设包括软硬件的建设,硬件有设备、场地的需要,软件则更侧重内容和组织管理等的要求。以西南大学教师教育学院开设的"中学生物学教学设计与实作训练"课程的实习实训平台建设为例,其包括了中学生物课堂现场观摩、微格小组实训项目建设、学生实训实录上传的网络平台等。学院或学校建设的实习基地,为学生教学实习提供场地和设备的保障,任课教师负有提出更新和引进更优设备或训练项目的义务和责任。

综合教学条件的具体内容,教师在教学准备中筹划教学条件需要从以下三方面展开。

(1)教材的选用与建设包括:

·准备学生使用的教科书的版本和相关信息;

·准备相关专题的案例和专题的自编辅助资料;

·准备促进学生自主学习的扩充性资料;

·了解适合整合在教学中的实习实训平台资源。

教材是学生学习的基本依据,教学的大部分信息都可以由教材提供;在学习的过程中教师需要提供专题案例,帮助学生理解教材书面知识在真实研究或生产生活实践中的运用;也需要有解题和书面答案的积极反馈,才能保证学生处于学习的状态。

教材选用中注重学术性、前沿性、适切性,教材内容符合社会主义核心价值观,优先选用国家规划教材,或马工程教材。

促进自主学习的扩充材料应该分类准备。一方面为学习基础不够扎实的学生,对学习该部分需要的先行概念、技能做好补充;另一方面为学习该部分内容,对进一步研究或认识本学科有直接关联的文献或拓展阅读。

(2)课程教学资源库建设包括:

·准备课程的参考图书、期刊等资源的信息;

·准备和完善课程、实训等大纲;

·准备和完善课程教学设计和试题库(适当设置迁移性题目);

·准备和完善教案、课件、教学录像,并查找与课程相关的网络资源。

教师有义务为学生提供参考图书和期刊的信息,为学生进一步发展提供必要指引;课程和大纲等指令性文件修订一般需要提前准备,在进行教学准备时,任课教师会发现其不够完善的地方,需要及时记录补充,为下一次修订做好准备;结合网络时代的特点,做好线下和线上的相关资料存放管理,不仅能完整记录,确保课程的延续,还便于任课教师查阅,为研究该门课程的发展提供基本信息。

课程教学设计和试题库的准备和完善,是老、中、青教师之间传、帮、带的纽带,是避免教学随意性的基本措施。

随着互联网技术的发展,不仅教研室内部教师能实现互联互通,高校之间,甚至国内外同行之间也能实现沟通交流。目前我国已通过爱课程、中国大学MOOC、超星学习通、雨课堂等平台,建设了上万门课程,教师在教学准备时,不仅要立足课程大纲对应的教材内容,还应该放眼已有的课程平台建设,利用已有的资源,为教学设计提供便利。

(3)实习实训平台建设包括:

·准备实践教学项目落实学科专业质量保障的指标点;

·准备可评价可达成的实习实训的成果判定标准;

·准备实习实训的管理规范。

注:高校本科阶段的实习实训,主要承担两大功能。一方面是结合学科和专业,为大多数学生走向社会,提供承接性教育实践服务;另一方面为进一步深造学生的学科专业打牢基础,在实践中发现问题,为研究生的学习提供进一步研究的方向。

二、教学设计

教学准备与教学设计是相辅相成的两个阶段,高校课程教学具有较强的延续性。新入职的教师在进行教学准备和教学设计时,需要与教研室的教师相互交流学习,还需要利用现有的网络资源查询了解其他学校对该门课程教学的方式和特点。

学生"学"为中心的教学设计以建构主义为理论基础,同时,用相关学习理论、传播理论和系统论作为教学方法和媒体设计的指导,围绕分配"学习资源"的顺序、时间、内容等,有效地规划、开发、评价与管理教学过程,以确保学生取得良好的业绩。

(一)教学设计的内涵

设计(Design)是为构建有意义的秩序付出有意识的努力。设计的汉语解释是"把一种设想通过合理的规划、周密的计划,利用各种方式表达出来的过程",是"通过各种方式构建事物出现的顺序,达到具体目的的创作行为"。先有策划(也就是构建目的和意义),再根据策划的要求进行构思、制定方案、实施计划等。做一个通俗的比喻,实际上就像设计师要建造一栋大楼,而设计师并不生产建造大楼的砖瓦、水泥、石头、钢筋等建筑材料,设计师的任务是根据用户需求和房屋建造的原理,确保设计出来的图纸符合用户的需要。随着用户需求的提高,设计师还需要对砖瓦、水泥等建筑材料的结构、式样、承重能力等进行考虑,这时设计的大楼在构造、形态、内部结构等方面就有了迭代、更新和完善。"设计"不是确保最完美,因为建筑在建造的过程中还受到建造手段、建筑工人等因素的制约,即使是所有条件都已经是最优,建造出的楼房也堪称完美,但如果用户改变或用途发生变化,"完美"也会变得有所不足,需要改进。在建筑设计中对"预留"功能的理解,与设计师对生活的领悟密切关联在一起,也决定着设计出来的产品使用功能的时间长短。高校的教师,和建筑设计师在很多方面是有共性的,教学使用的专业知识不是教师生产的，也不是只有教师可以获取的，为了达到教学的要求，教师要做好相关内容的规划和组织。

随着教师职业化进程的推进，到20世纪60年代末，教学设计才逐渐兴起成为一门应用科学，它是教育技术学领域内的一个分支，具有很强的实践性。教学设计本身以帮助教师解决教学问题，以促进学习者的学习效率和效果为目标，具可操作性、系统性和实践性的特征，是一个对教学诸要素进行技术处理的过程。

课堂教学设计用于指导教师的教学活动，实质上是对教师课堂教学行为的一种事先筹划，是对学生达成教学目标，学业进步表现的条件和情境作出精心安排[①]。具体说来，就是在筹划好的教学目标指引下，结合学生的特点来确定教学的具体内容，做好学习内容相关资料的呈现排序、学习时间分配、辅助的资源准备和学习形式的准备，根据学习内容做好教学评价反馈，也就是目标导向的教学设计（OBE，Outcome based education），以最终的教学目标为起点，反向进行课程设计，开展教学活动。

（二）教学设计的目的和意义

教学设计是教师不断探索解决教学问题的最佳方案，但"最佳"并不是"唯一"。在一个具体的教学系统中，包括教师根据实际需要有目的、有计划、有组织地分析教学中的具体问题，确定教学目标，设计教学方案，在设计后及时反思教学方案中采取的教学方法或行为与教学目标的匹配情况，对教学目标、实施方案进行修正等一系列动态的过程。

教学设计的首要环节是分析教学任务、明确教学目标，也就是清楚聚焦。其目的在于充分考虑教学任务，结合对学生的整体状况的分析和了解，制定出符合学生实际发展的教学目标。教学目标是教学活动的出发点和落脚点，没有目标或目标不正确的教学活动，是无法获得显著教

---

① 毛伟,盛群力.聚焦教学设计:深化我国大学英语教学改革的关键[J].外语学刊.2016(01):106–109.

学效果的。教学目标以学生作为描述的主体,着眼于学生的学习结果,是对学生学习行为和结果及其评价标准的一种规定,是教师作为教学引导者开展教学活动,和学生作为学习主体积极学习的重要依据。

根据教学目标进一步设计教学方案。在确定教学目标和对学习者分析的基础上,设计具有针对性的课堂教学结构和过程,利用教学设计的方案将前期的教学任务分解为教学目标,转化成具体可操作的计划,是整个教学设计中关键的一环。将教学内容分解为层次分明的部分,包括对教学活动所应该达到的目的进行预测估计;按照学习的复杂程度规划好教学时间;配合教学目标的深度和广度挖掘;准备相关的教学资源;评价学生取得的学习结果等一系列教学活动,用一定的文本结构进行合理规划。充分考虑学生的个体差异,在时间和资源上保障每个学生都有达成学习成果的机会。教学设计确保在有限的课堂教学时间内完成规定的教学任务,帮助教师处理好教学中的"教"与"学"的关系,明确教师的"给"与学生的"接"的具体表现[①]。

对学生行为的具体表现进行评价,是对教学方案是否有效的检验,有助于修正和改善教学设计,使教学设计的方案更适合学生的发展,为更好地落实教学目标做好必要的准备。

(三)教学设计的形式与要素

教学目标设计、学生起点设计、教学内容设计、教学方法和媒体设计、教学评价设计等几个基本的环节构成了基本的教学设计形式。在各环节的设计时要结合具体的要素,如教学任务确定、学习起点确定、内容信息逻辑确定等,在此基础上完善教学目标,选择适合的教学方法和媒体,做好教学评价的设计、分析反思教学设计,确保达成预期的教学目标。

---

① 唐娜.OBE理念下课程思政融入《大学英语》教学设计探索——以《新视野大学英语1读写教程》Unit4为例[J].新丝路,2020(12):308-309.

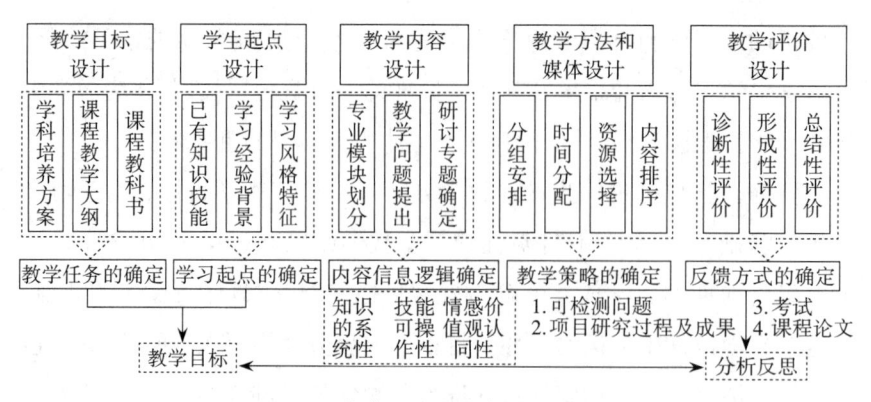

图 2-1 教学设计的基本形式与要素

图 2-1 将教学设计的形式和要素做了简要展示。由图可知，确定教学任务和了解学生的学习起点后，结合教学内容才能有依据地设置教学目标。教学目标的设置不仅要重视学生的认知，如知识和技能，还应该关注学生情感、态度等。对学习者的实际起点估计过高或过低，确定出的教学目标都不利于学生的良好发展。确定的教学目标要具有可操作性，教学设计者对教学目标作出具体的说明，清楚在完成具体的教学内容时，提供具体的学习条件，学生按照提供的条件去学习既定的教学内容，会出现的可观察、可测量的行为结果。在展开学习前，将教学目标具体化，让教学者和学习者对接下来的工作做到"心中有数"，也是检测教学效果的基本保障。

教学目标的设定具有客观和主观两重性。客观性表现在教学要达到的标准是课程教学要达到的学科专业要求，一般指令性文件如课程大纲等，会作出明确规定。教师自身的个性以及对学科专业的理解，对教学任务的分析会有不同的切入点；教师持有的教学理念会影响教师对学生学情的分析等，这些都会使教学目标带有教师的主观认识。在教学设计时适当提高对学生学习的期待，制定具有挑战性的任务，有利于学生深度学习。

1. 教学任务的确定

教学任务来源于学科培养方案、课程大纲和课程教科书，教学任务是教学的目标指引和教学信息素材的初步来源，也是其他几个设计环节的依据。

·根据培养方案和课程大纲,综合分析拟定教学的基本内容;

·确定好教科书能提供教学支撑的知识信息;

·根据教学的基本内容和教科书提供的信息,确定出教学的基本任务。

教学任务一般可以是学科的大概念,或者是学科的大问题。以"绪论"为例,教学任务一般包括"这是一门什么样的课程""课程研究的范畴是什么""为什么要学习这门课程""怎样学好这门课""如何评价或检测学习的成果""推荐的参考资料"等具体内容,是对一门课程的整体学习进行刻画。

具体章节的教学任务实际上包括"学什么""怎么学""学完应该达到的标准"。("学什么"结合教学内容设计、"怎么学"结合教学方法和媒体设计、"学完应该达到的标准"结合教学评价设计,进一步学习。)

2.学生起点设计

学生起点是对学习者的分析,这个环节是了解学生的学习准备状态。学习起点是学生已有的与新学习任务有关的知识和技能的掌握水平。一般本科阶段的教学要结合中学已学过的知识和技能进行分析,同时若已有先修课程的学习,也需要分析先修课程中学生已具备的基本知识和基本概念。教学起点还要关注学生学习经验背景,这些信息可以通过查阅中学的课程标准和教科书了解,或者编制测试问卷进行测量。

·先修课程,了解学生已有知识技能;

·多种渠道,了解学生学习风格;

·编制测试问卷,了解学生学习经验背景。

对于新教师认识学生的学习起点,可以通过分析学生的先修课程和该年龄段学生的共有特征为依据,每一次教学的经历都能为教师积累对学生学习起点的认识,随着教学经历的增加,对学生学习起点的整理会越来越清晰明了。

在最初的教学中可以借助课程教学的平台,收集相关需要的信息。讲授部分可以弱化学生已经具备的知识,但这些内容可能是学习课程的基础,教师在学习起点设计时应该做好相关信息的提供,作为学生学习的支撑。了解学生的起点还应该包括学生在阅读教材时,自己能理解的和可能会感到困难的问题等。

学生的学习风格与学生的个体特征关系紧密,这些特征包括年龄、性别、学习动机、个人的学习期待、以学习为目标的人际交流等,这些情况可以通过辅导员或班主任获得,也可以使用评价工具和测量手段进行了解。

3. 教学内容设计

教学内容是实现教学目标的中介和载体。教科书中提供的知识信息,网络平台中寻找到与学科专业学习相关的视频、动画、期刊文章等,是帮助学生实现教学目标的支撑材料,这些材料经过教学设计就可以成为教学内容。

教学内容的设计是教师在分析清楚课程大纲和教科书的基础上,来选择和组织教学内容,做好专业模块的划分。高校教师的教学是在教学任务的指引下,通过真实的研究经历,根据具体的教学目标,结合学习者对知识和技能的基本掌握情况,提出教学问题,以进一步选择、补充和优化等方式对学习材料进行再加工,通过对教学内容的组织和加工设计,以增强教学内容的逻辑性和系统性,为教学目标的达成提供内容的保障。

- 根据学科内容的内在逻辑,确定出专业模块;
- 结合教学问题,补充完善或优化教学的内容材料;
- 确定研讨专题,培养学科思维。

组织和加工要求既符合学科知识本身的内在逻辑,又符合学习者认知发展水平和顺序,教师将学习材料的知识结构与学生的认知结构有机地结合起来。组织和加工是需要长期积累和不断调整的。最初的教学是允许按照教材的内容逻辑展开的,随着教学经验的积累,经过摸索和尝试,就能逐渐完善。

结合教学前沿和学科需要,确定出研讨专题。在对专题进行研讨的过程中,逐渐培养学生的学科思维方式。

4.教学方法和媒体设计

在教学目标和教学理念的明确指导下,根据已经确定的教学任务和学生特征,有针对性地选择与组合相关的教学内容,确定教学组织形式,选择教学技术等,形成具有效率的特定的教学方案。其中对教学内容的组合、教学组织的形式和教学技术的使用等,就是教学方法和教学媒体设计的外显。

教学理念是人们在接受了相关的教学理论后,形成的对教学活动的看法和持有的基本态度和观念,为教学活动提供行为决策。认识现代教学理论,能帮助教师不断完善教学设计,作出更适合的教学决策。教学方法和相关理论浩如烟海,为了帮助新入职的高校教师用有限的时间对相关理论进行初步了解,特整理了被广泛认可的,在现代教学理论指导下形成的四个方面的教学方法和原则。

(1)程序性教学理论指导下的基本教学方法

斯金纳(B.F.Skinner,1904—1990)设计了一套实验装置观察动物学习的反应,验证了任何反应随着奖励等强化刺激,都有重复出现的倾向,是程序性教学的依据。如果教师能及时对学生学习中表现出来的预期行为进行强化,并且在该行为再次出现时给予强化,那么学生在学习中再次出现这种预期行为的频率会上升,也为达成教学目标做好了准备。在教学设计时,教师事先设计的学习进程要尽可能与学生的知识背景相关联,将教学内容按照内在的联系分为若干小单元,编出适合的呈现顺序,将学习的信息和材料,一步步呈现,难度逐渐增加,更易于学生理解。在教学的过程中对学生表现出的预期行为及时肯定,并指出存在的问题,反馈越及时,强化或改进也就越有效。

程序教学的基本方法有如下步骤:

◆小步骤设计教学顺序;

◆确定出学习预期的行为标准;

◆及时反馈;

◆学生自己确定学习的步调。

小步骤就是将课堂有效学习时间进行规划,做好单元的内容设计,同时将内容的层次,划分在不同的时间中展示和学习,尽量保证在5—10分钟内给出的教学信息量处于学生能接受的范围内,完成一项再进入下一项;教师要设想出一个具体单元学习完成后学生的预期行为表现;并且给予及时反馈。程序教学以学习者为中心,鼓励学生以自己适宜的速度进行学习,接受学生在学习进度上的差异。

(2)结构主义教学论指导下的基本教学过程

结构主义教学论的杰出代表是布鲁纳,他结合结构主义心理学的理论,认为掌握事物结构就是理解事物之间的相互联系,对学习者来说学习就是在这些关联中找到学科知识的基本结构。学科的基本结构就是学科的基本原理、基本规律和普遍性的主题。懂得基本结构能使学生更加容易理解学科知识,更容易记住学科的内容,理解学科基本原理和相关概念,并促进学科知识的迁移,建立起知识的纵向、横向的联系。建立学科知识普遍联系的基础是分析思维,通过演绎推理、归纳概括帮助学生达成教学目标,但这种分析方法会扼杀学生的天然冲动,抑制学生的想象力。布鲁纳鼓励教师在教学中结合学生的直觉思维,提供各种创造性学习的机会,鼓励学生大胆想象,利用直觉进行判断,作出假设,再通过后期的分析方法验证假设,直觉预判结合后期验证的学习过程,能让学生体会到学习的乐趣。

布鲁纳提出的发现法教学,需要先将知识转换成一个个发现的过程,并且表征出这些知识的发展顺序。教学的过程分为五个阶段:

◆创设问题情境;

◆促进学生利用教师提供的材料,提出问题,并给出解答问题的假设;

◆帮助学生从理论或实践中检验自己的假设;

◆根据实验(证据)获得一定的材料和结果,在分析评价的基础上得出结论;

◆鼓励学生反思问题解决的过程,帮助学生概括和理解知识的应用情境。

(3)发展主义教学理论指导下的基本教学原则

发展主义理论的基础包括最近发展区学说和儿童身心全面和谐的一般发展学说。

最近发展区学说的代表人物是维果茨基,他通过实验发现,儿童发展过程中存在两种认知发展水平。一种是儿童在独立活动时具备的解决问题的水平;另一种是儿童需要经过成人指导,或模仿成人的活动才能做到,在学习的当下不能独立达成的,但在学习以后能独立达成的水平。这两个不同发展水平之间的差异,被称为"最近发展区"。教学想要对儿童的发展发挥引导和促进作用,就要走在儿童发展的前面。教学要利用好学生的最近发展区,发掘儿童发展的内部潜能,为学生提供带有难度的内容,调动学生的学习积极性;在教学的过程中,不是简单地灌输,而是通过确定儿童发展的两种水平,为儿童建立教学与发展之间的桥梁。

赞可夫高度重视学生的"一般发展",因为一般发展强调的是儿童身心发展的基础,对儿童特殊才能的发展起着重要作用。一般发展与特殊发展是一组相对的概念,特殊发展是指专门学科,如美术、音乐等特殊才能的发展;一般发展是指儿童智力、道德、情感和性格等全面和谐的发展,其中智力发展是核心,包括观察、想象、思维、记忆及手脑并用的操作能力。赞可夫经过20多年的系统总结,提出了"发展主义教学论",他认为"教学与发展"是课堂教学设计的重点,他高度重视学生的一般发展。

发展主义教学论的基本教学原则有:

◆高难度教学原则;

◆高速度教学原则;

◆理论知识指导原则;

◆使学生理解学习过程的原则;

◆全体学生普遍发展原则。

高难度教学建立在学习难度上,注意把握好难度的分寸。教学选取的内容随着科技进步及时更新,通过换代的知识为学习者提供不断扩容的知识和信息来源,适当地在教学内容中指导学习者利用互联网获取学习内容,理解相关的网络道德规范。高难度的教学原则的目的是引导学生树立克服困难与障碍的信心,学会面对困难和提升解决问题的能力。

高速度不是囫囵吞枣,不是忽视基础知识的重复记忆、或放弃关照学习存在困难的学生,而是要求教师的教学过程以一种前进的状态,将学生的知识纳入一个广泛的体系中,从扩大知识广度中求得知识的深度,而不是把时间大量花费在单调的重复讲授和练习上,阻碍学生的发展。

随着科学技术的进步,借助于现代化的教学手段,人们已经可以把过去认为极其复杂的现象变成容易理解的东西。不再将学习者局限在眼见、耳听、手摸、鼻闻等直观的教学体验与活动中,增加理论知识的教学占比,让学习者在课堂学习中,学习抽象概括的理论知识,强化理论知识在课堂教学过程中的指导作用,这在高校教学中也显得尤为重要。

学生在理解学习过程的基础上才能有效地开展相关的学习活动,也就是教学任务的学习计划,学生以主人翁的姿态对待自己的学习实践活动。教师要适当引导学生获得在课堂之外的学习途径,掌握有效学习的方法。

有的学习者在学习活动中会出现困难,赞可夫对这些学困生进行专项研究,发现学困生并非是天生的或注定的,采取一些特殊的教学方法,给予较多的关注,学困生也会转化为优秀的学生。

(4)传播理论对教学知识信息传播的影响

随着传播学在20世纪40年代的兴起,人们对传播模式中信息传播者与接受者、信号、符号、媒介和效果等的研究,为课堂教学提供了不可或缺的理论指导,为教学设计研究提供了一个独特而有效的视角。

在社会生活中,人在接触事物时,能获取事物本身携带的信息,通过对信息的思维加工形成自身的知识和能力,建构起人类的基本学习过程。从信息的视角看,学习的基本任务就是获取事物本身的信息。这些学习信息的获取主要有三个途径:其一,通过直接接触客观事物来获取,例如运动状态等最原始的,由物体本身提供的,属于"物"最基本的概念;

其二，通过教学媒体提供的教学符号，如教材为代表的印刷材料和录像、视频等现代信息技术提供的现代教学媒体等，获取经过凝练的知识信息；其三，通过教师的口头表达、表情等传播出信息。这三个途径的信息构成了课堂信息的传播源。教师通过对这三个教学的信息源进行合理的规划，根据内容信息和教学任务，选择适合的传播途径，提高教学效果，就能提升课堂教学信息传播的质量和水平。

传媒模式对信息传播这种复杂现象进行简约化、理想化、概括化的表示，在众多的传播模式中五W论、S-M-C-R传播模式和Shannon的传播模式被人们广泛接受。"五W论"是美国政治家拉斯威尔提出的，概括为Who, Says What, In Which channel, To Whom, With What effect（谁，说了什么，通过什么途径，对谁说，产生了什么效果），这是一种单向传播的线性传播模式[1]。S-M-C-R传播模式，是贝罗在前人研究的基础上提出的，揭示了教学信息传播的复杂性。该模式展示了组成信息传播环节的四个要素S(source)信息源，M(message)讯息，C(channel)通道，R(receiver)接收者，以及要素之间相互关系的动态过程。教师作为传播信息源，对信息的传播有四个制约的因素：知识水平（教师对教学知识的理解水平，对教学信息的传播准确度具有直接影响）；传播技能（教师在实际教学中的基本技能，如口头表达、板书等对教学信息传播起到直接的影响）；态度（教师对待学生，对待教书育人工作，对待所教内容的态度都将影响到教学信息的传播质量）；教学内容和方法的选择（教师的社会、文化背景等会直接影响教师对课程内容和教学方法的选择）。

Shannon把传播描述成信源、发射器、信道、接收器和信宿五个环节和一个"不速之客"噪音构成的信息传播模式（如图2-2所示）。信源负责发出将要传播的讯息，讯息经过发射器编码后，采用与其经过的渠道相适应的信号形式到达接收器。接收器的功能与发射器相反，将接收到的信号还原成讯息并发送到传播的目的地信宿。噪音是传播意图之外的，对正常信息传递产生干扰的额外信息。

---

[1] 刁永锋.数字化学习的教育传播模式分析[J].中国电化教育，2003，202(11)：22-25.

```
信源 →讯息→ 发射器 →信号→ 信道 →接收到的信号→ 接收器 →讯息→ 信宿
                              ↑
                             噪音
```

图 2-2 Shannon 的信息传播模式

这个传播模式在教学过程中,反映出传—受双方都是具有主观性的人(教师—学生),教学最难的就是达到"传播和接受"的一致,所以在教学过程中引入现代教育媒体是非常必要的。教学不仅需要教师以扎实的知识令学生信服,还要精简教学内容,详略得当,形成清晰的知识脉络,避免节外生枝的补充,产生"噪音"干扰学习。信息传输到信宿,需要通过反馈实现控制系统正常运行和良性发展,在教学中教师就必须注意收集学生的反馈信息,因为学生是教学效果的最终体现者,通过各环节的反馈信息,不断完善教学的各环节,促进教学活动中师生之间的信息沟通和有效互动,使教学活动向实现预期教学目标靠拢。

根据这些传播模式的指导,总结教学信息传播的要点:

◆注重师生之间的双边互动;

◆按照规定的课程时间提供适合的教学传播信息;

◆信息传播的各要素间相互影响。

教学设计的目的是服务学生的发展,结合教学目标和学生的学习特点,在相关的教学理论指导下,选取适合的教学内容,选择符合学生学习需求的教学方法和媒体,并进行适时的评价反馈,服务学生的智力发展,为学生的终身学习和发展,提供学校教学的基础保障。

教学方法和媒体的选择的注意事项:

·在规定时间中要完成的教学内容的顺序;

·整理出具体的教学资源,明确提供的方式与顺序;

·结合教学资源确立应达成的教学目标,梳理出学生要回答的问题(或问题串);

·明确学生自己能解答的问题,交给学生解答,准备好答案反馈。

·针对学生学习有困难的知识,梳理出知识结构确立学习方法。

根据确定的教学任务,确定具体的教学目标,做好分组安排、时间分配,选择合适的教学方法,在时间空间上,对教学内容、教学方法和教学媒体进行合理的组合。把握好一节课的时间及每个时间段应完成的教学任务,可以通过教师讲授,提出适合的问题,提供相关的学习资料,学生讨论、演练、汇报、复习和小结等,将教学任务通过合理的环节分配和组合,为顺利完成教学任务做好计划。

高校课程的专业性较强,教材上的文字对本科生来说并没有认识的困难,但即便是所有字都认识,也不能保证学生能理解其意思。专业教师在呈现这些教学资源时,应该将重点放在指导学生正确理解文字信息上;通过学生回答教师梳理出来的问题(或问题串),能帮助学生理解知识,同时在学习方法上提供指引。教师适当的引导,比单纯地讲述知识,更能有效地培养学生的能力。

对学生学习确实困难的内容,教师可以整理已有知识或补充内容,并将知识的内在关系梳理出来,帮助学生理解为什么这样运用知识就能解决该学习上的困难。

已有知识和补充内容都属于教学资源的范畴,包括教材、文献等文字资料,还可以是PPT、录音、录像、互联网信息等各种媒体信息。选用的教学媒体要以教学目标作为选择的依据,要有助于教学目标的达成,符合具体的教学任务的需要,切合教学内容的性质;教学媒体的选择既要符合教学对象的年龄特点,也要满足对学习的实际需要;依据教学媒体的特点和功能,以及使用者对媒体运用的熟练程度,进行合理的安排。并在教学中根据实际情况,允许对教学设计方案进行合理和适度的调整。

(5)教学评价设计

教学设计需要依据学科专业的毕业要求与课程考核目标,对教学过程、结果以及有关因素进行综合价值评判。教学评价既是对学生学习的评价,也是对教师教学目标达成度的评价。对学生的学和教师的教的改进,都有直接的反馈和提示。

·教学前,利用问卷或小测试,诊断学生的基本情况和学习起点;

·教学中,利用随堂小测验、课堂提问、小组讨论展示等方式,获取学生的学习效果的反馈;

·章节学习完成,指导学生完成专题的总结整理;

·教学后,利用考试、课程论文等方式进行考查。

诊断性评价一般是在学期、学年、课程或一个单元教学开始时,为了解学生的学习准备状况及影响学习的因素而进行的评价。可以结合课程的学习平台,或问卷星等发放测试题,了解学生的实际情况,了解学生的学习起点,从而帮助教师确定教学的具体目标,发挥诊断的功能。

在教学过程中的课堂提问、随堂小测验等,能帮助教师确定学生的学习效果,为教师调整教学方案,改进教学提供指引。这种在课堂中为了解学生的学习情况,及时发现教学中的问题而进行的评价,称为形成性评价。

在学期末通过测试评定学生学习结果的评价,称为总结性评价。总结性评价是为了了解学生掌握知识、技能的程度和能力水平以及达到教学目标的程度有利于确定学生在后继教学活动中的学习起点,为制定新的教学目标提供依据。

在教学的过程中,学生完成与课程内容相关的项目,所获得的成果,均可以作为评价学生学习结果的依据。教师在进行教学评价设计时,需要合理做好评价规划,为全面评价学生做好设计。

三、教学准备与教学设计中的常见问题和应对措施

刚入职的新教师在教学准备和教学设计中难免会出现一些问题,例如:不知道如何把握课堂教学的时间;找不到适合的师生交流方法;不能评价教学设计是否成功;不知道教学设计撰写的基本格式。本节将通过教学时间和学习环境的规划、教学设计流程的基本模型和教学设计的基本组成这三个方面提出相关的应对措施,帮助新手教师改进教学设计,为不断完善教学做好相应的指导工作。

(一)做好教学时间和学习环境的规划

1.教学时间管理与规划

教师进行教学常规管理,最终目的是争取更多的时间用于学习。一般教学时间分为:分配时间,是教师教授具体特定学科课程的时间,这是由课表决定的;教学时间,是完成管理(如记考勤、处理课堂不良行为等)后,剩下用于教学的时间;投入时间,是专注于功课的学习时间,是学生实际上积极投入学习或专注于学习的时间;学业学习时间,是学生以高度投入成功完成学业功课所花的时间。投入时间和学业学习时间,与学生成绩呈明显的正相关。如果在投入学习的教学中,学生并没有学习材料,此时的投入时间对学生的提升没有什么具体作用。

要避免教学出现无效时间,可以尝试以下措施:

·增加学生学习投入时间;

·避免打断或放慢教学进程;

·保持教学的流畅性;

·管理好课间过渡。

增加学生投入时间最有效的途径是教师提供丰富有趣、参与性强、与学生学习相关的课程信息。

保持学生高度参与是课堂教学成功的关键,避免在课堂教学时突然中断讲解,花时间处理一件与学习内容无关的事情,这对学生的学习干扰极大,学生需要花费更多的时间才能重新回到功课中。在学习的有效时间中,不做与学习内容无关的陈述,紧凑完成学习,对学生的学习非常有利。这也是"微课"研究越来越重要的原因之一。

2.课堂学习环境管理与规划

教师在教学过程中需要营造对教学起促进作用的良好的学习环境和氛围,以满足课堂内个人和集体的需要,激励学生潜能的释放,有效地达成教学目标。

要做好课堂学习环境的管理规划,可以尝试以下措施:

· 形成团结合作的师生关系；
· 建立良好的内部学习环境；
· 做好奖励和惩罚的规定；
· 合理使用工具监督和管理学生的学习。

本科生已经具备较好的学习能力，在学习的过程中教师通过合理设置分组，阶段性划分好学习任务，发挥教师在学习中的引领作用，创建在情感上互相支持、教学上积极参与的师生关系。

教师能接纳学生，给予学生归属的需要，能有效提高学生的自尊心、适应性及其他健康品质；在小组合作的过程中给予学生选择和履行职责的能力，承担责任、自治和相对独立的与教师共同管理课堂的权力。

制定奖励和惩罚的措施，对学生行为进行矫正或强化。学生越看重后果，强化的效果就越好。在每次作业布置后，规定好完成的时间，以及评价的标准。

利用学习通、雨课堂等线上工具，在规定的时间点内发放通知和作业，利用现代工具更有效地监督和管理学生的学习。

学习环境的管理和规划，是教学设计内容延伸的部分，教师需要在课程开始之前，提前做好整学期学习任务的规划，学生通过分小组，结合学习任务，按照教师的引领和要求，初步整理出学习的计划和进程，并为自己一学期的学习确定明确的奋斗目标。团队中的每一名成员，都要知道学期的学习任务和完成任务的时间点。

（二）把握教学设计基本流程

由于缺少经验，新手教师在教学设计时常会出现无法自我判断教学设计是否合理有效的情况。新手教师可以根据图2-3教学设计基本流程，来进行判断。

图2-3 教学设计的基本流程

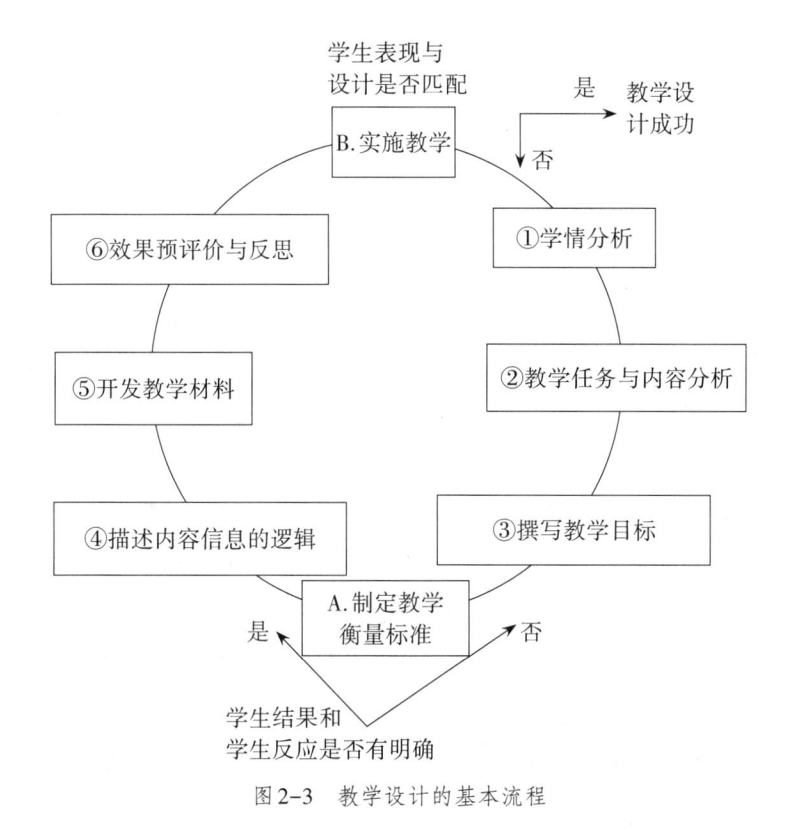

图2-3教学设计基本流程能直观地检测出教学设计是否成功。如果发现学生表现与教学设计不一致,就应该重新进入流程再锤炼教学设计稿。事实上,我们并不希望每次都是在实施教学之后,再来判断自己教学设计成功与否。

将流程与"图2-1 教学设计的基本形式与要素"进行对应分析,能发现"①学情分析"在学生起点设计中已经完成;"②教学任务与内容分析"在教学目标设计部分已经完成;"③撰写教学目标"是在教学任务确定和学习起点确定后进一步规范表述的课堂具体的教学目标;"④描述内容信息的逻辑"和"⑤开发教学材料"在教学内容设计部分和教学方法和媒体设计部分完成;"⑥效果预评价与反思"是教学评价设计部分的内容。

从这种对应关系可以看出基本流程中的各步骤,最开始进行教学设计时,是逐步进行的,随着经验的积累,流程的各步骤之间都会对其他步骤产生影响。在流程中"A.制定教学衡量标准"是综合性和指导性较强的步骤,是教师在教学设计中自我判断教学设计是否优良的重要标准。教学目标为教学提供衡量的标准,如果教师不能明确回答在达成该教学目标时,学生应该有的学习结果和反应标准,说明教学设计的"①学情分析""②教学任务与内容分析""③撰写教学目标"步骤还存在缺陷,应该再次完善这三个基本步骤。

有趣的是,在不确定是否落实"A.制定教学衡量标准"时,教师们又能较自然地进入到"④描述内容信息的逻辑"和"⑤开发教学材料"的准备和教学设计中。究竟"A.制定教学衡量标准"发挥了怎样的作用呢?

"制定教学衡量标准",简单的理解就是在教学设计时教师能制定出清晰的教学衡量标准,它不断地帮助教师回答"我们应该教些什么?",帮助教师决策应该选择哪些教学材料到教学内容中;学生在完成教学活动后应该获得怎样的效果;明确的教学衡量标准能确保学生朝着预定的学习目标努力,也可以在教学过程中对教师的教起到指导和监督的作用;好的教学衡量标准可以将学员的学习成果与对学科知识技能的发展联系在一起。如表2-1所示。

表2-1 教学衡量目的与开发

目的维度	描述	作用	开发指南
学生的反应	衡量学生对课程内容的感受(接受程度)。可以通过小组讨论、满意度调查,或非正式的访谈等方式获得。	为教师的教学设计提供及时的反馈	·询问能提供你想知道的信息(例如教学的效率;相关教学内容;如何帮助学生更好地学习) ·允许以匿名的形式或其他机会对教学进行评论 ·将问题设计成表格,以利于信息处理

续表

目的维度	描述	作用	开发指南
学习的结果	衡量在课程学习中学到多少内容；可以利用课前或课后的书面测试；项目或讲演；模拟场景；技能实验室等进行检测	对学习的有效性提供客观的数据	·衡量标准与教学目标紧密相连 ·知识/技能等，在学习之前/之后的掌握情况 ·设计能提供量化数据的工具（例如，线上学习平台统计学习时间，作业完成量等）
学习行为	基于学生所学内容，衡量在课程后学习行为的转化。通过行为检测表；学习过程中学生在重大事件中的行为表现分析；学生的自我评价等方式获取	为进一步明确教学情景提供客观数据	·明确评估学生学习行为的流程，并告知学生 ·考虑对不同类型的学员进行评估 ·基于对教学工作前后系统分析学生学习行为的衡量工具开发

从表2-1教学衡量目的与开发可以看出，这是一个在教学设计完成前就应该有的步骤。很多新教师会质疑，刚开始教学怎么能开发得出这些工具？接下来，就一起看看制定教学衡量标准时可以结合的一系列问题，给教学设计的引导。如表2-2所示。

表2-2 指导教学衡量标准时自我追问的问题参考

考虑的方面	问题参考
教学内容	教学要求是否与教学需求相关，并保持一致？ 是否是最新的信息？
教学方法	使用的教学方法是否最适合主题？ 使用的教学方法是否适合学生特定的学习风格？
学习内容	课程的材料有哪些？是否都能被充分地利用？ 学习材料是否对学生掌握教学目标有用？ 这些材料对学员来说是否新鲜？
课程时长	以提供的教学材料为教学基础，此处安排的时间长度是否合适？ 课程的某些部分是否耗时太多？ 是否有的部分太过简单？

续表

考虑的方面	问题参考
目标	教学是否很好地达成了设定的目标？ 学生是否有机会尝试去达成他们个人的学习目标？
删减	学习中是否有任何基本的部分被省略了？ 学习材料中是否存在一些不需要的内容？
学习结果转换	有多少学习结果可以转化到接下来的学习中？ 如果只是很有限的，甚至是没有任何结果得到应用，为什么会出现这种情况？ 什么因素不利于或有助于学习结果的转化？
相关性	教学中使用过的教学形式，例如课程研讨、会议、讨论课、个别辅导或单独指导等方式是否真的适合相关的教学内容？
学习结果的应用	在你从事的工作中，哪些方面是学习活动所产生的直接结果？ 作为学习结果，你在工作中引入了哪些新的东西？ 作为学习结果，你以前工作中的哪些方面被替换或调整？ 学习结果中有哪些方面未得到应用？为什么未得到应用？
效率	作为教学的结果，你的工作在哪些地方变得更有效率或更有效果了？ 为什么会变成这样？
反思或提升	随着教学的进行，你希望教学的内容或方式进行哪些修改？

这些自我追问，就是教师对教学设计改进的基础。对于已具备相关学科知识教师来说，完成教学设计本来就是一个耗费时间和精力的工作，不经历"A.制定教学衡量标准"步骤的审视，很难自我反思，甚至也不太容易接受来自其他教师的意见和建议。在完成初步教学设计的流程后，利用"制定教学衡量标准"来完成自己对课程教学设计的审视和修订，自觉完善和不断修正教学设计稿。随着时间的积累，不仅能够培养出更符合未来发展需要的学生，还能为将来形成本科教学的一流课程奠定基础。同时，这也是新教师自我成长的关键一环，不断地自我追问，提醒自己不停地学习和完善自我，在教学的过程中寻找终身学习的方法，为自我实现做好准备！

(三)掌握教学设计稿的基本组成

新手教师在进行教学设计时,可能会出现无从下手,或者不知道该怎样将脑海中的想法,以及手中丰富的教学素材,在教学设计稿中表现出来。我们可以通过认识教学设计稿的基本组成,来解决困扰教师的这个问题。图2-4展示了一个教学设计稿的基本组成。

设计依据	具体方案	评价反思
·教材分析 ·学情分析 ·确定教学目标 ·确定教学重难点 ·确定教学方法(策略) ·准备教学资料	·教学进程(内容顺序;材料信息;目标解决) ·课堂导入 ·知识点1(含巩固与练习) ·知识点2(含巩固与练习) ·知识点3(含巩固与练习) ·教学板书	·知识掌握的检测 ·课后学习安排 ·教学设计的反思

图2-4 教学设计稿的基本组成

一个良好的教学设计稿,需要有设计依据、具体操作方案和评价反思三个基本的板块。教学设计基本板块如果用表格的形式表现出来,就是表格式的教学设计稿;如果用文字逐一进行陈述的就是普通文本式的教学设计稿;如果是将教学录音转化为文字的就可以称为课堂实录设计稿。

要处理好教学设计稿结构松散的问题,主要措施是做好教学设计稿三个基本板块的对应工作。

接下来,还是结合"图2-1 教学设计的基本形式与要素"进行对应分析。

"设计依据"部分的要点:

·"教材分析"表现教学设计的"确定教学任务";

·"学情分析"表现教学设计的"确定学习起点";

·"确定教学目标"体现教学设计的"撰写教学目标";

·"确定教学重难点"与教学评价设计密切相关;

·"确定教学方法"和"准备教学资料"是"教学方法和媒体设计"的总结性陈述。

"教材分析"要结合课程大纲的要求展开，不能脱离课程大纲的要求，实际上就是通过教材分析确定教学任务。"学情分析"要结合学生已有知识技能等内容进行，实际上就是确定学习起点。"确定教学目标"在图2-1中就是撰写教学目标，是结合教学任务、学习起点的确定，在反复修订中，将内容信息逻辑融入其中，按照知识、能力、情感态度价值观的三维教学目标格式进行撰写。显然教学目标不是一次就成型的，需要教师反复打磨，不断完善。"确定教学重难点"与课程大纲和与教学评价设计密切相关，教师的主观认识也在其中发挥着重要的作用。"确定教学方法"和"准备教学资料"就是对教学方法和媒体设计的总结性陈述，这两个部分的具体表现会在具体方案部分"教学进程"中表现出来。

　　"具体方案"部分的要点：

　　·"教学进程"与教学任务具有对应关系；

　　·"教学进程"具体地表现出教学内容和顺序；

　　·"教学进程"体现了教学目标的达成方法；

　　·"板书设计"对应教学的重难点。

　　在具体方案部分，"教学进程"中的基本环节"知识点1，2，3"与教材分析中的教学任务具有对应关系，提供的材料不仅可以来源于教材，也可以是教师准备的教学资料，它们共同为实现教学目标服务。"巩固与练习"和"板书设计"的内容对应教学的重难点。具体方案需要在设计依据指导下，详细地表现出具体实施的内容顺序，在每一个教学内容中提供具体的材料。

　　"评价反思"部分的要点：

　　·"知识掌握的检测"与教学评价设计相对应；

　　·"课后学习安排"是教学内容设计的延伸，也是教学方法在时间分配上的合理规划；

　　·"教学设计的反思"强调教学设计依据、具体方案和评价之间的逻辑关系的反思和梳理。

在评价反思部分,"知识掌握的检测"与教学评价设计相对应,这个部分表现出来的内容和形式是多样的,可以与教学进程中的"巩固与练习"和"课后学习安排"等有内容上的重叠和交叉。在教学设计稿中列出这个标题,能帮助教师更好地凝炼教学的重难点,核对教学进程是否存在疏漏。"课后学习安排"是教学内容设计的延伸,也是教学方法在时间分配上的合理规划。"教学设计的反思"不是教学实施后的反思,在这里强调的是对整个教学设计的依据、具体方案和评价之间的逻辑关系是否做好了明确的对应。对教师更深入地理解教学,提供最有益的指导,与教学基本流程中的"制定教学衡量标准"有异曲同工之妙。

撰写规范的教学设计稿,能较好地解决教学设计结构松散、重难点不突出的困境。也是新手教师进一步总结教学经验,将教学设计文字稿改编为教材的一手材料的基础。

教学设计的基本形式与要素将教学准备和教学设计的具体内容用结构体现出来;为了便于设计的操作,教育工作者将教学设计做了流程梳理;为了将教学设计思考的内容外显成能进一步交流的内容,又确定了教学设计稿的基本组成。这些内容之间具有密切的关系,将它们融合在一起,才能将教学准备和教学设计做好。

第三章
课堂技能与教学策略

【本章引言】

教学既是科学也是艺术,高校课堂更具备其特殊性。在开展教学活动时,高校教师既要依赖科学的理论指导、注重实践,更要适时总结提炼。掌握必要的课堂教学技能和教学手段,使用适切教学场景的方法都极为重要。一名高校教师,尤其是高校新教师,需要掌握相当的教学技能和使用恰当的教学策略,才能在教学活动中吸引学生、启发学生,组织课堂、管理学生,才能展开有效能的知识讲授。

【内容导图】

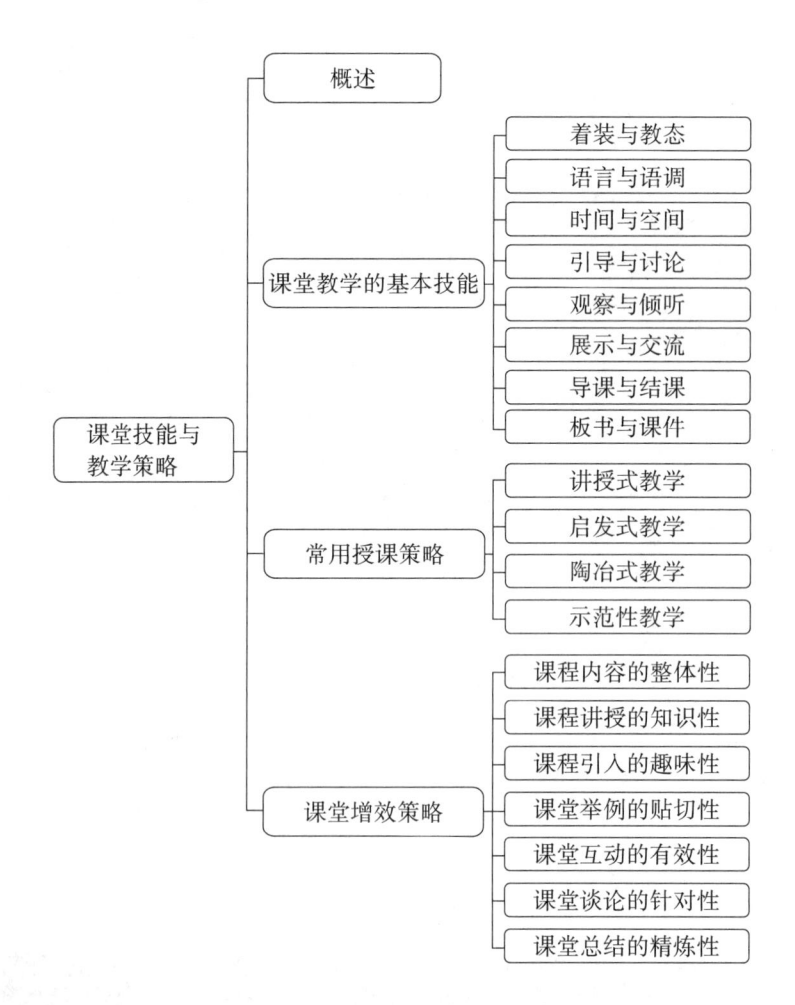

课堂技能与教学策略
- 概述
- 课堂教学的基本技能
  - 着装与教态
  - 语言与语调
  - 时间与空间
  - 引导与讨论
  - 观察与倾听
  - 展示与交流
  - 导课与结课
  - 板书与课件
- 常用授课策略
  - 讲授式教学
  - 启发式教学
  - 陶冶式教学
  - 示范性教学
- 课堂增效策略
  - 课程内容的整体性
  - 课程讲授的知识性
  - 课程引入的趣味性
  - 课堂举例的贴切性
  - 课堂互动的有效性
  - 课堂谈论的针对性
  - 课堂总结的精炼性

一、概述

高校教师在具备扎实的知识储备与研究积累基础上,要想以课堂为载体来影响与教育学生,真正做到"传道、授业、解惑",则需要不断学习和提升教学技能与策略。教学技能与策略是高校课堂教学顺利、高质开展的前提。具备精湛的教学技能,并借助多种教学手段开展教学活动,不仅可有效助推学生成长,更能在教与学的过程中,促进教师教学和科研工作的开展,真正实现教学相长、教研相长。为帮助新教师掌握基本的教学技能与策略,并在教学实践中不断琢磨与提升教学技能,本章梳理了基本教学技巧和提升课堂质量的常用策略。

二、课堂教学的基本技能

(一)着装与教态

教师是学生学习的榜样,需特别注意着装与教态。教师着装应大方得体,除了满足一般审美原则外,还应兼具潜移默化的育人功能。其着装应注意简约、庄重,切忌标新立异和奇装异服,任何繁琐冗杂的服饰都不适合教师。简单大方的服饰不仅不会分散学生的注意力,也有益于学生形成正确的审美观,更彰显教师的睿智与练达。课堂内外都是教育的场所,教师的衣着代表着教师的精神风貌,积极向上、朝气蓬勃的好教师,在穿衣打扮上也应润物细无声地影响和滋养学生。一般来说,男教师不留长发,不佩戴项链、手链、戒指等饰物;女教师不染头发,可着淡妆,尽可能不佩戴首饰,特别是粗项链、手镯、手链、耳环等饰物,教学期间不穿吊带裙、超短裙及露背装,不穿过高细跟鞋[①]。

教态,即教学仪态,教师的教态应谦和、得体、亲切、大方。进行课堂教学时,教师可通过恰当的表情、手势、眼神、肢体动作、语音语调以及站

---

① 谷冬岚.教师如何正确运用言行举止[J].新教育时代电子杂志(教师版).2016(38):271.

立和行走方式等体态的变化,更好地诠释教学内容的含义。得体的教态是辅助教师传达课堂教学信息的重要手段。教师应结合自身特点、课程讲授特点使用适切的教态辅助教学活动的高质开展。

(二)语言与语调

语言是人与人之间的交流的重要媒介,尽管图片、动作、表情等可以传递人们的思想,但是语言是其中最重要的,也是最便捷的。因此在授课过程中,使用语言的合理与否直接决定了课程讲授效果的好坏。教师课堂讲授的语言应清晰流畅、精练朴实、通俗易懂,尤其在讲授重要知识点的过程中,应避免模棱两可等情况,重要知识点的语言表达应更加简练、准确。在特定的情况下,为进一步吸引学生注意力,教学语言亦可幽默风趣。青年教师可在参加教学观摩、听课评课及教研活动中,多学习、多观察、多揣摩、多实践,有效提升课堂表达能力。

除语言之外,语调也十分重要。语调是指语言表达中,声调高低抑扬轻重的配置和变化。同样的句子,语调不同可能导致表达的意义完全不同。语调是教师在课堂教学中所用的音量变化及抑扬顿挫的声音旋律变化。教师教学语调主要包括节奏、重音两个基本要素。语调的合理运用可以为学生创造生动的教学情境,提高教师语言的表达能力,增强教师语言的吸引力和感染力。例如,在一堂课程的讲授中,对重点内容、定义、难点应加重语气,力求集中学生的注意力,调动学生的学习积极性。反之,语言平淡呆板,可能会导致学生注意力分散,甚至昏昏欲睡[1]。

此外,教师课堂讲授的语言使用和语调辅助与自身气质有关,教师可结合自身特质,观摩优秀、有经验教师的语言、语调,逐渐形成自身使用语言、语调的教学策略,以此提升教学效果。

(三)时间与空间

时间和空间是课堂教学的两大要素。课堂时间,是指教师如何有效

---

[1] 易修政.青年教师教学中的语调使用策略探析[J].宿州教育学院学报.2017,20(6):49-50.

利用课堂时间开展教学,其核心是一堂课时间的统筹、分配和利用,这是教师在教学设计中必须考虑的问题。对不同教师来说,一堂课的时间是确定的,不同的是教师对该堂课教学的时间统筹和分配的策略。从时间的利用上看,时间分配可通过分配在教师讲授,或是学生学习与反馈等方面思考与探索,进而逐步推进课堂教学从"单向式灌输"到"互动式研讨"的形态转变。此外,同样一堂课的时间,基于不同的专业需要、教学要求,会有不同的时间安排。例如,一堂课可以按照教学需求,安排引论、讲授、研讨、总结环节;也可翻转课堂,安排引论、研讨、总结环节。

关于课堂教学的空间,不同主体有不同的视角。对老师而言,课堂的空间就是包含讲台、黑板、多媒体教学设备的整个课室,尤其在信息化背景下的课室还应包含智慧教学平台或智慧教学互动工具;对学生而言,课堂的空间,就不只限制在一间课室,各种智慧学习平台都是他们学习活动的空间,教室内部署的智慧教学平台,移动终端部署的智慧教学平台,将逐步实现学生随处可学的,课前、课中、课后学习一体化的学习场景。在推进研讨式、互动式等新形态教学的今天,关于课堂空间的利用,首先要明确空间主要是属于学生的,因为学生才是学习的主体。其次要明确教学活动需要良性互动,可根据教学需求,开发相应教学功能的智慧教学平台。为实现以学生为中心,以学生为学习主体的翻转课堂、研讨式和互动式等新形态的学习活动,学校、教学管理人员、课堂讲授的教师要为学生搭建智慧教学平台。

(四)引导与讨论

课堂讨论是师生之间、学生之间就某一问题通过分析、研究探讨,获得知识、培养高阶能力的一种重要课堂形式[①]。引导和组织学生开展课堂讨论,能调动和培养学生学习的积极性和主动性,也是实现研讨式学习、互动式学习的有效途径。

---

① 王雪松;王丽.以交通工程专业需求为导向的交通统计分析教学改革[J].教育教学论坛,2012(31):99-100.

在课堂教学中,有效引导学生开展讨论可以从两个方面入手。第一,创造良好的课堂讨论氛围,做好讨论的准备。在教学设计时要考虑到前期的预习安排、同类问题聚类,以期能在课中开展问题驱动的教学互动。在课堂教学中,通过学生分组进行问题式研讨、翻转课堂,逐步形成学生讲、小组评,教师总结、提炼的良性互动。第二,精心设计课堂教学中需讨论的内容。课堂讨论是否有效,关键在于教师是否能充分准备,设置问题。在设置课中讨论的问题时,可围绕教学难点、重点,学生易混淆和易出问题的知识点和环节,还可聚焦学生运用知识进行判断、辨析时感觉抽象、模糊的问题。在引导讨论的过程中,可巧设问题,在讨论中考查学生综合运用知识解决问题的能力。

因此,课堂教学的引导和讨论,对教师提出了更高的要求,教师在教学设计时,必须钻研教学大纲、教材、参考文献等教学材料,把握讲授内容的重点、难点,精心设计课堂讨论的内容。讨论问题的设计应保证难度适中且具备探讨性,保证问题能引发学生兴趣,确保问题能结合专业提升学生思辨的能力。

(五)观察与倾听

课堂教学虽可按照教学方案、教学设计逐步开展,但实际教学的场景是师生的真实交互过程,因此教学活动也具有一定的随机性。课堂教学效果,一定程度上取决于教师对课堂随机性的主动把控。教学活动开展过程中,需要教师对学生的学习活动进行细心观察、倾听和交流,并据此作出应对和调整,以确保教学活动的有序进行和教学目标的有效达成。

课堂观察,是指教师凭借感官、思维和现代教育技术从课堂情境中收集学生学习活动的相关信息,经及时分析后,调整教学方法、教学节奏的教学行为。教师的课堂观察的对象即为学生的学习行为,主要包括学生的参与度、交流度、注意力集中程度等方面。学生的参与度,是指学生是否全体听课、是否听懂每一个讲授的知识点;学生的交流度,是指课堂中教学互动环节,生生互动、师生互动开展的有效程度;学生的注意力集中程度,是指学生在课堂上是否能跟随教师讲授进度积极思维、回答问题,以饱满的热情参与学习。

课堂倾听,是指教师在课堂教学中有效地关注学生语言表达及其反馈的相关信息的教学行为。教师的课堂倾听也是教学观察的一种,倾听可以使教师及时了解学生的需要,发现教学过程的问题。课堂中的倾听可以分为倾听学生的学习需求、思想活跃度、回答问题的准确度、讨论的积极度等。

(六)展示与交流

课堂中的展示与交流,是指学生按照当堂课程教学的安排,将自己的观点、看法和见解与教师和同学进行阐释和探讨。展示与交流是当前课堂教学活动中的重要组成部分,是改变单项灌输的传统教学模式的有效途径。课堂教学引入展示和交流的方法,对于促进教学体制改革具有良好的推动作用,它对于促进学生表达自己的观点和见解以及在交流的过程中养成倾听的良好习惯都具有明显作用。

课堂展示与交流,可以通过合理的学生分组、营造课堂交流氛围、引导和鼓励学生参与等三个维度进行。合理的学生分组,是指教师在分组过程中应充分考虑到学生之间的包含学习能力、性格特点、知识背景等因素造成的个体差异,采取优势互补等方式进行科学的学生分组;营造课堂交流氛围,是指教师通过创设问题情境,充分激发学生的交流讨论的欲望,形成争先发言、表达的局面;引导和鼓励,是指在交流过程中,教师应深入学生小组进行观察、倾听,及时了解学生观点和见解。在适当的时候给予学生引导、点拨和鼓励,既不过度帮助学生,也不放任课堂讨论随意发展[1]。

(七)导课与结课

导课与结课,是一堂课的开始和结束。导课和结课之间应存在起承

---

[1] 唐静.建构主义理论在初中英语写作教学中的应用探究[J].考试周刊,2019(68):115.

转合、首尾呼应的关系,这样一堂课才能成为一个完整的"乐章",因此导课、结课的安排尤为重要。

可以通过提出问题、讲述故事、设置教学情境等方法导入授课内容。提出问题,是指围绕本堂课的教学内容,提出引起学生思考的问题,这样的导课方式可以迅速引出本堂课的讲授主线,又可激发学生的学习兴趣;讲述故事,是指在开课时,分享与教学内容有关的故事,故事设置应充分贴合本堂课讲授的知识点,符合学生的心理特点及学生知识接收习惯;设置教学情境,是指在导课时通过朗诵等方式过渡到本堂课程需讲授的篇章。总之,导课需要考虑专业特点、课程特点以及本堂课程修读学生的特点进行周密设计。

结课的方法,包含归纳总结式、回顾式、拓展式等。可在结课时首尾呼应,给学生构建本堂课完整的知识结构。归纳总结式,是指在结课时,教师针对当堂课的教学内容的重点、难点及要点进行串讲式的巩固,强化课堂讲授知识;回顾式,是指课程结课时,教师引导学生逐个回到课堂讲授的重要环节上,从讲授的各个知识板块上,总结、凝练、提升,起到突出重点的作用;拓展式,是指基于本堂课的讲授内容,引导学生进行推测式的想象,激发学生创造思维的火花。

(八)板书与课件

板书和课件均为授课内容展示的重要方式,正确认识、处理好板书和课件的关系,充分发挥两者的优势,能有效提升课堂讲授技巧,保障教学效果。

板书,是传统的教学手段,即通过教师课堂教学的逐层推开,显示课堂讲授的层次、结构和思维推导过程。其优点主要体现在通过文字、图形、公式等展示讲授内容,以达到强化教学内容,增强教学效果的作用。书写板书时应将教学内容结构化,有效帮助学生理顺思路,明确重点、难点,帮助学生记忆、巩固和课后复习。课件,通常指教师授课使用的PPT(PowerPoint)文档。图文并茂且贴合课堂讲授内容的PPT,可直观形象地展示教学内容,有效激发学生的学习兴趣,调动学生的学习积极性和主动性。PPT的有效使用可达到增加课堂知识容量,扩大教学对象视野,节省课上板书时间,活跃课堂气氛等多种效果。[1]

板书和课件有效结合。利用课件PPT对文字、图片、音频、视频等展示丰富的教学内容,并结合板书对知识点的罗列、推导的逻辑性进行衔接,以此提升教学的效果。因此,课堂教学的设计应充分考虑板书和课件PPT的各自优势,将其充分结合,以学生对课堂教学知识点的有效接收为出发点,进行合理利用。同时,教师应主动学习现代教育技术,在教学策略构建、教学方式变革上,逐步将引进的、自建的优质课程资源、现代教育手段融入教学中。充分利用教学平台、互动工具的优势来调动学生学习的积极性,设计更多的以问题为驱动的学习任务,使学生有更多机会探索、实践,以培养其独立思考及解决问题的能力。增加教学活动的深度及广度,甚至是趣味性,使学生的关注点能放在分享和创造上。[2]

三、常用授课策略

(一)讲授式教学

讲授式教学是以教师讲授为主体的传统教学方法,教师在教学过程中通过语言系统连贯地向学生传达信息、传授知识、传递思想,帮助学生提高思想认识,发展学生智力和能力。讲授式教学有悠久的历史,其基本形式包括讲述式、讲解式及讲演式等,并可结合讨论、分析论证等方法,提高课堂教学质量和效果。讲授式教学方法的基本程序是:组织教学、导入新课、讲授新课、巩固新课、布置作业。讲授式教学方法宜于传授基础知识,适于班级教学,能充分发挥教师主导作用,主要用于系统性

---

[1] 曾小青,李晓春,吴承德,等.医学物理学实习教学内容更新的探索[J].西北医学教育,2003,11(2):137-138.
[2] 徐宏凯,谢洁,杨挺,等.新冠疫情期间高校在线教学情势解析及提升线上教学质量的策略分析[J].西南师范大学学报(自然科学版),2021,46(11):102-111.

的知识、技能的传授和学习,是教师向学生传授知识、技能的重要方法,从学生角度讲,听讲是获得间接知识的重要途径。

讲授式教学方法的优势主要体现在以下方面。第一,有利于提高课堂教学的效果和效率。讲授式教学有通俗化和直接性两个优点,教师的讲授能使深奥、抽象的课本知识变成具体形象、浅显通俗的内容,从而降低学生对学习知识的畏难情绪,通过直接向学生传递知识,避免了学生认识过程中的许多不必要的曲折和困难。第二,有利于帮助学生全面、深刻、准确地掌握教材。教师能够比较全面地领会教材编写意图,吃透教材,挖掘教材的深邃内涵。所以正是借助教师的系统讲授和透辟分析,学生才得以比较深刻地掌握教材,从而不仅学到学科的系统知识,而且还领会和掌握了蕴含在学科知识体系中的思想观点、思维方法和情感因素,学生的学科能力也得到了提高。第三,有利于充分发挥教师的教育职能。讲授式教学过程中教师处于主导地位,通过富有情感的语言表达,用自己的思想和意识感染学生,达到教育学生的目的。真正有效的讲授融合了教师自身的学识、修养、情感,流露出教师内心的真、善、美。所以,讲授对教师来说,不仅是知识方法的输出,也是内心世界的展现。[1]

讲授式教学的优势是明显的,但也存在一定的局限性,第一,不利于发挥学生的学习主动性、独立性和创造性。讲授式教学以教师的讲授为主,教师在教学过程中发挥主导作用,学生处于被动接收信息的状态,容易形成依赖心理,逐步失去主动探寻知识的意识和习惯,课堂教学气氛沉闷,教学效果受到影响。第二,不利于分层递进教学。讲授式教学大都是面向全体学生,很难实施个别化教学,而学生存在个体差异,知识基础、理解能力、学习习惯等各不相同,讲授式教学以相同的节奏开展教学,不能很好地兼顾学生的差异,使得有的学生认为教学内容简单而有的学生认为内容难以消化。[2]

---

[1] 李海涛."多边形内角和"教学设计(讲授教学法)[J].黑龙江教育(中学版),2016(9):7.
[2] 闫广军.传统讲授式教学的利弊及改进[J].中国教育技术装备,2012,270(12):73-75.

为了扬长避短,在讲授式教学中要注意以下几个方面。第一,讲授过程要富于启发性。教师要注意启发和引导学生思考,通过启发引导,使学生主动建立教学任务与自身已有知识的联系。学习实质上是知识"内化"的过程,学生的主动思考是知识内化的必备条件。第二,讲授过程中要注意趣味性。在讲授过程中,尽可能地使讲授内容贴近学生的生活实际,或辅助以画图、学生手工操作等方法,增强学生的感性认识,将抽象的甚至枯燥的教学原理变得清晰易懂。第三,讲授过程中注意与其他教学方法相结合。多种教学方式的融合可以不同程度地调动学生学习的积极性。例如,近年来,信息技术取得突飞猛进的发展,数字化的文字、图形、影像、声音等多媒体信息使教学内容的呈现方式更加直观形象,可以弥补讲授过程中语言描述不够直观甚至难以表达的缺陷。[1]

(二)启发式教学

启发式教学是指教师在教学过程中根据教学任务和学习的客观规律,从学生的实际出发,采用多种方式,由浅入深,由近及远,由表及里,由易到难逐步提出问题,解决问题,以启发学生的思维为核心,调动学生的学习主动性和积极性,促使学生生动活泼地学习的一种教学指导思想,也是教师在教学工作中依据学习过程的客观规律,引导学生主动、积极、自觉地掌握知识的一种有效教学方法。启发式教学以教师为主导,学生为主体,教学过程由教师来组织,启发学生积极思维,调动学生学习的积极性,正确理解,系统掌握所学知识。启发式教学是历代教育思想的精华,早在春秋末期,我国著名思想家、教育家、儒家学派创始人孔子就提出了"不愤不启,不悱不发,举一隅不以三隅反,则不复也"的教育思想,说明了启发的重要性,同时强调学思结合,认为在学生心求通而又未得其意,知其意而不能言时,教师进行启发、诱导、点拨最为合适,教育效果最佳。在西方,启发式教学最早始于古希腊思想家、教育家苏格拉底

---

[1] 李斌.开放大学数学高效课堂教学模式研究[J].陕西广播电视大学学报,2016,18(3):17-19.

的"助产术",他讲学一般采用交流方式,交谈时他提出问题,引导学生自己进行思索,自己得出结论。[1]

启发式教学的主要形式包括图示启发、讨论启发、观察启发、类比启发、发散启发等。图示启发是一种直观教学,具有简明、清晰的特点,可以把复杂抽象的理论教学加以形象化、条理化。图示主题突出,线条清楚,既有利于学生把握知识以及重点知识之间的联系,又可以拓宽学生的思路。讨论启发是指教师在教学中引导学生围绕某个问题进行讨论的方法,其特点是让学生各抒己见,各种观点相互碰撞、互相启发。观察启发是指利用图片、实物、幻灯、录像和演示实验等增强学生直观形象的渲染力,形成表象和培养形象思维的能力,使学生在教师的点拨和启发讲解下向逻辑思维转化,找出规律和加强对知识本质的认识。类比启发是将有某些共同属性的知识归类,进行比较,可启发学生找出异同,使学生准确地把握重难点。发散启发是以某个问题为中心,多角度发问,让学生层层思考,重新组织知识,多方掌握知识,是一种有多个答案的思维启发形式,它可以培养学生的变通能力,同时激发学生的学习积极性和创造精神。[2]

启发式教学通过教师引导学生积极思考,达到对教材内容的真正理解,并培养学生探索问题的兴趣和能力,教师仍然发挥主导作用,以讲授、谈话为主,但增加了学生的课堂活动,同时教师的主导作用由讲清教材变为引导学生自己弄懂教材,促使学生领悟。启发式教学程序一般可按"自学—发疑—提问—释疑"或"读读—议议—练练—讲讲"等步骤进行。启发式教学的特点是强调学生是学习的主体,教师要调动学生的学习积极性,实现教师主导作用与学生积极性相结合;强调学生智力的充分发展,实现系统知识的学习与智力的充分发展相结合;强调激发学生内在的学习动力,实现学生动力与学习的责任感相结合;强调理论联系实践,实现书本知识与直接经验相结合。启发式教学的实质在于正确处

---

[1] 刘洪波,张俭鸽.启发式教学在操作系统教学中的应用[J].时代教育,2011(9):199+201.
[2] 刘庆,张坤,何长元.关于高校土地管理学课程启发式教学的运用与探讨[J].科技创新导报,2010(28):179.

理教与学的相互关系,反映了教学的客观规律。启发式教学应坚持以下原则,第一,激发学生积极思考。要求教师注意激发学生的学习动机,培养学生的学习兴趣,让学生成为学习的主人。学习是复杂的思维活动,是在教师的指导下,不断提出问题,分析问题和解决问题的过程。学生积极主动进行思维活动,逐步提高分析问题和解决问题的能力。教师在传授知识的过程中,随时注意开启学生的思路,启发学生积极开动脑筋,通过学生自身的思维活动,对所学知识融会贯通,消化理解。第二,以坚持教师的主导作用与学生的主体作用相结合。教师的"教"是为了使学生更有效地"学",根本上是为了促进学生个体发展和主体精神培养。因此,须改变以教师为中心的教育教学观念,在教学上建立一种平等、民主的新型师生关系,一种师生为探求知识和真理而共同合作的、教学相长的伙伴关系。第三,注重师生之间的交流。现代启发式教学思想反对"满堂灌""填鸭式""单向灌输式"的教学方式,强调加强师生之间、学生之间的沟通交流,形成能容纳不同观点、不同思维方式的教学气氛,鼓励学生积极思维,敢于提问、善于提问,培养学生创新精神。第四,启发学生独立思考,培养学生独立解决问题的能力。教师在传授知识的过程中,通过设置科学而有层次的问题来启发学生的思维,使其发展加强逻辑思维能力。教师还要注意培养学生解决实际问题的能力,通过由易到难的各种作业与实际动手操作活动,来培养学生独立解决问题的能力。[1]

(三)陶冶式教学

陶冶式教学是指有目的、有计划地设置和利用各种情感和环境因素,让学生受到潜移默化、耳濡目染的影响、感化和熏陶的教育方法,使学生处在创设的教学情境中,运用学生的无意识心理活动和情感,加强有意识的理性学习活动的教学模式。

---

[1] 邓宇峰,周涛发,袁峰,等.启发式教学方法在野外实践教学中的应用实践——以合肥工业大学"铜陵矿产地质综合实习"为例[J].教育教学论坛,2020(23):302-303.

人的认识是有意识的心理活动与无意识的心理活动的统一，是理智与情感活动的统一，这就是陶冶式教学模式的理论根底。陶冶式教学模式充分激发学生个人的潜能，力求在教学过程中把各种无意识活动组合起来，把积极情感调动起来，效劳于意识的和理智的活动，使学生在一个心情舒畅、轻松愉快的环境中，以最正确的学习心态掌握知识，享受学习。该教学模式的教学目标是使学生在思想高度集中、精神完全放松的状态下，高效率、高质量地掌握所学内容，并且在情感和思想上受到触动和感化。

陶冶式教学的基本程序是：第一，创设情境。教师根据教学目标通过语言描述、实物演示、音乐渲染或场景表演等手段构成生动形象的教学情境，以激发学生的学习情绪，使学生融入情境，有意识心理活动和无意识心理活动、理智活动与情感活动的有效统一。第二，组织各类活动。组织游戏、唱歌、听音乐、表演、谈话和实践操作等活动，使学生在特定的气氛中，积极地、全身心地投入到活动之中。第三，总结转化。通过陶冶式教学活动中教师的启发与总结，帮助学生实现科学知识和道德情感的内化。陶冶式教学的原则是教学力求愉快而不紧张。在教学过程中，使学生感到学习是满足自己求知欲的一种快乐享受，而不是枯燥无味的艰苦劳动，学生在没有外部精神压力的时候思维活动才最活跃。教学过程中要注意学生有意识和无意识心理活动的统一。教师要正视学生无意识心理活动的存在，并善于利用它，不能只注重有意识心理活动而忽视无意识心理活动，只顾理性而不顾感性。只有两者和谐统一时，学生的记忆力、理解力、想象力和个性才能得到充分的发展。注意教学情境的创设和多种交互手段的利用。创设的教学情境要能为大多数学生所接受，产生兴趣，以激发学生的学习情绪，并以能触动学生的多种感官为佳。教师还要善于运用语调、节奏营造教学气氛，与学生建立相互尊重、信任的关系，积极调动学生的无意识心理活动。

陶冶式教学模式有利于学生快而扎实地掌握知识，能够提高学生的认知能力和审美能力，且由于无意识心理活动的参与，学生不易产生疲劳和厌倦，因此有利于开展长时间、内容多的教学活动。这种模式能拓展和深化教学的育人功能，对学生进行个性的陶冶和人格的培养，提高学生的自主精神和合作精神。

(四)示范性教学

示范性教学就是有目的地以教师的示范技能作为有效刺激，使学生通过模仿掌握必要的技能。示范教学是教学的一种基本方法，要求教师在向学生传递理论知识的同时，模范地指导学生，变教师教学过程为学生观摩实践过程，从而使学生在掌握教育理论知识的同时，也掌握实际技能。不是任何教学内容在任何时期都可以采用示范教学法，一般来讲，示范教学法主要适用于有经验的教师在示范教学中不刻板地重复例证，不死板地规定技能，注意灵活变通、合理操作，使学生不满足于现成方法的模仿，注意激发其创造性。在示范性教学中需注意搭配其他教学方法，使学生在模仿学习中尽可能运用分析、比较、抽象、推理和探索新情景等，以克服示范教学法的保守性。

示范性教学主要包括语音的示范、动作的示范、书写的示范等。语音的示范主要是通过语言和声音进行的，如外语的语音教学、语文的朗读教学和音乐的唱歌教学等。动作示范主要通过各种动作进行，如体育课程中的各种示范动作、自然科学类的各种实验操作等。书写的示范主要是通过书写方法和书写格式进行的，如写字的方法、符号和公式的书写要求、解题的步骤、实验报告的格式等。除这些以外，其他如教师的言行、教学态度、思想方法和工作方法等都具有示范性，都能潜移默化地影响学生。

开展示范性教学，要注重学生将初期的模仿与后期的创造性学习结合，更要在适当条件下配合其他教学方法应用，克服其保守性，尽可能激发学员在模仿中主动地学习。

四、课堂增效策略

(一)课程内容的整体性

课程内容的整体性设计应贯穿于教学实践的全过程,从备课开始就应充分重视,按照"整体规划、层层剖析、环环相扣"的思路和策略进行课程内容安排。具体来说,在教学要求及课程目标达成度的整体框架下,每次课围绕一个重点内容展开,认真设计课堂讲授的每一个环节,注意课程内容的统一性、前后知识点的逻辑性。进而在课程内容整体性的基础上,考虑每次授课的整体性,开课要贴切地引入,每次授课结束的时候,有总结与反思,并设计合适的课后作业;后续课程的讲授,亦需要言简意赅回顾上一次课的重点内容,并以此切入此次课程,以保持整门课程的整体性。注意课程内容的整体性,有助于学生更好把握课程的重点难点、知识点之间的内在联系,并以此形成对学科专业的系统性理解。

(二)课程讲授的知识性

课程讲授的知识性是课堂教学活动开展的基础,知识性的前提是对知识点的分析及解读无误。授课教师必须在弄懂吃透相关知识点,以及知识点之间内在联系的基础上进行课程讲解。为了做到讲授的知识性,教师需要通过开展研究工作、参加学术研讨、阅读优秀文献、撰写研究论文等多种方式,紧跟学科前沿,储备深厚的理论知识。同时,还应确保对问题或现象的分析持客观、科学的态度,切忌犯知识性错误或观点偏激。授课的过程不仅是知识的传授过程,更是价值、情感、态度的传递过程,教师严谨治学、客观公正,才能培养学生的正确的世界观、人生观、价值观,增强学生的使命感,激发学生努力揭示自己专业领域的新规律、新现象、提出新观点的热情。[1]

---

[1] 李志霞,陶冶,陈延华.高校以项目设计为主线的教育模式[J].中国石油大学学报(社会科学版),2013,29(4):94-99.

(三)课程引入的趣味性

课堂教学在确保知识性基础上,还需避免讲授枯燥的情况。在教学设计和备课过程中,一定要重视对学生学习兴趣及专业认同度的培养。苏格拉底曾说:教育不是灌输,而是点燃火焰,所以对知识点的引入要注意知识性与趣味性的有机结合,吸引学生对教学内容的关注,充分激发学生学习的内在动力。同时,还应把握好知识讲授和趣味引入的主、从关系,只重视知识讲授,忽略学生注意力与关注度,会导致课堂枯燥、缺乏吸引力;反之,只重视趣味因素,忽略课堂知识讲授,则是本末倒置。因此,在课程设计时,教师注意基于课程教学重点难点,结合学生已有知识背景,设计具有关注度高的热点研究或融入最新时事等,组织教学工作,让学生以积极、愉快、主动的心态投入到学习过程中,同时也凸显教师知识的广度、深度,用其优秀的人格魅力影响、熏陶学生。[1]

(四)课堂举例的贴切性

课程举例主要指为了帮助学生理解课程重难点,教师指教师通过描述、分析、说明具体事例,深入浅出地揭示概念、原理及事物本质特征等的一种教学方法。在备课和课程设计时,举例的设计一定要服务于课程知识讲授,因此例子的类型选择、数量、时长等设计均应贴合知识点。例子的设计如何有效地贴合教学的知识点,以此得到最佳教学效果,应遵循以下三个原则。第一,明确举例的相关性。教师在备课和课程设计时,应明确举例的目的,紧扣知识点进行事例的准备,切忌所举例子不着边际。一般例子应安排在所授知识点之前,为阐明知识点、帮助学生建立对知识点的感性认识作铺垫,进一步启发其总结及掌握重点知识。第二,注意例子的科学性。教师所举例子应确保是真实、准确,易于学生理解,避免引用有争议的例子,对学生产生误导或者负面影响。第三,考量例子的吸引性。所举事例除帮助学生理解重难点外,还应结合学生的知识背景及兴趣所在,尽可能考虑接近学生学习、生活、关注的例子,助力课程目标的有效实现。

---

[1] 袁翔珠.论西部高校知识产权发展战略[J].产业与科技论坛,2006(5):9-10.

(五)课堂互动的有效性

课堂互动的主要目的在于引起学生思考、加深学生对知识点的理解、吸引学生注意力、了解学生学习情况等。互动的有效性,是指课堂互动要有助于教学活动的高效开展。在课堂教学过程中,教师通过提问、分组讨论、文献分享、热点辩论等多种方式,借助多种辅助工具,调动学生学习积极性,形成良性的师生交互、生生交互和群体互动,提升教学效果,实现教学目的。提升课堂互动有效性可从以下三方面入手。第一,统筹教学设计。教学设计是提升课堂互动的基础,教师可通过对教材、教学大纲、教案等教学资料的研究、对学生的了解、对既往学生学情的纵向分析等途径进行合理的教学规划,在规划的过程中有效分配讲授、研讨、总结等教学环节的时间比例和内容比例,为高效的课堂互动打下坚实基础。第二,准备问题情境。在备课和课程设计中,充分创设问题情境,以此激发学生的学习兴趣和好奇心,提升课中互动的有效性。第三,转变教学方式。有效的课堂教学不能单纯依赖单向式灌输和学生的模仿和记忆。让学生充分参与教学、合作交流、研讨探索是提升课堂互动有效性的重要手段。因此转变教学方式一定要注意前期的课程设计,在课中有效实施学生合作小组组建、学生交流技能培养、创设环境,以促进学生合作学习,进一步提升互动的有效性。[1]

(六)课堂讨论的针对性

课堂讨论一般是指在课堂教学中,由教师组织的、设计的,激发学生围绕课堂讲授内容所设计的问题进行研究、探讨的过程。要组织好课堂讨论,教师应充分考量教学需要,并结合学生实际情况,精心组建学习小组开展课堂讨论。

提升课堂讨论的针对性,总的来说,讨论主题的设计应遵循"可要可不要的不安排、简单易行的不安排、令学生无从下手的不安排"的原则。具体来说,讨论主题的设计需要具有讨论价值,能引起学生思考,因为当

---

[1] 张佩佩.核心素养下小学语文课外阅读教学思考[J].新课程(小学),2019,472(4):41.

讨论的主题真正成为学生的关注点时,学生的思维才会被最大程度地调动;讨论主题的设计还需要抓住讨论的契机,把讨论放在学习的重点和难点上,放在学生易混淆处,问题设计难度要适宜,要放在学生思维的敏感区,使全体学生经过课堂讨论后都有所收获,有所发展。另外,讨论主题的难度必须处于小组成员学习能力的范围内,即小组成员在独立思考的基础上,通过讨论、交流更能有效解决的问题。[1]

(七)课程总结的精练性

课堂教学不仅要引人入胜的开始,课程总结也要精心设计、前后呼应、承上启下,切忌虎头蛇尾。课程在概括性总结知识要点的基础上,强调重点难点,以帮助学生系统掌握章节知识要点,以及跟前后章节之间的内在联系,起到前铺后垫的作用。课程总结的精练性,是指教师为了使学生对课堂学习的内容有一个整体而深刻的印象,在每堂课结束的时,用准确精练的语言、精心设计的课件等教学手段,对当堂课的讲授内容进行归纳和总结。[2]课程总结的精练性主要体现在总结的概括性、系统性和启发性上。在课程结束时,以准确和精练的语言对当堂(或整门)课程讲授内容、重难点进行串讲,系统性地加深学生理解,为下一堂课(或后续课程)的开启做好准备,进而启迪学生思维,激发其课后自主学习与课程相关知识的主动性。

精湛的教学技能与策略,有助于人才培养质量的提升,并形成教与学的良性互动,助推教师成长与自我价值的实现。高校教师应在掌握基本教学技能与策略的基础上,持续在教学实践中形成自己的教学策略与风格,在传授知识的同时,真正实现全过程育人。

---

[1] 王桂梅.课堂讨论的设计应注意的问题[J].黑龙江教育:中学版,2004(11):24.
[2] 芮彩凤.优化课堂小结 提高教学实效:市场营销教学中课堂小结的设计与优化[J].职业,2011(30):33-34.

第四章

实践教学与毕业论文

【本章引言】

　　实践教学是高等学校人才培养的重要环节,它是理论联系实际、提高学生知识应用水平以及实践动手能力的途径,是把科学实验引进教学领域的关键过程,直接关系到学校的整体教学质量。普通高校的实践教学一般包括军训、实验、实习、社会实践、调查分析、毕业论文等环节。其中,毕业论文将理论基础与实践教学有机结合。在教师指导下,撰写毕业论文能系统培养学生分析问题和解决问题的能力、理论联系实际的良好学风,全面检测学生掌握的专业知识水平,锻炼文字写作和口头表达能力,它是检验学生在校学习成果的重要措施,也是提高教学质量的重要环节。

【内容导图】

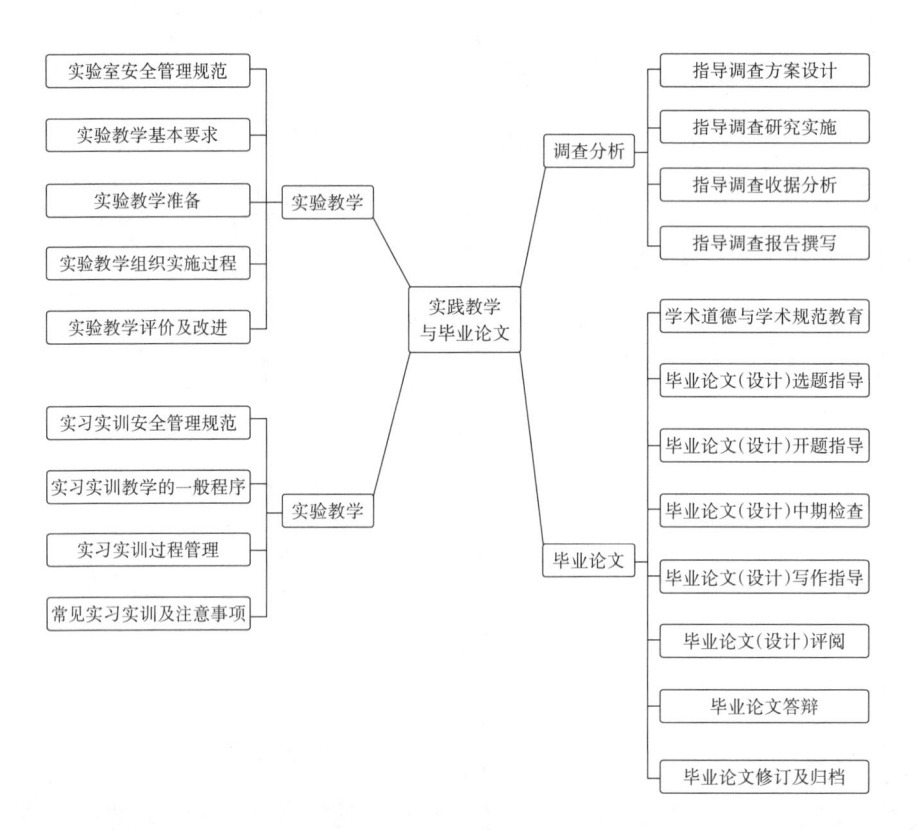

实践教学与毕业论文
- 实验教学
  - 实验室安全管理规范
  - 实验教学基本要求
  - 实验教学准备
  - 实验教学组织实施过程
  - 实验教学评价及改进
- 实验教学
  - 实习实训安全管理规范
  - 实习实训教学的一般程序
  - 实习实训过程管理
  - 常见实习实训及注意事项
- 调查分析
  - 指导调查方案设计
  - 指导调查研究实施
  - 指导调查数据分析
  - 指导调查报告撰写
- 毕业论文
  - 学术道德与学术规范教育
  - 毕业论文(设计)选题指导
  - 毕业论文(设计)开题指导
  - 毕业论文(设计)中期检查
  - 毕业论文(设计)写作指导
  - 毕业论文(设计)评阅
  - 毕业论文答辩
  - 毕业论文修订及归档

一、实验教学

实验教学是高校教学体系中的重要组成部分,随着社会不断加大对人才质量的需求,高等教育提出了培养学生创新能力的"创新教育"的概念,这一概念的提出促使实验室的地位和作用发生了重大变革,不仅使实验教学从验证性实验转变为设计性和综合性实验,还使实验教学更倾向于培养学生创新思维和创新才能[1]。因此,实验教学具有其他教学环节不可替代的独特作用,其教学质量的高低直接影响着学生的创新精神、实践能力和综合素质的培养。

(一)实验室安全管理规范

实验室是教学科研工作的重要场所,也是育人的主要场所之一。为确保教学科研工作顺利进行,全体师生必须认真贯彻"安全第一、预防为主"的方针,减少、杜绝事故的发生,达到安全规范化管理目标。与课堂教学相比,实践教学中遇到的安全风险因素更多。因此,学校、学院以及师生需要提高安全意识,确保实践教学的安全。应坚持"预防为主、教育先行、管教结合、从严管理"的原则,严格规范实践教学环节管理,增强实践教学安全红线的意识和底线思维,切实将实践教学安全工作落到实处。

(1)提高认识,强化实践教学责任意识。

安全保障是保证实践教学正常进行的重要前提。加强对实践教学过程中的安全教育与管理工作,增强师生安全责任意识和自我防护意识,提高师生的自律能力,预防、控制和消除实践教学中的安全风险,确保师生人身安全和财产安全,是实践教学组织单位、指导教师和学生的共同责任。各教学院务必提高认识,制定细化的实践教学安全管理制度,健全组织领导,明确教学院院长、党总支书记为实践教学安全第一责任人,理顺职责关系,强化担当意识和责任意识,确保实践教学安全顺利开展。

---

[1] 覃光明.基于应用型人才培养的高职院校实验室建设探讨[J].广西轻工业,2007,101(4):118-119.

(2)强化监控,提高过程化管理意识。

加强过程化管理是提高实践教学质量和安全保障的有效举措。各教学院要认真自查实践教学管理工作是否到位,安全教育、监控措施是否到位,统计、核查参与实践教学学生到岗的详细情况,校外实践学生是否签订安全责任书、购买保险等。教学院要指定专人具体负责实践教学工作,全面掌握学生实践教学情况,采取多种方式加强与实践教学学生的沟通与交流,时常提醒学生要增强安全意识,特别是节假日期间,确保信息畅通,及时了解和解决学生的困难和遇到的问题。做到强化监控,实现实践教学环节的精细化管理,提高过程化管理意识,为实践教学安全提供全力保障。

1. 实验室安全教育工作规范

(1)各实验室应根据各自工作特点,提出确保安全的具体要求,落实安全防范措施,形成书面规定并张贴于实验室醒目位置。

(2)对初次参加实验的学生、外来培训人员,所在实验室必须先对其进行安全教育,方可进行实验操作。

(3)每个实验项目或野外实习开始前,指导教师和实验员必须对本次实验、实习的安全注意事项进行详细讲解。

(4)研究生导师必须经常对研究生进行安全教育,避免因熟悉实验环境而放松警惕。

(5)教师和学生均应做好安全教育相关工作的翔实记录。

2. 实验室人员管理工作规范

(1)教师、学生应自觉遵守实验室安全、卫生、药品等各项管理制度,牢固树立"安全第一""安全卫生人人有责"的观念。

(2)教研室(实验室)主任、副主任应做好实验室各项工作的安排,保证实验室整洁卫生、安全设施完好、药品管理到位,每学期开学和期末组织进行全面的安全检查,日常不定期开展常规安全检查,每次检查应做好记录,发现问题及时整改,不能自行整改的应及时上报。实验室管理人员应加强日常巡查和检查,及时发现安全隐患。学院每学期末组织一次全面的安全检查。

（3）本科实验室原则上只供本科学生实验用，钥匙只能由教研室（实验室）主任、副主任管理，有实验课的老师根据实验安排借用，用后务必及时归还，不得将钥匙转借他人；因特殊原因其他人员需临时借用本科实验室，必须经教研室（实验室）主任和主管教学院长同意，但任何人不得擅自增配钥匙。科研实验室管理由导师或实验室管理老师负责。

（4）本科生实验必须在教师或者实验室管理人员指导下进行，安全检查监督工作由实验课任课老师负责。在毕业论文撰写期间，应严格控制夜间实验，禁止本科学生在夜间单独进行实验。教师不得将实验室钥匙随意交给学生。

（5）从事放射性工作人员要有上岗许可证，放射源要由专人保管并放置在具有防范措施的固定场所。使用中要严格执行操作规范。

（6）任何人不得在实验室嬉笑打闹；严禁在仪器室、贮藏室和实验场所吸烟；严禁在实验室进行烧饭、聚餐等与实验和工作无关的活动；严禁携带食物、饮料等与实验、学习、工作无关的物品进入实验室。

3. 实验室设施安全管理规范

（1）实验室必须配备防火器材并保持良好状态，随时保持消防通道畅通；要严格执行防火安全管理规定。未经学院批准，不得擅自安装使用电加热器，不得乱拉私接电线。实验室需要安装水、电、气管道及闸阀时，应报学院批准，不得擅自操作。

（2）各实验室应将药品室、仪器室和实验操作室分开设置。不能分开设置的应按照"安全第一"的原则进行科学合理的规划和布局，存放实验药品必须用专门的加锁药品柜，钥匙应指定专人保管。

（3）加强冰箱管理，确保使用过程中的安全。凡需存放药品的冰箱必须放置于上锁的房间，钥匙由专人保管。非防爆电冰箱内禁止存放易燃、易爆、低沸点、强腐蚀和剧毒药品。所有冰箱禁止存放私人物品。

（4）各实验室应严格执行实验室使用登记制度，做好实验仪器的使用记录。

（5）仪器设备应合理布局、整齐摆放，室内不得存放私人物品和与实验无关的杂物。

(6)使用中发生事故或仪器故障时,应立即停止使用仪器,切断电源,并及时向相关老师和负责人报告。

4.实验室药品管理规范

(1)易燃、易爆、低沸点、强腐蚀和剧毒药品由学院指定专人统一保管,实行双人、双锁管理制度和领用登记制度(具体管理办法根据各学校相关规定执行)。其他药品由各实验室指定专人、专柜保管,实行领用登记制度,管理人员应经常进行检查,核对药品的剩余量是否与使用量相符。

(2)盛装药品的容器上应贴上标签,注明名称、溶液浓度。

(3)对稀有金属、贵重物品、仪器设备,要登记造册,落实安全防盗措施,在使用过程中要坚持收、发、领、退登记制度。

(4)任何人员不得私自将任何药品带出实验室。

5.实验动物使用安全规范

(1)根据实验需要的种类和数量进行实验动物的购买,所购买的实验动物必须由专门的合法单位提供,达到医学实验的要求且有检疫合格证明,严禁经不明、不正当途径购买。

(2)实验人员在使用实验动物的过程中,必须严格按照实验操作规范进行,接触动物时要做好安全防护,戴好手套,防止被动物抓伤、咬伤。要珍惜实验动物,不得随意浪费。

(3)实验动物的尸体应统一焚烧,不得随便丢弃。实验后存活的动物要按规定处死并销毁,不准私自带离实验室另作他用。

(4)感染疾病的动物应视疾病的类型严格进行处理,防止疾病的扩散和蔓延。

6.实验安全操作规范

(1)有危险的实验在操作时应使用防护眼镜、面罩、手套等防护设备。

(2)产生有刺激性或有毒气体的实验必须在通风橱内进行。

(3)浓酸、浓碱具有强烈的腐蚀性,用时要特别小心,防止溅在衣服或皮肤上。废酸应倒入酸缸,但不要往酸缸里倾倒碱液,以免酸碱中和放出大量的热而发生危险。

(4)实验室要有三废(废气、废液、废渣)处理措施。实验结束后的废液、废渣,不能直接倒入下水道,须经过分解破坏处理后,方可倒入废液缸,并按规定及时处理。不得随意排放超剂量废气、废液、废物。对有细菌、真菌、毒菌的实验室,要定期进行杀菌处理,不得随意丢弃用过的实验药品和容器,使用时要有相应的安全措施。

(5)有机溶剂应尽量回收,废溶剂集中定期处理。有毒物使用后应进行无害化处理。

(6)实验中涉及微生物培养的用具及材料,使用后应作灭菌处理。

(7)实验室使用剧毒、致癌的药品,应划定特定实验区域,不得将污染物带离该区域。

(8)教师下班或学生实验结束时,应收拾好各类药品、试剂、器材、工具和图书资料,切断水、电,熄灭火种,关好门窗后,方可离开。

7. 其他

实验室如发生安全事故,或出现事故苗头,在保证人身安全的情况下,应采取措施及时处理,将危险和损失降至最低,同时及时向上级相关领导报告,不得隐瞒不报或迟报。重大事故还应保护好现场。

(二)实验教学基本要求

1. 立德树人要求

"全面实施素质教育,培养德智体美劳全面发展的社会主义建设者和接班人"是党和国家始终坚持的教育方针。高校要紧紧围绕国家的教育方针进行各项教育活动。为了全面贯彻党的教育方针,高校的实验教学要坚持专业知识、专业能力和基本素养教育的有机融合,促进学生全面发展。

(1)课程思政。

2016年,习近平总书记在全国高校思想政治工作会议上强调:"要坚持把立德树人作为中心环节,把思想政治工作贯穿教育教学全过程,实现全程育人、全方位育人,努力开创我国高等教育事业发展新局面。"开展"课程思政"是落实习近平总书记重要指示的有效手段。各类实验课程要围绕实验课程内容、性质和自身特点,厘清每门实验课程和实验项目的内容及教学环节对应的思政育人要素联动关系,深度挖掘实验教学中蕴含的思政教育要素与所承载的育人功能,将思政教育贯穿实验教学始终。

(2)找准实验课程融入思政要素切入点。

综合分析各门实验课程和项目的思政教育要素,结合课程内容特点,找准切入点,重点将行为习惯、科学精神、追求真理、勇于质疑、学术规范、职业道德、诚实守信、务实作风、家国情怀、奋斗精神、社会责任感、法律意识等融入其中,引导学生构建正确的世界观、人生观、价值观和科学观,使课程教学与思政教育相互促进、相互协同。

(3)实验教学环节融入思政要素方法。

实验教学的目的,不仅在于巩固理论课知识,更在于通过实践动手启发学生思维。立德树人,不是空谈政治、谈信仰、谈意识形态,而是要树立高效的思维方式、尽可能开发学生智慧。因此,无论实验教学还是思政教育,二者的根本目的是一致的,都是为国家培养"全面发展的社会主义建设者和接班人"。实验教学是基于理论课的应用与实践,是理论课的延伸和拓展,通过实验教学,锻炼和引导学生从理论到实验的运用,并指导学生尝试运用理论开展科学研究,从基础科学的历史沿革看发展,从前沿科技发展看重大科学事件中的选择与结果,将基础科学的发展水平与国情及世界整体发展相结合,从科技与强国的紧密关联中,提升对科技发展的认同感;从对科学家的敬业精神与对人类社会的贡献和深远影响中,看到投身科研事业的伟大意义。

2.基本素养培养要求

根据"我国基础教育和高等教育阶段学生核心素养总体框架研究"项目发布的"中国学生发展核心素养"研究报告,学生应具备的基本素养分为文化基础、自主发展、社会参与三个方面,综合表现为人文底蕴、科学精神、学会学习、健康生活、责任担当、实践创新6大素养,具体细化为国家认同等18个基本要点。各实验课程要改变当前存在的"学科本位"和"知识本位"现象，加强"基本素养"与"专业教育"的深度融合，明确各门课程具体的育人目标和任务，加强各门课程的纵向衔接与横向配合。要对学生发展基本素养进行顶层设计，并能指导课程改革。各门实验课要通过改革落实学生基本素养的培养，把学生发展核心素养作为课程设计的依据和出发点。

3.专业综合能力培养要求

各专业要合理设置实验课程，不断优化各门课程实验教学内容，使得实验课与理论课相衔接、课内实验教学和课外自主创新创业活动相衔接，建立能够满足本专业人才培养要求的人才培养体系，使得学生成为有道德情操、理想信念、本领过硬、责任担当的新时代社会主义接班人。

1952年，美国心理学家罗杰斯在哈佛大学举办的"课堂教学如何影响人的行为"学术探讨会上，首次提出"以学生为中心"的观念，并将其应用到本科教育层面[1]。以学生为中心的教学模式中，教师和学生不仅区别于传统的教学者和学习者的角色，还共同担任研究者的工作，其教学模式是一种讨论式的模式，是师生在教学过程中共同研讨学问，通过解决学生实际问题而达到学习知识的教学活动[2]。在本科实验教学中采用"以学生为中心"的教学模式，强调对学生知识获得与能力培养并重，以学生自主学习、独立分析、小组讨论为基本形式进行合作组织设计实验内容，以实验实践形式解决问题，培养和调动学生专业学习的积极性和能动性。开展以"以学生为中心，综合能力培养为主导"的实验教学模式改革与实施，以学生自主研究式学习与实践为桥梁，采用综合性设计性实验内容，将教授专业知识应用技能与培养大学生专业实践能力、科学素质和创新能力结合起来，提升人才培养质量。

---

[1] 洪丕熙."以学生为中心"——罗杰斯的教学原则和它的影响[J].外国教育资料，1984（2）：23-24.
[2] 朱征宇，曾令秋，杨广超.以学生为中心的讨论式互动教学探索[J].计算机教育，2017，267（3）：124-128.

(三)实验教学准备

成功的实验必以完善的实验准备为基础。实验前准备是一个举足轻重的环节,实验前的准备工作与大学实验课程教学的成败密切相关,实验准备得充分与否直接影响着实验教学质量[1]。完善的实验准备是确保实验成功的开始。

1.实验教师应具有严谨求实的态度

实验教学是研究探索客观规律为主的实践活动。实验人员作为实验活动的直接参与者,必须具有实事求是的工作作风、严谨的科学态度、辩证的思维方法,以及对科学现象敏锐的洞察力。实验教学准备工作是实验操作与专业知识、相关知识的有机结合,缺乏理论指导的实验准备是盲目的。因此,实验准备人员应不断提高自身的综合素质,明确自己在教学、科研中的作用,做到爱岗敬业,无私奉献。在实验物品的准备、配置药品、仪器的调试、处理实验结果时,必须做到认真细致,准确无误。实验人员必须掌握本专业技术知识,不断提高业务水平和实际工作能力,如果没有扎实的专业基础知识和实验技术技能就无法胜任其本职工作。[2]

2.教师应做好实验准备和预实验

实验教学准备工作十分重要。每一次实验课前,都必须认真准备,稍有疏忽就会引起安全或教学事故,严重影响教学质量。实验课程开设前一学期,实验负责教师应根据实验大纲确定的实验项目对实验课程所需药品、器材进行准备或购置。若不具备实验课开设条件,及时修改实验内容。贵重药品和器材要加强使用管理,落实管理责任人。领、用、发放要登记,保管与使用要安全,防止浪费。为了确保实验教学质量,避免出现实验差错,在实验准备完毕后,要反复核对、检查,每更换一个实验内容,仪器设备都要重新调试,实验物品都要准备齐全,不能因其繁琐、枯燥而应付了事,要用强烈的责任心去做好每一次实验的准备工作。

---

[1] 田径.如何做好昆虫学实验教学准备工作[J].教育教学论坛,2017,308(18):271-272.
[2] 陆宇.实验技术人员在研究生培养中的作用探讨[J].基础医学教育,2015,17(1):81-83.

做好预实验和规范的实验操作是保证实验教学、提高自身实验技术的关键。通过预实验可以及早发现问题、解决问题、总结经验。避免因失误及其他因素导致的实验失败。也可以通过预实验学习、掌握实验内容和技术,保证实验教学的顺利进行。预实验应由有教学经验的高级实验师或讲师带领,在预实验操作中应注意实验设计是否合理,物品准备是否齐全,试剂配制是否正确,仪器运转是否正常,动物是否够用等,并将预实验的实验过程记录下来,为上实验课做好充分的准备。

3.实验教学大纲及教材选用

实验教学大纲是组织实践教学环节检查、监控实验教学过程、评价实验教学质量的重要依据,是实验教学的重要依据,是实验教学重要的指导性文件。教学大纲的内容要求:课程代码,课程名称,课程学时,课程学分,授课对象,课程性质,课程地位,课程作用,教学目的,教学内容(实验安排)、课程重难点,教学环节,授课方式,成绩考核,教材与主要参考书等。

需要严格选取符合培养目标的优秀教材。若无适合的实验教材需自编教材或讲义。课程团队应制定符合实际、切实可行的实验教材建设计划,选择教学经验丰富、学术水平较高、精通实验理论和实验技术的教师或实验技术人员担任实验教材的编写工作。

4.实验教学设计

实验教学设计是根据实验教学对象和教学目标,确定合适的实验教学起点与终点,将教学诸要素有序、优化地安排,形成实验教学方案的过程。以教学效果最优化为目的,以解决实验教学问题为宗旨,根据课程目标,对不同的实验项目,采取不同的实验教学设计方法。实验教学设计基本思路如图4-1所示。

```
                    明确基础
  ┌──────────┬──────────┬──────────┐
  │ 需求分析  │ 学情分析  │ 条件分析  │
  └──────────┴──────────┴──────────┘
                     ▽
                   分析目标
  ┌──────────┬──────────┬──────────┐
  │ 教学内容  │ 教学目标  │ 重点难点  │
  └──────────┴──────────┴──────────┘
                     ▽
                   确定方法
  ┌──────────┬──────────┬──────────┐
  │ 教学策略  │ 媒体采用  │ 操作方法  │
  └──────────┴──────────┴──────────┘
                     ▽
                   效果评价
  ┌──────────┬──────────┬──────────┐
  │ 形成性评价 │ 总结性评价 │ 反馈调整  │
  └──────────┴──────────┴──────────┘
```

图4-1　实验教学设计基本思路

(四)实验教学组织实施过程

实验教学过程是实验教师和学生共同活动的过程,是使学生掌握实验知识,形成实验能力的过程。这一共同活动,是通过一定的教学内容、教学手段来进行的。实验教师、实验技术人员、学生、实验教材以及实验设备构成了实验教学的基本要素,这些要素的集合与相互作用、相互协调构成了实验教学过程。

1.课前准备

(1)实验教学文件准备

实验教学文件包括实验教材、讲义、指导书、挂图、表格、实验仪器设备使用说明和操作规程等。实验课主讲教师要认真写出实验教案。实验目的与要求、实验的难点及易出现的错误,仪器设备出现的异常及处理方法等均应记入教案。做好实验用仪器设备、材料和实验教学文件的准备。

(2)加强实验预习指导,提高学生的能力

指导学生认真阅读、用心思考、充分预习,对实验过程能充分理解。

学生实验前充分阅读实验教材、实验课件，预习相关的参考资料，明确实验目的，理解实验原理，掌握实验主要内容，重点阅读实验相关的实验技术、实验方法及注意事项。提出疑问，带着问题做实验。

采取强化措施，做到严要求、抓落实。在每次实验前，学生应上交实验预习报告，以实验小组为单位开展课前讨论，教师及时批改、评价，指出关键环节的操作和观察要点。一方面促进学生养成良好的预习习惯，另一方面通过批改学生的预习报告，可以了解发现学生预习中存在的问题。

2.实验讲解及实验指导

主讲教师应根据实验项目，采取不同的方式进行，讲解与实验有关的理论知识、实验方法、操作规程与注意事项。验证性实验，则主要侧重于讲解实验原理和实验操作，与理论知识相结合，学生通过实验操作，加深对理论知识的认识。如果是设计性和综合性实验，侧重于讲解实验的目的，以及实验设计的基本思路，让学生根据实验目的，采取可行的实验方法和步骤来完成实验，实现对理论知识的拓展，培养学生的实验创新能力。

教师应有效地引导学生主动参与教学过程，激发学生独立思考和创新意识，要求学生以小组为单位独立操作，做好实验记录和分析。引导学生正确地观察和描述实验现象，分析实验过程中出现的问题，挖掘实验现象背后的原理，积极拓展实验的开放性，努力增强实验的探索性，注重加强实验的应用性。

3.实验报告

实验完成后，学生要按规定的时间独立完成实验报告，做到内容完整，计算分析严密。测试结果及数据处理正确，书写整洁；教师对学生的实验报告进行批改、评分。通过撰写实验报告，学生学会绘图、制表方法；学习如何运用有关理论知识和相关文献资料，对实验数据等进行整理分析，得出实验结论；培养学生独立思考、严谨求实的科学作风。实验报告包括的基本内容如图4-2所示。

实验目的	·目的明确,可以从理论和实践两个方面考虑。在理论上,验证定理定律,并使实验者获得深刻和系统的理解;在实践上,掌握仪器或器材的使用技能技巧。
实验原理	·要写明依据何种原理、定律或操作方法进行实验。
实验用品	·选择主要的仪器和材料填写,如能画出实验装置的结构示意图,再配以相应的文字说明更好。
实验方法步骤	·写明经过哪几个具体实验操作步骤,要把实验的过程以及观察所得的变化和结果写清楚。为便于说明问题,还可以附加图表,也可用流程图说明。
实验结果与讨论	·从实验中测到的数据计算结果,或从图像中观察实验结果,作出结论。讨论写明对实验中的异常现象、对实验成功或失败的原因等进行分析。
新的体会	·写出实验后的心得体会,有什么新的发现和不同见解、建议等。

图 4-2 实验报告的基本内容

(五)实验教学评价及改进

提高实验教学质量的关键在于实验教学过程中建立科学合理的、可操作性强的实验教学评价机制,对实验教学的各个环节进行质量评价[1]。通过教学督导、课程目标达成度评价、学生评价等开展多方面评价,采用多个评价周期的循环,不断更新和改革实验内容,完善实验教学过程,优化和提高实验教学管理效益,进一步提高实验教学质量,培养强能力、高素质的创新型人才。

---

[1] 彭雪梅,杨鲁川,文锦琼.建立实验教学质量评价体系 提高实验教学水平[J].新疆医科大学学报,2007,30(12):1471.

二、专业(生产)实习教学

实习教学包括教育实习、生产实习、野外实习等,是学生进一步理解和巩固理论和专业知识、培养实践技能、团队意识和创新能力的重要实践教学环节,是对学生综合能力的一次全面检验和提高过程。

(一)实习实训安全管理规范

实习实训是本科教学中极其重要的实践环节,是培养学生动手能力、实践能力的重要手段,是学生了解社会,增强群众观念、劳动观念和责任感,培养独立工作能力的重要途径,是学生对专业知识进一步强化,拓展专业结构的重要途径,也是后继课程教学增强感性认识的必不可少的环节。因此必须从实训安全管理的源头出发,从管理人员的职业素养、人文道德出发,做好学生实训工作中每一步的质量管理。

1.实习实训计划应考虑的安全问题

实习计划、组织过程中必须充分考虑各种危险、有害因素,并根据可能的安全问题,采取必要的应对措施。合理选择实习的时间、地点、方式,根据实习场所的实际情况合理安排实习内容,在计划阶段就最大限度避免和减少危险、有害因素的影响。

(1)实习实训时间的合理安排。

避免在夏季、冬季进行以室外为主的实习实训;避免在实习实训单位处于非正常状态(如设备安装、检修时期、赶工期阶段)时安排实习;避免在地方流行病传染期间安排实习实训;避免自然灾害(如洪水、台风、大雪等恶劣气候)高发期安排实习实训等。

(2)实习实训地点和单位的合理安排。

避免在社会环境比较复杂、食宿条件不够安全卫生等实习地点开展实习实训;避免在安全管理不够完善、生产工艺技术不够安全、生产设备有安全隐患、劳动防护用品不合要求的实习单位实习实训。

(3)实习实训内容的合理安排。

实习实训内容的安排应遵循"安全第一"的原则,即任何实习任务均需以安全为前提,不能达到安全条件的任何实习环节都必须停止,待安全措施完全到位后才能安排学生实习。必须时刻记住并应始终贯彻的基本原则是保证学生的人身安全比完成实习任务更重要。

2.实习实训组织应考虑的安全问题

(1)开展安全教育,签订安全承诺书。

实习实训之前,必须对全体实习实训参与人员(包括实习实训教师、学生及其他有关人员)进行安全教育,提出各项安全要求。每个学生对实习实训的安全要求明确之后,须签订安全承诺书。

(2)开展风险分析,落实安全管理责任制,明确责任人。

学生实习实训前,采取风险分析的方法和技术,对实习期间的交通、食宿、社交、生产作业实践等环节,认真分析其潜在的危险性,制定详细、有效的应对措施。同时在实习实训期间,需要根据实习的具体安排,明确实习实训安全责任人。如院、系、教研室负责人、专业指导教师、食宿管理员、交通保障员等。

3.野外实习应注意的问题

野外实习是大学生在校学习期间需要开展的实践性教学环节,对学生而言,这种以班为整体的行动,带有旅行色彩,学生认为一切都是美好的,极易忽视周围环境的不安全性,容易导致事故发生。因此除上述实习实训需要注意的事项外,野外实习指导教师还需要注重以下问题。

(1)野外实习指导教师是实习小组安全和教学的主要责任人。

实习指导教师要根据实习队的具体要求,提前了解和熟悉实习路线情况,严格按照实习计划,遵循实习大纲要求完成野外实习教学内容,保证每天的实习时间和实习质量。实习指导教师须以身作则,给学生做好带头示范作用。如每天携带地质工具、正确佩戴安全帽、着装合适等。野外教学指导过程中需要佩戴扩音器等辅助教学工具,选择安全的位置授课,既要保证学生安全,又要保证野外实习教学质量。

(2)野外实习指导教师要严格野外教学管理。

实习队需要做好学生出勤记录,每天出发前和返回前,必须清点学生人数,确保所有学生按时出发和安全返回。实习队需要严格遵守安全和质量要求,合理安排实习路线和每天的实习任务;时刻关注实习地区天气、交通、环境、野外地质条件等情况。如遇紧急突发事件而导致不能按原计划开展野外实习教学时,应根据实习实际情况,适当调整实习安排,保证野外实习的顺利、安全进行。

(3)野外实习指导教师要做好信息反馈。

实习期间按照实习队总负责人—指导教师—组长(副组长)—学生四级组织机构开展实习组织与安全管理工作,做到信息畅通、组织有序。如遇突发事件,按照野外实习安全应急预案,迅速汇报给上级主管部门。

(二)实习实训教学的一般程序

实习实训教学的基本环节一般由下列八个程序组成。

1.联系接洽

实习前实习负责教师应先与实习单位负责人联系、沟通,安排实习学生的实习岗位,制定切实可行的实习计划。落实交通、食宿及生活标准等问题。

2.实习动员

动员学生对实习的重视,明确实习目的,宣布实习计划,提出实习目标和任务,加强组织纪律性、安全性的教育和集体主义及团结协作精神的教育。

3.任务分配

了解学生水平、特点和个性差异,为学生安排适合的岗位,并分配实习小队的工作任务,如沟通联络、影像采集、撰写新闻稿、制作工作简报等。

4.学生实习前准备

在思想上,重视实习教学,明确预期目标,做好实习的规划。在知识上,掌握专业知识,准备指导书、课本等。在物资方面准备好实习所需器材、个人生活用品和常用药品等。

5.实习指导

实习期间教师应对学生进行全面检查和指导。注意发现以典型带动全体，采取个别纠正、集体指导以及典型表演等多种灵活的指导方式，定期召开实习小队会议。

6.总结讲评

实习结束时召开总结会议,教师可邀请实习指导单位老师,组织学生对实习中的表现进行综合总结和讲评,学生可对实习期间的收获、感悟及存在的问题作发言,并完成实习总结报告。

7.答谢会

邀请实习指导单位负责人、指导老师、工作人员等参加答谢会,可以感谢信或其他形式表达对实习单位提供帮助的谢意。

8.汇报展示

实习成果可通过总结报告、展板、简报、新闻稿等形式进行汇报展示。

(三)实习过程管理

1.实习的组织与领导

(1)需要成立实习领导小组。实习领导小组由各学院领导、学科专业负责人、教研室主任和各课程团队负责人组成,由本科生教学副院长任组长。实习领导小组负责全院实习工作,批准实习教学大纲,审核实习计划;批准实习指导教师名单和实习队的组织计划;督促做好实习准备工作;检查实习效果和质量,组织总结和交流工作经验。

(2)实习的具体实施由各相关课程团队组织,原则上按专业年级组队,每个实习队在带队教师中设队长1人。实习队长全面负责实习队的工作,分管实习的教学工作,学生所在年级辅导员协助队长做好实习队的后勤保障工作、学生的思想工作和安全工作。

(3)各实习队要认真做好学生实习前的动员组织工作,交代注意事项,组织学生学习实习大纲和实习计划,并针对实习的特点,进行实习纪律等方面的教育。应将完备的实习大纲和实习指导书发给带队教师和每一位学生,并向学生讲清实习要求、考核方法和考核标准,对实习中的保密、安全教育等一定要落实到人。

2.实习教学大纲和实习指导书

(1)实习教学大纲是组织和检查实习的主要文件和依据。各专业应根据本专业培养目标和培养方案,认真编写实习教学大纲。教学大纲要明确实习的路线、每条路线的观测点位及观测的主要内容。观测路线分为必修路线和选修路线两种。在完成规定路线的前提下,带队教师可以根据实际情况选择选修路线。

(2)为保证实习效果,各负责系应组织有关教师根据实习大纲编写实习指导书,实习指导书应包括实习工作方法、实习线路详细描述、实习报告的编写等内容。

3.实习指导教师

(1)指导学生实习是教师工作的重要组成部分,也是教师更新自身实践知识和提高实践能力的重要途径。原则上相关课程团队的教师都应参加实习,青年教师必须参加实习教学。

(2)实习队长要提前了解实习单位情况,收集资料,根据实习要求,与实习现场联系,并会同现场人员按照实习大纲的要求结合现场情况制定具体的实习计划。

(3)教师要认真做好实习准备工作,研究实习大纲和了解实习学生的学习情况,并按照实习大纲的要求,做好实习教材、教学资料、参考资料、图纸等的准备工作。

(4)在实习前要认真组织学生学习实习大纲和了解具体实习计划,明确实习目的和要求,了解时间安排和步骤,介绍实习地点简况及实习注意事项,宣布实习保密要求和实习纪律。

(5)在实习过程中教师要按照实习大纲的要求和实习计划的安排,组织和指导学生进行实习。实习中要注意调动学生的主动性和积极性,注意培养学生观察、分析和解决实际问题的能力以及实际动手能力,培养学生良好的学术风气和科学精神。

(6)安排好学生的政治学习和思想教育(包括形势教育、劳动教育、专业教育等),要随时了解学生在实习中的思想表现,严格要求,严格管理。

(7)认真组织好学生的实习成绩考核和思想小结,评定实习成绩;做好实习工作总结。

(8)实习结束后,实习队队长要组织指导教师及时总结实习工作,并向学院提交实习总结报告。

4.学生

(1)学生必须在教师的指导下,按照实习大纲和实习计划进行实习,完成实习任务。尊敬老师,听从指挥,关心生产、爱护公物,搞好与实习单位的关系。

(2)学生要严格遵守学校的规章制度。实习期间要严格考勤,学生一般不得请事假,特殊情况需请病假事假时,三天以下由实习队长批准,三天及以上报主管副院长审批。无故旷实习三天以上者,遣送回校,其实习成绩按不及格处理,具体请假制度按照各个学校相关规定执行。

(3)实习期间不得离开实习地点到外地游玩,不得擅自离队。对于擅自离队或夜不归宿者,遣送回校,实习成绩按不及格处理。

(4)遵守交通法规,遵守国家法律、社会公德。实习期间不得有外宿、酗酒、寻衅闹事、打架斗殴等现象,也不得在实习宿舍内留宿他人。

(四)常见实习实训及注意事项

1.教育实习

教育实习是师范院校培养合格教师的一次重要的职前训练,是执行师范教育教学计划、实现其培养目标一个重要的实践环节。师范生在实习中,印证、检验、巩固和提高自己所学的文化知识、专业知识和技能,培养独立从事教育、教学工作的能力,加深和巩固自己献身教育事业的专业思想。教育实习中指导教师应注意以下几点。

（1）实习前准备。学生在实习之前须修完教学计划固定的必修基础课程和专业学科课程，以及教育类必修课程。有意识培训学生分析教材、编写教案、语言表达、组织教学、运用现代化教学手段等教学技能。

（2）见习观摩活动。通过见习观摩活动，实习生熟悉实习学校的环境，了解学校情况，学习教育、教学经验，安定学生心理情绪。

（3）汇报实习工作。实习期间，及时组织学生进行教学实习和班主任实习小结会议，汇报实习工作，推动实习工作的正常运作。

（4）帮助学生自我调适。实习过程中，学生易产生焦虑、挫折心理，帮助实习生进行科学有效的自我调适。

（5）成果汇报。实习结束之后，组织学生进行总结与交流，并进行成果汇报。

（6）成绩评定。实习成绩评定要以培养目标和实习目的为评价标准，以客观事实为评价依据，把实习过程和实习效果有机地结合起来，不受实习生在校学习成绩和表现的影响。

2.生产实习

生产实习的主要目的是培养学生的岗位意识，初步认识今后所从事的工作岗位的工作内容、模式以及实际工作流程，是职业技能教育的一个核心课程。生产实习是学生与用人单位之间相互适应的桥梁，作为学生，生产实习能将所学的理论知识、所练习的实践技能与真正的实际生产相比较、相整合。生产实习中指导教师应注意以下几点。

（1）实习单位的选择。实习单位的基本条件，对于保证实习教学质量是极其重要的，应当根据实习要求正确选择实习单位。一般来说，应当选择专业对口、产品较多、技术力量较强和交通方便的大中型企业作为实习单位。

（2）提高认识，端正实习动机。在实习前，要反复向学生讲清实习目的、实习和课堂教育的关系以及实习教学的特点等，统一思想提高认识，并提出实习要求。

(3)严明实习纪律。要求学生当好徒弟,遵守实习纪律,例如不得早退迟到,不得乱窜岗位等。

(4)实习内容要求。选好实习部门,加强实习广度深度;听取技术报告,掌握生产重点难点;综合运用基础理论认识分析生产过程;解决生产问题见习工程技术人员;写好实习报告,总结提高实习收获。

3.野外实习

野外实习是理论知识与自然界密切结合的重要手段,它不仅有利于验证和巩固理论教学成果,实现理论和实践的结合,扩大和丰富学生知识范围,培养学生独立工作能力,同时也是提高学生科学研究的意识及素质,培养学生热爱自然,保护环境的意识和进行爱国主义教育的有力途径。野外实习是一项复杂的工作,没有好的管理,就没有好的实习效果。对整个实习过程应实行规范化管理。

(1)做好实习计划。实习前选择资源丰富、人为干扰较小、食宿和交通便利的地方作为实习点,指导教师提前向实习地联系,落实食宿及生活标准等问题,制定切实可行的实习计划。

(2)做好实习前的准备工作。根据实习要求,准备好实习所需的器材、药品、实习指导书、检索表、分类书、图谱等参考书,带好所用的物品和常用的感冒药、止泻药等药品,对实习队进行分组。

(3)做好实习动员工作。动员学生对实习的重视,明确实习目的,宣布实习计划,提出实习目标和任务,加强组织纪律性、安全性的教育和集体主义及团结协作精神的教育。

(4)实习指导。在实习过程中,指导教师认真指导,严格管理,实习结束后,要量化考核,写出实习报告并提出意见和建议。

(5)实习成果。实习结束回校后,要对实习采集制作的标本、照片、实习报告进行展览,把标本妥善处理,收藏到标本室。

三、调查分析

调查分析是通过对一定范围内人们的意见、态度和行为的询问、观察、访谈等,直接收集社会资料或数据,并对所收集的资料或者数据进行加工、分析和推理,以确定某一特定现象的性质和规律的一种研究方法。调查分析是理解社会问题最常见的方法。调查可以用于测量很简单的东西,也可以用于测量某种喜好或态度等比较复杂的问题,因此采用调查分析法是解决某个具体问题(尤其是社会问题)的最佳策略。正如毛泽东同志在《反对本本主义》中说,调查就是解决问题,调查就像"十月怀胎",解决问题就像"一朝分娩"。

调查分析具有比较完整的理论体系,形成了科学与社会研究的基本理论,建立了定量资料分析和定性资料分析等方法论。除人口普查等全面调查外,大多数的调查分析均为非全面调查,最常见的就是抽样调查。在调查过程中可以采取实地调查、口头访问、实验调查等直接调查的方式,或是问卷调查、电话调查、文献调查等间接方式。从研究程序的要素来看,调查分析主要环节包括:(1)设计调查方案;(2)调查研究实施;(3)分析调查数据;(4)撰写调查报告。如图4-3所示。

图4-3 调查分析主要环节

(一)指导调查方案设计

学生在进行调查研究之前,必须在指导老师的指导下设计出科学、合理、可行的调查方案。一般而言包括:确定调查题目,提出研究假设,设定调查对象,制定调查内容等步骤。在社会调查前首先要明确调查题目,调查题目首先决定了调查研究的价值属性,确定了调查研究的方向,并为调查方案的设计确定了基调。指导教师需要从以下几个方面指导学生选题:(1)考察选题的应用价值或理论价值;(2)题目要具有一定的创新性或独特性,围绕课题开展的调查研究结果能够提炼出新观点、新知识或新方法等;(3)题目要充分考虑可行性,依据已有的人力资源和经费来设计操作可行的调查题目;(4)选题应基于学生兴趣,充分激发学生的主动性和创造性。社会调查中的研究假设是调研者根据以往的实践经验和理论文献中的科学理论对所调查的问题的规律或原因作出的一种推测性论断和假定性解释,是在进行调查之前预先设想的理论。研究假设的提出可以明确调查研究的重点和主要方向[1]。调查对象是研究者所要调查和描述的对象,需要进行较为清晰的界定。调查方案是调查活动的行动指南,是确保调查活动能够顺利进行的必要保障。在学生进行社会调查前指导老师应该审核学生的调查方案,通过讨论或答辩的方式要求学生阐明选题的目的意义及要解决的关键问题;评估调查类型和方法是否恰当合理,能否获得有价值的调查数据;从调查对象范围和调查内容等方面分析调查活动的可行性;指导学生完成调查问卷、访问提纲等调查材料的完成。

(二)指导调查研究实施

在学生执行不同的调查研究方法中,指导教师应该开展有差别的指导。在问卷调查法中指导老师应该注重指导学生分发问卷的主要方式,问卷的回收方式,有效问卷的审查及无效问卷的处理。指导教师对于访

---

[1] 王志辉.教育调查问卷的编制[J].科技视界,2012(27):44-46.

谈调查需要审核学生的访问提纲,明确访问调查的目的性和针对性,帮助学生确定访问调查的主要形式,如直接访问或间接访问、个别访问或座谈等。在利用观察法进行的社会调查中,指导老师应该帮助学生确定观察目的,制定观察计划,确定观察形式,指导学生做好观察与记录。在数据收集阶段指导学生认真回收调查问卷、访谈记录或观察记录等一手资料,查看是否缺漏重要信息。要求学生遵守学术道德规范,严禁篡改原始数据。

(三)指导调查数据分析

调查数据是调查者进行定量分析的关键。在调查实践过程中,指导老师应该指导学生对第一手数据进行核对和输入。指导学生根据既定原则剔除无效问卷,完成调查信息的数据转换,选择合适的统计工具输入数据,选择合适的数学模型对数据进行统计分析。为更为直观地呈现调查分析结果,教师应指导学生掌握统计图表的绘制工具。在表格制作中注意表号、标题、横纵标题、单位、数字等元素是否正确。统计图主要有饼图、折线图、直方图、条形图等呈现形式,指导教师可帮助学生选择直观的呈现形式,要求图注和标示清晰、注意横纵坐标刻度比例和单位等格式规范。要得到客观准确的结论,需要对原始数据进行统计分析。指导老师在统计分析阶段应该帮助学生确定变量和合适的统计学方法,以对数据进行统计分析,验证或假设是否正确。

(四)指导调查报告撰写

调查报告是调查研究成果的具体形式,是对整个调查实践活动的总结报告。调查报告根据功能可以分为描述性报告和解释性报告。描述性报告重点描述调查对象的基本情况和主要特点;而解释性报告用于阐明某个现象的成因并提出可行的解决方案。根据调查报告的主要范围可以分为综合性报告和专题性报告。综合性报告通常全面报告一个现象的方方面面,而专题性报告则集中对现象的某一方面进行论述。根据调查报告的阅读对象可分为实用性报告和学术性报告。实用性报告提供的基本数据、成因分析、措施建议可为有关部门提供决策依据;学术性报告重点阐明社会现象的理论分析与讨论,为科研人员的后续研究提供理论依据。

在学生撰写调查报告前,指导老师应指导学生做好撰写调查报告前的准备工作。一是确立主题,要求学生根据调查的主题来确立报告的主题,并要求主题鲜明、立意深刻,能体现一定的创新性和时代性。二是拟定提纲,根据调查信息提炼要表达的论点,建立分论点之间的逻辑关系,选择合适的材料数据作为论证依据。在确定写作提纲之后,可以指导学生开始撰写调查报告。一篇调查报告通常包含以下内容和指导要求:(1)标题:要求观点明确,高度概括报告主旨,可以采用单行标题或双行标题;(2)引言:陈述调查背景,阐述调查的目的、对象等要素;(3)调查(分析)方法:介绍在调查实践中的调查方式、调查过程、数据处理及分析方法等;(4)结果与分析:对调查数据统计后得出客观结论并结合参考资料进行评论;(5)参考文献:要求规范统一;(6)附录:提供调查过程中所用到的调查问卷、访谈记录、机构文件等支撑材料。最后指导教师注意检查学生的调查报告是否包含了所有信息,如标题页字体字号、表格图示是否符合规范等问题,其次注意保存好原始资料以备审查。

四、毕业论文(设计)

毕业论文(设计)是高等院校人才培养方案的重要组成部分,是本科人才培养目标的重要综合性教学环节,是教育与生产实践和社会实践相结合的重要体现。指导学生完成高质量的毕业论文(设计)对大学生科研能力系统训练、综合实践能力提升和创新创业能力培养具有重要的意义。目前,全日制本科毕业论文(设计)主要分为毕业论文和毕业设计两大类。毕业论文是对某一专业领域的现实问题或理论问题进行科学研究与探索,目的在于培养学生的科学研究能力;从总体上考查学生的学业水平。毕业设计旨在检验学生综合运用所学理论、知识和技能解决实际工程问题的能力。学生在教师指导下就选定的课题进行工程设计和研究，包括设计、计算、绘图、工艺技术、经济论证以及合理化建议等，最后提交一份报告或作品。因此，根据专业类型和人才培养方案的不同，毕业论文(设计)形式多样，通常包括学术论文、设计图纸或者艺术作品(设计图纸和艺术作品应有设计说明书)。

学生毕业论文(设计)的质量与指导老师付出的努力密切相关。指导老师的指导贯穿在整个毕业论文(设计)写作过程中，主要包括学术道德和学术规范教育、选题、指导指定研究计划、指导实验具体操作、审定论文提纲、指导论文写作、解决实验(设计)过程中疑难问题、审阅论文、指导答辩与终稿审定等工作。具体工作任务安排如表4-1所示。

表4-1 毕业论文(设计)主要环节与任务

序号	主要环节	指导教师主要任务
1	选题	(1)确定毕业论文(设计)题目 (2)题目审核通过后下达任务书，明确研究(设计)任务 (3)学术道德与学术规范教育 (4)安全教育
2	开题	(1)指导学生撰写开题报告 (2)指导学生开展文献信息检索 (3)指导学生开展开题答辩环节 (4)强调学术道德与学术规范教育
3	过程指导	(1)指导学生开展科学研究/调查分析/工艺设计/艺术创作等 (2)填写指导记录册
4	中期检查	(1)评估学生毕业论文(设计)的可行性 (2)了解学生毕业论文(设计)进展
5	论文撰写	(1)指导学生编写论文(设计)提纲 (2)指导学生完成初稿及定稿
6	评阅	(1)客观评价本组学生论文(设计)定稿 (2)完成交叉评阅，确定答辩资格

续表

序号	主要环节	指导教师主要任务
7	答辩	(1)组织本组学生进行预答辩 (2)参加毕业论文(设计)答辩并提交成绩
8	资料归档	(1)审核学生毕业论文(设计)终稿 (2)督促学生按照要求整理并提交归档材料

(一)学术道德与学术规范教育

近年来,学位论文抄袭现象屡见不鲜,这与指导老师监管失职有很大关联。在指导学生毕业论文(设计)过程中指导老师是第一责任人,应该对学生进行学术道德与学术规范教育。目前出台的关于学术道德与学术规范的通知和文件有《教育部办公厅关于严厉查处高等学校学位论文买卖、代写行为的通知》(教督厅函〔2018〕6号)、《学位论文作假行为处理办法》(中华人民共和国教育部令第34号)、《高等学校预防与处理学术不端行为办法》(教育部令第40号)和各学校及科研单位出台的实施细则。

1. 学术论文作假行为的判定及处理

根据《学位论文作假行为处理办法》规定,学位论文作假包括下列情形:(一)购买、出售学位论文或者组织学位论文买卖的;(二)由他人代写、为他人代写学位论文或者组织学位论文代写的;(三)剽窃他人作品和学术成果的;(四)伪造数据的;(五)有其他严重学位论文作假行为的。该办法要求指导教师应当对学位申请人员进行学术道德、学术规范教育,对其学位论文研究和撰写过程予以指导,对学位论文是否由其独立完成进行审查。指导教师未履行学术道德和学术规范教育、论文指导和审查把关等职责,其指导的学位论文存在作假情形的,学位授予单位可以给予警告、记过处分;情节严重的,可以降低岗位等级直至给予开除处分或者解除聘任合同。

2.学位论文买卖、代写行为及其处理

根据《教育部办公厅关于严厉查处高等学校学位论文买卖、代写行为的通知》规定,指导教师是查处学位论文买卖、代写行为的第一责任人,要加强对学生学术道德、学术规范的教育,加强对学位论文研究及撰写过程的指导,并对学位论文是否由其独立完成进行审查,确保原创性。对履职不力、所指导学生的学位论文存在买卖、代写情形的指导教师,要追究其失职责任。对参与购买、代写学位论文的学生,给予开除学籍处分。已获得学历证书、学位证书的,依法予以撤销。被撤销的学历证书、学位证书已注册的,应当予以注销并报教育行政部门宣布无效。

3.高等学校预防与处理学术不端行为

2016年,教育部颁发《高等学校预防与处理学术不端行为办法》,要求高等学校应当将学术规范和学术诚信教育作为教师培训和学生教育的必要内容,以多种形式开展教育、培训。教师对其指导的学生应当进行学术规范、学术诚信教育和指导,对学生公开发表的论文、研究和撰写的学位论文是否符合学术规范进行必要的检查与审核。该办法对学术不端进行了界定,包括以下行为:(一)剽窃、抄袭、侵占他人学术成果;(二)篡改他人研究成果;(三)伪造科研数据、资料、文献、注释,或者捏造事实、编造虚假研究成果;(四)未参加研究或创作而在研究成果、学术论文上署名,未经他人许可而不当使用他人署名,虚构合作者共同署名,或者多人共同完成研究而在成果中未注明他人工作、贡献;(五)在申报课题、成果、奖励和职务评审评定、申请学位等过程中提供虚假学术信息;(六)买卖论文、由他人代写或者为他人代写论文;(七)其他根据高等学校或者有关学术组织、相关科研管理机构制定的规则,属于学术不端的行为。

除国家教育行政机构制定的学术道德规范外,还有专门的科学研究机构、高等院校和学术团体制定的学术道德规范可以对学位论文学术道德及学术规范进行约束。因此,指导教师在指导毕业论文(设计)时,要始终进行学术道德及学术规范教育,不断强化导师责任意识,充分认识

导师对学生学术道德规范教育的重要性,充分发挥导师在学生学术道德规范教育中的引导和示范作用,增强学生在科学研究实践活动中的自律性和自觉性。

(二)毕业论文(设计)选题指导

毕业论文(设计)选题是指导教师在参考文献或研究基础之上提出的科学问题、技术问题或工程问题,是毕业论文(设计)开展的基础。选题指明了毕业论文(设计)的研究方向,规划了毕业论文(设计)的研究内容,决定了毕业论文(设计)的潜在价值。

1.选题的基本原则

指导教师在确定毕业论文(设计)选题时应遵循以下几个原则。(1)选题具有一定的创新性。选题是否具有理论的创新、工艺的创新,能否产生新概念或新观点等。(2)选题具有可行性。毕业论文(设计)选题应从具体的校情、学情出发,基于专业特点与人才培养方案,选题要充分体现毕业论文(设计)培养学生综合运用本学科基础理论和技能解决实际应用问题的能力,课题的选择不能超出专业课程内容的范围。由于本科生完成学位论文的时间较短,指导教师在选题时应充分考虑题目的难易程度及研究深入的程度。在给学生指定选题前充分调研学情,组织学生进行面对面交流,了解学生对学科知识和技能的掌握情况后再因人而异地确定毕业论文(设计)选题。(3)遵循"一人一题"的原则。如题目类似则研究角度应该不同,可用副标题予以区分。按照指导教师与学生双向选择的方式确定选题。在毕业论文平台上可以采用指定学生和盲选的方式进行。

2.选题的类型

毕业论文(设计)的选题可分为基础研究、应用研发、创意设计、专题调研等类型。基础研究要求学生选题结合学科专业特点、学术规律和研究前沿,进行基础理论研究。研究内容包括基础理论、科学实验、数据分析等,鼓励学科交叉融合。应用研发要求学生在选题上结合学科专业特点、作品功能和用户需求、行业发展和市场需求进行一个应用型作品研发。研究内容包括市场需求分析、作品设计与制作、功能测试与分析等，鼓励融合研究前沿和市场主流技术。创意设计要求学生在选题上结合学科专业特点，创意理念与设计实践相结合，将富于创造性的思想、理念以设计的方式予以延伸、呈现与诠释，进行具有科学性、创造性、新颖性及实用性的创意设计。主要内容包括创意设计理论基础、设计理念、最终成果及挖掘作品内涵等。建议从创意设计理念、听/视觉语言和技术表现方式的创意入手，正确充分地传达创意设计信息。专题调研要求学生选题结合学科专业特点、课题特点、社会实际和科学发展，能独立查阅文献以及从事其他形式的调研，能较好地理解课题的任务并提出实施方案，有分析整理各类信息并从中获取新知识的能力。主要内容包括基础理论、调研分析、调研成果等，提倡专题专做，鼓励优秀学生提前参与有关课题的实际研究。

3. 选题来源

选题来源包括：(1)指导教师生产实践方面的课题；(2)指导教师的在研课题；(3)学生参加的科技创新项目或工程设计大赛项目；(4)校外实习单位拟定的课题。

(三)毕业论文(设计)开题指导

开题报告是确保毕业论文(设计)高质量完成的重要环节。学生选定题目后，在指导教师的指导下认真查阅文献和收集资料，明确选题的研究现状，确定拟解决的关键问题与研究内容，规划研究技术路线及研究方法，拟定毕业论文写作方案和日程。开题报告主要包括阐明课题研究的目的和意义、国内外研究现状、课题研究的重点内容和实现途径、完成本课题所需工作条件(如工具书、计算机、实验、调研等)及解决办法、课题研究进度安排等内容。指导教师应在以下几个方面对学生进行指导。

1.下达任务书

指导教师应按要求提出毕业设计(论文)题目,编制毕业设计(论文)任务书并及时下发给学生,指导学生撰写开题报告。指导教师下发的任务书应要求明确、目标具体、工作步骤清晰,学生按照任务书要求撰写开题报告,拟定毕业设计(论文)计划。

2.指导文献检索基本技巧

文献检索贯穿于毕业论文(设计)选题阶段、课题研究阶段和论文写作阶段。指导教师指导学生通过学校的图书馆数据库,查阅与课题研究相关的参考文献;指导学生正确使用参考文献格式(可参考《信息与文献 参考文献著录规则》,GB/T 7714-2015);指导学生利用EndNote、NoteExpress等文献管理工具管理参考文献。

3.开题答辩

学生在教师指导下撰写完成毕业论文(设计)开题报告后,须由指导教师审核并填写书面意见。学院(系)科组织统一的毕业论文(设计)开题答辩,3名以上指导教师可以组成答辩小组,针对课题是否具有一定的创新性、工作量是否饱满、研究方法和路径是否恰当等方面进行评价。开题报告通过院系负责人审核后,方可进入后续阶段。

(四)毕业论文(设计)中期检查

加强过程控制是提高毕业论文质量的重要途径。毕业论文(设计)研究实践的时间相对较短,加强过程督导是做好毕业论文(设计)的关键。指导教师就学生论文(设计)进展、自身指导频率、学生学习态度等方面进行检查。通过交流了解学生在研究实践中存在的主要问题并给予针对性的解决方案;不断强化学术道德与学术规范教育以及安全教育。指导老师在检查过程中须有文字记录并归档保存(如表4-2所示)。对检查中发现的问题应查找原因,及时改进。

表4-2　**届毕业论文(设计)中期检查统计表

	完成人数（按进度）	基本完成人数（按进度）	未完成人数（按进度）	未完成学生名单及指导教师	专业待毕业总人数	本专业做设计的学生名单
任务书						
开题报告						
文献翻译						
论文综述						
符合规范化的要求	开题报告	有			无	
	数量					
	比例					
	外文译文质量	优	良	中	差	
	数量					
	比例					
工作进度情况		超前	按计划进行		滞后	
	数量					
	比例					
学习态度出勤情况		好	一般		差	
	数量					
	比例					
教师指导情况		≥2次/周	2次/周		<2次/周	
	数量					
	比例					

(五)毕业论文(设计)写作指导

撰写毕业论文(设计)包含了编写提纲、起草初稿、修订定稿、形成终稿4个步骤。因此,指导教师对应的指导工作包括:帮助学生搭建论文(设计)基本框架;对初稿的形式和内容提出修改意见;指导学生完成定稿并提交答辩;指导学生根据答辩委员建议修改论文形成终稿。在具体的写作过程中,教师指导的重心应该在以下几个方面。

1.论文标题

论文标题是以最恰当、最简明的词语反映论文(设计)中最重要的特定内容的逻辑组合;题名所用每一词必须考虑到有助于选定关键词和编制题录、索引等二次文献可以提供检索的特定实用信息;题名一般不宜超过20字。题名应该避免使用不常见的缩写词、首字缩写字、字符、代号和公式等,可用副题名补充说明论文中的特定内容。外文题名一般不宜超过10个实词。

2.论文摘要

摘要是设计或论文内容不加注释和评论的简短陈述,应以第三人称陈述。它应具有独立性和自含性,即不阅读论文(设计)全文,就能获得必要的信息,摘要的内容应包含论文(设计)的主要内容。摘要一般应说明研究目的、研究方法、结果和最终结论等,重点是结果和结论。摘要中一般不用图、表、化学结构式、计算机程序,不用非公知公用的符号、术语和非法定的计量单位。摘要不能与结论部分简单重复。中文摘要一般为300~400汉字,摘要应包括关键词。英文摘要是中文摘要的英文译文。

3.关键词

关键词是从论文(设计)中选取出来用以表示全文主题内容信息的词语。一般每篇设计论文(设计)应选取3~5个词作为关键词,以显著的字符排在同种语言摘要的下方。尽量用《汉语主题词表》等词表提供的规范词,可在服务系统网站(https://ct.istic.ac.cn/site/organize/index)进行搜索。

4.文献综述(绪论)

文献综述简要说明研究工作的目的、范围、相关领域的前人工作和知识空白、理论基础和分析、研究设想、研究方法和实验设计、预期结果和意义等。在文献综述中应该紧紧围绕研究主题进行广泛阐述,在批判性地理解前人研究的结果上提出新的问题,为自己的研究铺设一个平台。

5.研究方法(设计过程)

论文(设计)的研究方法或设计过程是论文(设计)的重要组成部分,可以包括调查对象、实验和观测方法、仪器设备、材料原料、计算方法和编程原理、数据统计方法等。对实验(设计)过程中所用试剂和材料的来源、设备型号需要注明,在实验(设计)方案中应具体描述操作步骤、实验参数,读者可通过描述进行实验(设计)的重复。如引用他人方法应注明出处并在参考文献中列出。

6.结果与讨论

论文(设计)的结论或结果是最终的、总体的结论,结论应该准确、完整、明确、精练。结果与讨论是论文(设计)的核心部分,可以包括实验和观测结果、数据资料、经过加工整理的图表、数据分析、形成的论点、导出的结论、完成的设计等。在结果中应该如实地阐述所做内容的结果,要用数据和现象描述来解释定量和定性研究结果,可以利用图片、表格、示意图等直观展示形式帮助读者清晰地认识结果。讨论是在研究后再一次审视问题的过程,通过获得的研究结果和综合他人的研究成果来解答文献综述(绪论)中所提出的科学问题、技术问题或工程问题。让读者能够通过讨论部分明确该论文(设计)所作出的贡献及不足之处。讨论中引用别人的观点、结果及图表与数据必须注明出处,在参考文献中一并列出。

7.致谢与参考文献

论文(设计)作者应该在本部分对指导老师、在完成论文任务全过程中给予指导和帮助的其他个人或单位、项目等进行致谢。参考文献应是论文(设计)作者写作过程中确实参考过的文献。参考文献应具有权威性,要注意引用最新的文献,避免二次参考。

(六)毕业论文(设计)评阅

对毕业论文进行评阅的目的是客观评价学生完成论文的水平和质量,客观审核学生是否达到该教学环节的教学要求。学位论文(设计)应该至少需要两次评阅过程。(1)指导教师应当对毕业论文(设计)进行形式审查,对学生的学习态度、工作态度、完成工作任务情况进行评述,认真评阅毕业论文(设计)的学术水平、文字表达及规范性,明确指出学生毕业论文(设计)中存在的不足,最后给出是否同意交叉评阅等结论性意见。(2)学生的毕业论文(设计)在答辩前,由学院指定其他具有毕业论文(设计)指导资格的教师进行交叉评阅。交叉评阅教师应当在评语中明确指出毕业论文(设计)学术水平、文字表达等方面存在优点和不足,最后给出是否同意答辩等结论性意见。在确定具有答辩资格之前,指导教师应再次强调学术诚信教育,杜绝学术不端行为。同时利用技术手段对学生的毕业设计(论文)进行防抄袭检测,并根据学科性质制定相应的判断标准和处理办法。

(七)毕业论文答辩

毕业论文答辩的目的是综合检验学生在校期间对所学专业的基本知识、基本技能的掌握情况,考查学生的口头表达能力和解决实际问题的能力,综合衡量学生毕业论文的质量和水平。学生在参加毕业论文答辩时的自述应主要包括:毕业设计(论文)的目的、技术路线、主要内容及结论等。答辩老师提问应当注重鉴别学生独立工作、分析问题和解决问题的能力,启发学生进一步拓宽学科专业视野。提问的范围以论文的内容为基础,可延伸至相关内容;问题难度适中,避免与简介内容相重复;问题明确,容易理解,具有启发性。

(八)毕业论文修订及归档

指导教师指导学生根据答辩委员提出的问题对论文(设计)进行修改,同时回答答辩委员提出的问题并以书面形式填写至答辩评分记录表中。督促学生上交毕业论文(设计)保存资料,包含开题报告、中期检查表、指导教师评分表、交叉评阅表、答辩评分记录表、毕业论文(设计)(含电子版)、有关毕业论文(设计)的原始资料(实验报告、计算程序、设计图表、资料等)、毕业论文(设计)管理规定、选题汇总表、毕业论文(设计)工作总结等教学管理记录材料,由学院保存。

第五章
学业评价与学生评价

【本章引言】

高校育人目标的落实情况需要通过学生评价进行检测，而学业评价即课程学习评价，在高校学生评价中扮演重要的角色。那么，什么是学业评价？什么是学生评价？它们的评价目标是什么？它们的区别和联系如何？在实践中如何结合课程学习开展学业评价和学生评价？常用的方法有哪些？本章将围绕这些问题进行讨论，并结合具体的操作问题提出一些解决措施。

【内容导图】

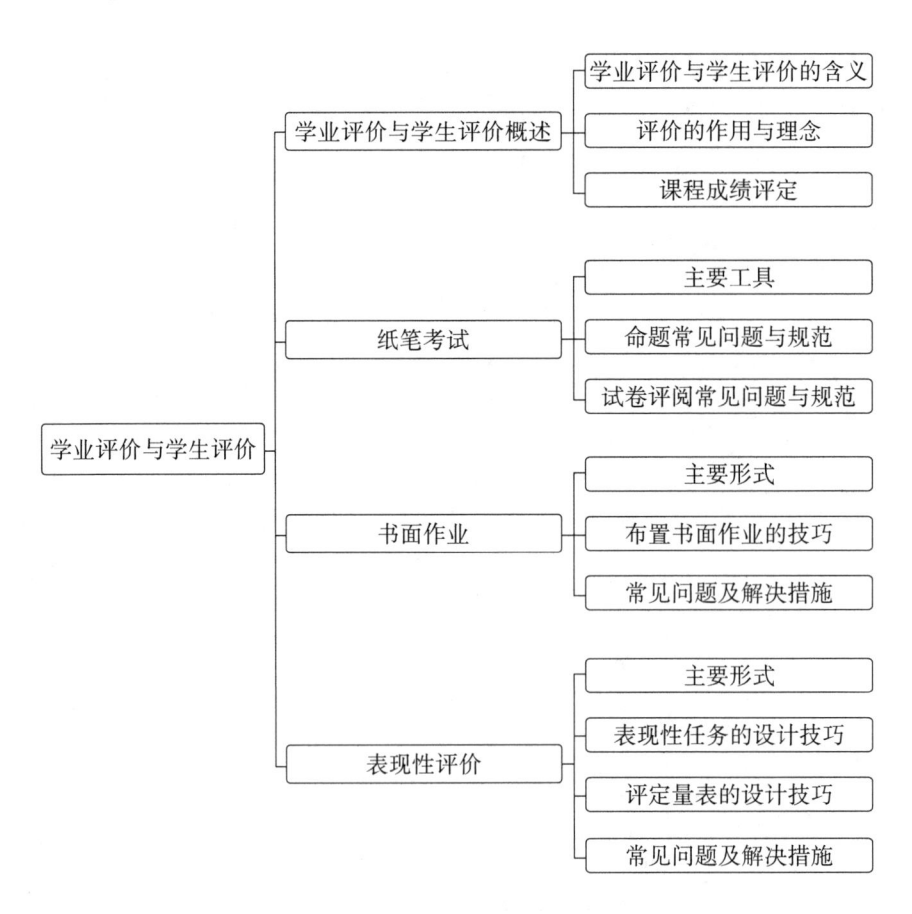

```
                          ┌─ 学业评价与学生评价的含义
         ┌─ 学业评价与学生评价概述 ─┼─ 评价的作用与理念
         │                └─ 课程成绩评定
         │
         │              ┌─ 主要工具
         ├─ 纸笔考试 ────┼─ 命题常见问题与规范
         │              └─ 试卷评阅常见问题与规范
学业评价与 │
学生评价  │              ┌─ 主要形式
         ├─ 书面作业 ────┼─ 布置书面作业的技巧
         │              └─ 常见问题及解决措施
         │
         │              ┌─ 主要形式
         │              ├─ 表现性任务的设计技巧
         └─ 表现性评价 ──┼─ 评定量表的设计技巧
                        └─ 常见问题及解决措施
```

一、学业评价与学生评价概述

什么是学业？什么是学业评价和学生评价？两者的区别和联系是什么？如何结合高校育人目标把握正确的评价理念？如何通过课程成绩评定方案落实这些理念？本节将基于对这些基本概念的理解梳理高校学业评价和学生评价的基本观念和操作要点。

(一)学业评价与学生评价的含义

学业评价是学生评价的一部分，目的在于通过评价促进学生的发展，提升学校人才培养质量，两者既统一又各有侧重。

1.学业评价

所谓"学业"，一般是指学生学习的结果、质量及成效，是指学生在学校教育环境中获得的学习结果，是学生学习学校教育所提供的课程所取得的成就。有的国家称为"学习成就""学业成就"。学业成就必须在相应的学习完成之后才能加以评价。这首先意味着学业成就与学生主要通过校外学习所取得的成就无关。其次，我们所测量的学生学业成就通常与我们对学业成就的预期有非常密切的关系，而这种预期又受我们的教育质量观制约。当我们以为知识的良好掌握是教育质量卓越的表现时，我们对学业成就的预期也就是知识的掌握，而知识的掌握也就会成为我们所期望的学业成就的核心；当我们认为教育质量不仅体现在知识的掌握上，也体现在学生运用知识解决实际问题的能力以及良好的态度价值观上时，学业成就的内涵业绩会发生变化。[1]

"评价"通常被界定为对评价对象的价值判断，强调"赋值"过程和功能。但在学生学业成就评价领域中，评价更多地关注"收集信息或证据"的过程，重点不在于赋值或作出判断。学业评价是指以国家的教育教学目标为依据，运用恰当的、有效的工具和途径，系统地收集学生在各门学

---

[1] 崔允漷,王少非,夏雪梅.基于标准的学生学业成就评价[M].上海:华东师范大学出版社,2008:11-12.

科教学和自学的影响下认知行为上的变化信息和证据,并对学生的知识和能力水平进行价值判断的过程。它是教育评价的重要领域之一,更是学校教育中每一位教师都必须实际操作的一项重要内容;它是学校人才培养的重要导向,更是教育主管部门评价高等学校办学质量的重要依据。

2.学生评价

学生评价是指学校根据一定的标准,通过使用一定的技术和方法,以学生为评价对象进行价值判断,并从中获得反馈信息,从而进行新的决策。学生的质量是衡量一所学校教育工作质量的关键,学生评价既是教育评价的基础和重点,也是学校教育评价的核心。作为教育过程的反馈环节,学生评价对教育教学活动起着十分重要的导向作用,它不仅引导着学生的发展,而且对一个学校的办学及发展也起着重要的导向作用。学生评价是教育评价中历史悠久而又永恒的话题,有了学校教育就有了对学生如何评价的问题。所以,构建合理的学生评价体系、有效地实施学生评价、促进学生发展,是教育的必然追求。[1]高校应建立有利于张扬学生个性,能够培养符合时代要求的、具有创造性的、全面发展的学生的评价机制。

高校学生评价是判断高校教育活动所引起的学生的变化,满足学生和社会这两个主体需要程度的过程。学生的需要与社会的需要之间的关系是复杂的,有时两者是一致的,有时是矛盾的,需要学校和教师去协调甚至是取舍。在不同的教育观念、价值取向等指导下,学生评价的目的、内容、方法都会有所不同。一是在教育活动开始之前,采取一定的测量、评价手段来了解学生的个性特征、兴趣特长,对其专业定向、职业选择等一系列的人生重大选择提供科学指导;在教育活动进行过程中,为了促使其学习,同样要进行一些评价活动;在一个阶段的教育完成后,通过学生评价,对其学习期间在哪些方面发生了哪些变化进行认定和总结。总的来说,在教育活动中,应当不断地进行有针对性的学生评价活

---

[1] 全国十二所重点师范大学联合.教育学基础[M].北京:教育科学出版社,2002:266.

动,并以此为重要依据,指导师生的教学活动以及学生对自己未来的定向和规划。二是人的全面发展理论是我们制定教育方针的理论指导,高等院校必须坚持以习近平新时代中国特色社会主义思想为指导,全面贯彻党的教育方针,坚持以学生为中心的发展思想,全面、深刻地推动全员育人、全方位育人、全过程育人,探索为社会发展和人类文明作出贡献的大学之道,为建设中国特色世界一流的大学在世界网络中贡献中国智慧和中国方案,使中国特色社会主义成为高校最鲜亮的底色和最强大的底气。①

3.两者的区别与联系

学业评价和学生评价都是以学生为评价对象,两者是相互关联、相互统一的。学生评价包含了学业评价,学业评价是学生评价的一部分,且是最重要的一部分,学业评价的结果也是学生评价的一个重要依据。但两者又有不同,学业评价主要是对学生课程学习情况的评价,它受课程目标的导向;学生评价是对学生的综合性评价,它受学校人才培养目标的导向,对课程学习情况的评价只是其中的一个方面。而为了促进学生德、智、体、美、劳的全面发展,课程学习作为学校教育的主阵地,其目标必须与国家、学校的人才培养目标保持一致,且学校应想方设法实现课程的育人价值。

党的十八大以来,习近平总书记对教育事业特别是培养社会主义建设者和接班人工作高度重视,强调"高校立身之本在于立德树人""要坚持把立德树人作为中心环节,把思想政治工作贯穿教育教学全过程,实现全程育人、全方位育人,努力开创我国高等教育事业发展新局面""要把立德树人的成效作为检验学校一切工作的根本标准""要把立德树人内化到大学建设和管理各领域、各方面、各环节,做到以树人为核心,以立德为根本"等。因此,学业评价和学生评价虽有不同,但在本质上是统一的,即通过评价促进学生的全面发展,落实立德树人的根本任务。

---

① 黄维.新时代高校育人新使命[N].光明日报,2018-07-06(5).

(二)评价的作用与理念

具体来说,高校教师在实施学生评价时,应努力实现评价在以下几方面的作用和理念。

1.以发展学生为本,实现学生的全面和谐发展

传统的评价观只关注人才的选拔与淘汰,评价演变成了选拔学生的工具,评价的主要目的就在于选拔和淘汰。以发展学生素养为宗旨的学业评价强调通过评价促进学生的发展,充分发挥评价的诊断、导向和发展功能。发展是指个性的自由发展,即个体生理与心理上的发展,个性的发展是个体突出特质的发展。以"发展为本"的学业评价首先承认每一个学生都有发展的潜能,因此要通过正确的评价激励学生发挥自己的潜能,促进每一个学生的发展。但每个学生的先天因素和后天生长条件都存在一定的差异,全面发展不等于平均发展,应注意学生主体地位的体现和主体作用的发挥,尊重学生个性,建立主体多元、方法多样、既关注学业成就又重视个体进步和多方面发展的评价体系,实现个体的全面和谐发展。

具体来说,有以下几点需要注意:评价应当关注学生多方面的成就,除了过去一直所强调的知识、技能外,还应该关注如何解决问题、批判性思考、有效交流、团队工作等高层次能力;评价不是简单地根据分数对学生进行排名和比较,还应当对学生产生有益的影响,促进对意义和理解的追寻,促进自我导向的、反思性的、独立的学习;评价不应将学生当作被动的参与者,而要让学生参与到评价过程之中,并及时进行反馈;评价应当运用情景化的、复杂的、挑战性的任务,而不能运用去情景化的、碎片化的、基于事实的回忆的任务。

2.以目标为导向,做到教学评一致

评价建立在目标的基础上。先有目标,后有评价,目标决定评价。评价的目标、内容和判断评价结果的标准都源于课程目标、培养目标,而评价的方法同样取决于课程标准大纲、培养方案规定的评价目标和评价内容。

评价的设计先于教学设计。评价不再是教学完成之后的活动或者教学活动的终结环节,评价的设计在明确课程大纲的要求之后、教学设计之前完成。评价的目标引导教学目标和学习目标的设定。"为评价而教"能够发挥对教学和学习的积极影响,能促成教学和学习目标的达成。

评价的目的是促进学生的学习。评价不是对学生进行评定或比较,目的在于发现学生在达成目标过程中的差距,从而调整教学或向学生提供反馈信息。

整合多种类型的评价方式。评价的方式对不同的评价目标和内容具有不同的适应性,评价方式的选择取决于评价的目标和内容。当我们希望评价学生的问题解决能力时,表现性评价是一种良好的方式,但如果要评价学生知识掌握的情况,那么表现性评价就不是一种好方式。课程大纲规定的课程目标是多样的,单一的评价方式不可能适应所有的课程目标,因而整合多种类型的评价方式是必然的。[1]

3.坚持课程评价与高校育人目标的高度统一

习近平总书记强调,人无德不立,育人的根本在于立德。新时代中国高等院校要把"德"摆在更加重要的位置,高校立身之本在于立德树人,立什么"德"解决的是培养什么样的人、怎样培养人的问题。一是坚持正确的政治方向;二是坚持把思想政治工作贯穿育人始终;三是加强社会主义核心价值观教育。

高校的办学目标要与时俱进,使之更加契合并支持全面建设社会主义现代化国家"两步走"战略安排,更加符合科教兴国战略、人才强国战略、创新驱动发展战略的新要求。学生在大学里学什么、能学到什么、学得怎么样,同大学人才培养体系密切相关。这不仅是对大学应该如何办学,教师应该如何教授,学生应该如何学习的追问,更体现了大学、教师、学生三者在人才培养体系架构中的重要角色关系。大学要构建价值塑造、能力培养和知识传授"三位一体"人才培养体系。价值塑造作为人才

---

[1] 崔允漷,王少非,夏雪梅.基于标准的学生学业成就评价[M].上海:华东师范大学出版社,2008:13-14

培养的第一要务,应先于也高于能力培养和知识传授。高校要立足新时代,主动适应经济社会发展和学生健康成长提出的新需求,加强人才培养改革方案的顶层设计,进一步做好对学生人格、素养、知识、能力、社会责任感等综合素质的培养。①

课程目标是各门课程的学习目标,而课程是高校实现教育目的的重要保证,培养合格人才的重要保证,也是高校落实育人目标的基本规划和依据。因此,课程目标的制定应紧扣高校立德树人的要求,体现高校发展现状和办学特点,体现课程的育人价值。进行课程评价是评价学生课程学习的情况和学业发展的情况,更是评价课程目标的实施情况,从而依托课程评价反映高校育人目标的实施情况。因此,在实施学业评价的过程中,课程学习目标的制定、课程评价目标的制定、课程评价的实施须与高校育人目标始终保持高度统一。

(三)课程成绩评定

学业评价是学生评价最重要的一部分,而课程成绩评定又是学业评价最重要的一环,高校教师在进行学生的课程成绩评定时,应正确把握课程目标与评价标准的关系,落实OBE的理念,体现培养目标、课程目标的导向作用。

1. 评价标准与课程目标

评价标准指的是在评价活动中应用于对象的价值尺度和界限,即判定结果的标准和依据。课程评价是评价课程目标的达成情况,评价目标即是课程的评价标准。因此,课程目标应尽量做到具体、可检测,即采用行为目标的形式表述。行为目标主要包括四个要素:(1)行为主体:指的是学生,不能使用"使、让"等表示被动的词语;(2)行为动词:说明通过学习以后学习者应能做什么,一定要具体、可检测;(3)行为条件:说明上述行为在什么条件下产生;(4)行为标准:规定达到上述行为的最低标准。如通过对课程内容进行总结分析,提高分析问题的能力,训练严谨、求实的科学态度和工

---

① 黄维.新时代高校育人新使命[N].光明日报,2018-07-06(5).

作作风,为高校教师开展探究式教学提供有效的思维方式。

有了课程目标就有了评价标准,而要想在评价实践中去使用这些标准,还需要结合具体评价活动和目标,将评价标准细化和具体化,即建立评价指标体系。评价指标体系是指由表征评价对象各方面特性及其相互联系的多个指标所构成的具有内在结构的有机整体。

如某课程的课程目标中提到:在理解科学探究本质的基础上,尝试指导学生进行科学探究与实践活动。为了评价学生此学习目标的达成情况,在课程成绩评定方案中设置了相关的表现性评价任务:课后完成一项科学探究活动,并讨论如何组织学生进行该探究活动。为此任务的评价设置的评价指标(见表5-1)如下。

表5-1 某科学探究活动评价指标

1. 选题难度适合中学生,有探究的必要性
2. 探究过程中分工明确,通力合作,遇到问题能及时解决
3. 探究方案合理,可行性强
4. 科学地处理数据,用恰当的方式呈现探究结果
5. 结果讨论充分,论证合理
6. 探究活动报告内容完整,逻辑清晰,详略得当,格式规范
7. 积极引导学生发现和提出问题
8. 预设学生在探究中可能存在的困难及如何给学生提供指导和帮助
9. 重视学生的表达、交流与论证
评定说明:9条标准全达到,优秀;1-9条中有1条未达到标准,良好;1-9条中有2条未达到标准,中;1-9条中有3条未达到标准,合格;1-9条中有3条以上未达到标准,不合格。

为了充分发挥目标的导向作用,根据高校人才培养目标和毕业要求应制定多维度的课程目标,促进学生德、智、体、美、劳全面发展。

2.成绩评定的构成

根据课程目标对评价的要求,可以设置不同的评价内容及相应的评价方法,即多种评价活动,然后根据其重要性赋予一定的权重。各种评价活动及其权重,就是成绩评定的具体构成。一般情况下,课程成绩主要由过程性考核成绩和总结性考核成绩两部分构成,这两部分的权重可

根据课程性质和类型而灵活调整。一般情况下,理论课程的总结性考核成绩的权重要高于过程性考核成绩的权重,实验实践类课程的过程性考核成绩的权重要高于总结性考核成绩的权重。

在这里需要强调的是,为了落实课程目标的导向作用,成绩评定构成必须与课程目标一一对应,即必须明确每个课程目标的考核方式及其权重。教师在学期开学之前、课程教学开始之前,就应该做好统一规划。如下表5-2为某课程的成绩评定构成表。

表5-2 某课程的成绩评定构成表

课程目标	闭卷笔试（50%）	小组讨论（10%）	小组实践（20%）	书面作业（20%）
课程目标1	8%	6%	0	0
课程目标2	15%	0	12%	8%
课程目标3	15%	4%	0	0
课程目标4	0	0	0	6%
课程目标5	12%	0	8%	6%

从该课程的成绩评定方案中可以看出,此课程由过程性考核和总结性考核两部分构成,其中总结性考核占50%,采用闭卷考试的形式,主要用于评价课程目标1、课程目标2、课程目标3、课程目标5的达成情况。过程性考核占50%,主要是评价课程目标1、课程目标2、课程目标3、课程目标4、课程目标5的达成情况。

各课程目标对应的具体考核方式也不同,一种课程目标可能要采用多种考核方式结合的形式来进行评价,一种考核方式也可能用来评价几个课程目标,但每个课程目标对应的每种考核方式必须明确具体的权重。

3.成绩评定的方法

过程性考核方式主要包括小组讨论、小组实践、书面作业等。其中,小组讨论是指小组内部首先利用课外时间查阅资料进行讨论,然后课堂上间交流观点再进行讨论;小组实践指的是汇报展示、表演演示、模拟活动(如模拟教学、模拟法庭等)、作品设计与制作、探究学习等各种类型的小组实践活动;书面作业指的是基于理论学习或实践活动完成相关的小论文、感想、反思、教案或文案等。

总结性考核方式主要采用期末闭卷笔试、期末开卷笔试的形式。一般情况下，必修课程中的理论课程应采用闭卷考试，选修课程中的理论课程可采用开卷考试。研究生课程考核还可以采用课程论文、调查报告等形式。

具体执行时，一门课程的过程性考核往往包括几种形式，可以根据各方式的具体考核内容和要评价的课程目标来分配权重。考勤常常是过程性考核的一部分，但考虑到评价对学生发展的促进作用，以及引导学生主动学习的作用，考勤的权重都有限制，一般不能超过10%，甚至考勤不能作为成绩的一部分。

实际教学中，我们会发现课程成绩评定的考核方法很多样，多到甚至难以选择。教师在选择考核方式时，首先要考虑课程的性质、课程目标的要求及其所支撑的毕业要求、课程内容的特点，比如上述表5-2中的"课程目标4"，其具体内容为"具有不断提高自身教师专业素养、保持个人持续学习的专业发展能力，做好教师职前发展规划，为职后继续学习打好基础；了解国内外中学生物学教育改革发展的趋势、前沿动态和热点问题"。其支撑的毕业要求为"学会反思"。教师在过程性考核中布置了两个书面作业来评价该目标的达成情况。第一，根据个人实际情况，制定一份切实可行的毕业前发展规划。第二，查阅文献，概述当前国内外中学生物学教育的热点问题。并为这两个书面作业制定详细的评价指标，作为学生完成作业的参考和教师进行作业成绩评定的标准。这两个书面作业可以直观真实地反映学生的学习能力和反思能力，而这也正是其课程目标和所支撑的"毕业要求：学会反思"的具体要求。

二、纸笔考试

纸笔测试是学业评价的主要形式之一，也是最重要的形式。从小考到大的高校教师对纸笔考试都很熟悉，本节将从评价者的角度讨论实施过程中的一些具体问题。

(一)主要工具

纸笔考试除了试卷这个重要的、大家熟悉的工具外,另外一个重要工具就是命题的蓝图——双向细目表。

1.双向细目表

布鲁姆将教学目标分为三类:认知领域、情感领域、技能活动领域。认知领域又分为识记、理解、应用、分析、综合、评价六个层次。纸笔测验多适用于对认知领域目标的评价。教师自编成就测验时,在命题前一定要根据课程目标和课程内容,确定考查内容及考查的目标层次,应尽量避免考查学生对零散知识的识记,重在考查学生对概念的理解、应用、分析等高级认知能力。

在确定了考查内容和考查目标后,教师可以以考查目标为横轴,以考查内容为纵轴,画出一个二维度的分类表,每个考查的知识点有一个相对应的考查目标层次,交叉形成细目,且根据内容的重要性分配好相应的分数、比重或题型、题数、题号等于表中的细目里,并尽量使试题的取材充分涵盖所要评价的课程目标和课程内容。因此,双向细目表是命题的蓝图。表5-3就是一个常见的双向细目表。当然,在命题结束后,也可以反过来请教研室同事或课程专家根据试卷的实际情况再次制作双向细目表,并将前后两个双向细目表进行对比,从而判断试卷的内容效度。

表5-3 传统的双向细目表

考查目标 \ 考查内容	知识点1	知识点2	知识点3	知识点4
识记	细目	……	……	……
理解	……	……	……	……
应用	……	……	……	……
分析	……	……	……	……
综合	……	……	……	……
评价	……	……	……	……

2.试卷

有了双向细目表之后,就可以草拟试题,编制试卷了。

(1)草拟试题,编制试卷

在完成双向细目表后,就是根据细目表编制试卷。编制试卷首先是依据双向细目表和命题原则草拟试题,一般遵循以下原则。

①考试内容不能超出课程目标的范围;

②考试内容的权重、赋分应与课程大纲中的课程成绩评定方案保持一致;

③试题文字的编辑应准确、简练、完整,使学生易于理解;

④试题的叙述应尽量使用新情境、新材料,从而考查学生解决问题的能力;

⑤各试题之间应彼此保持独立并对应相应的课程目标,使测试更为充分;

⑥试题的层次性和多样性相结合,便于多方面考核与区分。

草拟试题并按要求对试题进行核验后即可对测验试卷进行编辑。首先,试卷的长度应合适,不能因过长而引起学生的畏难心理;其次是试题的排列,应由易到难,有一个"预热"的过程;最后是试卷指导语,应详细介绍考试和答题的基本要求,特别是特殊作答要求。

(2)试题与课程目标一一对应

这里需要强调的是,除了按照双向细目表的规划草拟试题和编制试卷外,为了保证试卷对课程目标的考查效度,还要逐一对试题进行检查,使试题与课程目标保持一一对应关系,并与课程大纲中制定的权重保持一致。如表5-2中提到,该课程闭卷考试主要用于评价课程目标1、课程目标2、课程目标3、课程目标5的达成情况。根据双向细目表的规划,整张试卷共有4种题型,11个小题。为了充分反映课程目标的达成情况,各试题与课程目标的对应关系及相应的分值、权重如下表5-4所示。

表 5-4　各试题对应的课程目标及分值、权重

试题题号	对应课程目标	分值	权重(分值/100*50%)
一、1	课程目标1	8	4%
一、2	课程目标3	8	4%
一、3	课程目标3	8	4%
一、4	课程目标2	8	4%
二、1	课程目标1	8	4%
二、2	课程目标3	10	5%
三、1	课程目标2	8	4%
三、2	课程目标5	10	5%
四、1	课程目标3	4	2%
四、2	课程目标5	14	7%
四、3	课程目标2	14	7%
合计			50%

根据上表的数据可以计算出闭卷考试中各试题对各课程目标考查的权重：课程目标1占8%，课程目标2占15%，课程目标3占15%，课程目标5占12%，合计50%。与表5-2中制定的权重一致。

(二)命题常见问题与规范

命题质量直接决定纸笔考试的成败，影响着学业评价的信度和效度。以下将着重介绍命题的基本规范和常见问题。

1.题型选择与考核目标

纸笔测验常见的题型有客观题和主观题两大类题型，其中客观题主要有选择题、是非题、配对题、填空题等，主观题主要有简答题、分析题、设计题、论述题等。不同题型有其适合考查的目标层次，如，相对客观题而言，主观题更适合考查学生对概念的理解、应用、分析、综合等高级认知能力。教师可根据考查目标有针对性地确定考试题型。因此，除了常见的反映考查内容与考查目标关系的双向细目表外，还有反映考查内容与考查目标、题型之间关系的双向细目表，这种细目表就需要充分考虑题型与考查目标层次的关系。如表5-5所示。

表5-5 反映测验内容与测验目标、题型之间关系的双向细目表

内容	知识要点	水平层次	题型及试题编号	赋分 易	赋分 中	赋分 难
运动和力	1.机械运动,参照物,运动的相对性,运动的多样性	理解	三、15		2	
	2.时间的测量,长度的测量,力的测量	独立操作	四、18、第一空	2		
	3.运动的描述	了解	一、2、CD	2		
	4.速度公式	理解	二、12、第2空;五、21		4	
	5.力、力的作用效果	认识	一、4、AC	1.5		
	6.力的三要素,力的示意图,力大小的测量	了解	一、3、AB		3	
	7.重力、弹力、摩擦力	了解	一、5、BD;8、B	2.25		
	8.二力平衡	了解	一、6、BCD	2.25		
	9.运动状态变化的原因,力和运动的关系,惯性,牛顿第一定律	了解	一、6、A	0.75		

表5-5主要从"知识与技能"(又分为了解、认识、理解三个水平)、"过程与方法"(主要指独立操作)两个方面对学生"运动和力"这一内容的学习情况进行了考查,不仅反映了考试内容和考试目标层次之间的关系,同时反映了这两者与题型的关系,如"了解"水平,主要用选择题等客观题进行测试,其他高水平层次则更多用的是主观题。同时需要注意,不同的主观题其考查目标和答题要求是不一样的,一定要进行区分。如简答题和论述题,前者只需要学生概述要点,而后者需要学生分析、综合,进行充分的论述,因此不能笼统地称为问答题。

2.试卷分析与课程目标达成度

(1)基于双向细目表的内容效度分析方法

效度指的是一次测量的有效程度,即一次测量实际上能够测出其所要测量的特性的程度。内容效度指的是测量内容的代表性程度。试卷编制好后,一定要对照考查目标和课程目标分析每道试题的效度。内容效度的分析方法有两种,一是逻辑分析的方法,一是量化分析的方法。

①逻辑分析法[①]

依靠有关专家对试题与应测内容范围的吻合度作出判断。专家把所有试题按考试内容分布,形成实际的"试题双向分类表",将其与命题前的双向细目表进行分析、比较,对这次考试(测量)的内容效度的满意程度作出等级判断或评语描述。属于定性判断,主观性强。

②量化分析的方法[②]

两位专家在审阅教学目标(测验目标)的基础上,分别判断试卷中的每个试题"实际测量的内容"与"想要测量的内容"之间相关联程度如何,用四点量表赋值:"1"表示完全无关,"2"表示有点相关,"3"表示相关较密切,"4"表示完全相关。"1""2"为弱相关,"3""4"为强相关。

将两位专家的判定进行统计。"A"为两位专家都判定为弱相关的试题数;"B"为专家一判定为强相关,但专家二判定为弱相关的试题数;"C"为专家一判定为弱相关,但专家二判定为强相关的试题数;"D"为两位专家都判定为强相关的试题数。如图5-1所示。

		专家一	
		弱相关	强相关
专家二	弱相关	A	B
	强相关	C	D

图5-1 专家判定统计示意图

内容效度系数=D/A+B+C+D(其相关试题数占总试题数的比例)

量化后的内容效度系数的值介于0和1之间,值越大,表示内容效度越高;值越小,表示内容效度越低。一般考试的效度应在0.4到0.7之间,大规模的考试要求效度在0.9以上。

(2)基于课程目标达成度的试卷分析

除了完成上述各试题的内容效度分析外,还要对参加考试的每个学生每个试题的课程目标达成度进行计算。按照同样的方法,也可以计算出过程性考核中每个学生的课程目标达成度。两者的总和即为每个学

[①] 崔鸿,郑晓蕙.新理念生物教学论[M].北京:北京大学出版社,2009:262.
[②] 崔鸿,郑晓蕙.新理念生物教学论[M].北京:北京大学出版社,2009:263.

生的课程目标总达成度。有了这些数据,教师就可以进行整个课程的目标达成情况分析,并完成课程分析报告。

具体操作时,教师可以根据所在学校教务处统一发布的达成度明细表和课程分析报告模板来完成统计和分析。

3. 真实情境命题

双向细目表形式的评价框架,自20世纪80年代传入我国后,在基础教育领域得到广泛应用,并成为我国教育考试命题的理论依据。然而,这种评价框架指向的是一种以学科知识点为纲、以知识点掌握水平为质量水平的学业质量观。它过于关注学生在知识点上的认知,缺乏对事物或现象的整体认识和思考,缺少知识整合和综合运用。以发展核心素养为主的测评需要整合多个维度,整体思考核心素养、任务情境和课程内容之间的关系,可以考虑采取如图5-2所示的国际学生测评项目(PISA)的评价框架。

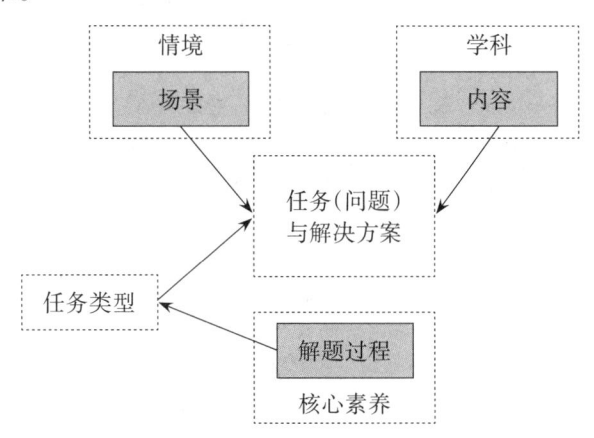

图5-2 国际学生测评项目(PISA)中的评价框架

不同于双向细目表,该框架整合了情境、学科内容和核心素养三个维度。该情境提供了连接现实生活世界和学科领域的桥梁,为引发核心素养的表现提供了载体。以真实情境为基本素材,通过改变情境的结构化程度、要素数量及其关系,可以创设各种复杂程度不同的情境化任务。简单的、结构良好的情境可以考查核心素养的较低水平。复杂的、开放性的情境蕴含着大量干扰因素,考查学生对相关知识、技能、思维和观念的创造性整合,体现核心素养的较高水平。①

　　教师自编成就测验,在具体命题时,首先要避免从单一的、过细的课程知识点角度进行评价,要着重考查学生对大概念的理解和融会贯通程度;其次,依据学科核心概念,结合知识点创设开放、真实的问题情境,让学生置身于逼真的问题情境中,体验学习与实际生活的联系,学会用所学知识解释生活现象以及解决实际问题。

4.考试计划评价检核表

　　为了充分检测课程目标的达成情况,各高校教务处会根据人才培养的目标和学校学业评价整体规划、统一制定命题和考试要求,其中包括了题型种类、题型数量、题量、参考答案与评分标准、阅卷、试卷分析、课程分析等。除此之外,每门课程的课程大纲也对课程的成绩评定和考核方案提出了具体的要求,前文已详细介绍过此内容。命题教师和相关审核人员应按照这些要求对考试计划进行全面的检核,反复校对,保证纸笔考试顺利开展。具体操作时,可参照下面的检核表进行核查。

表5-6　考试计划评价检核表②

考试计划评价检核表
1.考试的目的明确吗?
2.预期的学习结果清楚吗?明确定义了吗?
3.预期的学习结果是依据学生的表现(可测量的)来描述的吗?
4.准备说明考试性质和题目分布情况的双向细目表了吗?
5.试卷中的题目能否表征学习范围内的任务?
6.试卷中的题型对于测量预期的学习结果来说合适吗?
7.试卷中的题目与课程目标是否对应且满足课程大纲要求的考核权重?
8.试题的难度对于接受考试的学生来说合适吗?对于测量的性质来说合适吗(如掌握或者调查)?
9.题目的数量对于参加考试的学生、用于考试的时间,以及考试的性质来说合适吗?
10.是否包含了能保证分数的有效性和可靠性的特性?
11.考试计划是为了组题、编写考试指令、评分以及使用考试结果吗?
12.参考答案与评分标准是否具有可操作性?

---

① 杨向东.指向学科核心素养的考试命题[J].全球教育展望,2018,47(10):39-51.
② 诺尔曼·E.格朗伦德.学业成就测评(第七版)[M].罗黎辉,孙亚玲,译.南京:江苏教育出版社,2008:38.

(三)试卷评阅常见问题与规范

考试的公平性对于学生能否获得公平的评价起着至关重要的作用，而试卷评阅的公平性又是考试公平的重要一环。因此，教师在试卷评阅中一定要严格遵守规范。以下几个方面需要特别注意。

1.统一给分标准

高校课程门类丰富，又各有特点，各课程考试试题也多彩多样，大部分考试都存在较多的开放性试题，学生答案也很多样化。但即使如此，教师在评阅时也必须要保证统一的给分标准，参考答案的把握可以灵活，但一定要围绕考查目标，特别是试题所要考查的学生的高阶认知能力制定给分标准，并在具体评阅时严格把关，仔细阅读学生的答案进行判断。同时，在阅卷的过程中要全程保持统一，不能随意变动。同事之间也可以相互交叉检查。

2.明确标注得分点

在对学生的答案进行判断后，一定要在具体的位置明确标出学生的每个得分点，并写上具体的得分，保证每一分评阅都有据可查。为了避免漏给、错判的情况，在阅卷完毕后一定要反复进行核查。

3.避免加分错误

高校课程考试大部分阅卷都是纸笔阅卷，教师需要自己口算进行加分，但由于给分点细小，特别容易出错。因此，教师在阅卷时，一定要逐层计算，从得分点到小题分，再到大题分，直至算出总分，并反复进行核查。为了避免错误，同事之间可以交换检查核算。还可以在进行课程分析时，将各试题对应考查的课程目标的得分情况录入计算机进行计算，避免人工口算的错误，但这时需要确保不出现录入错误。

三、书面作业

书面作业是过程性考核的常用方式，本节主要介绍一些用书面作业进行评价的技巧。

(一)主要形式

书面作业往往是过程性考核的一部分,用于平时成绩的评定,且大部分的课程都会使用。主要包括小论文、学习反思、读书报告、实验报告、调查报告、设计文稿等各种需要提交纸质文档和电子文档的作业。教师可以根据自己的课程性质和类型有选择性使用。

(二)布置书面作业的技巧[1]

第一,作业布置层次化。首先老师布置一些基础作业,这个是适合所有学生进行学习的。这个基础作业可以是基础知识的理解,也可以是对课堂学习知识的巩固和复习,如有些专业基础课程可以布置课堂笔记与反思、整理学习内容知识结构图等。其次根据学生的不同层次设置不同的作业,如师范生教案的写作,由于生源地不同,学生的基础差异较大,在布置作业时可以建议学生选择教学课题时考虑自己对课题的驾驭能力,尽量选择自己擅长和熟悉的主题,觉得困难的同学可以选择初中阶段的教学内容和课题,减少知识深度和难度的要求,将教学策略和方法设计的创新作为重点。

第二,作业布置的多样性。老师布置作业时需要灵活变通,采用多种作业形式,吸引学生的注意力,提高学生做作业的积极性。书面作业并不意味着全是文字写作,特别是人文社科类的课程,教师可以适当布置一些作图的书面作业,如为了促进学生对专业知识的理解和建构,可以让学生在基于章学习的基础上制作概念图、思维导图、框架图等。

第三,作业布置的趣味性。如果作业的内容或者是形式吸引不了学生的注意,或者是不符合他们的喜好,学生做起作业来就会感到枯燥乏味,心生厌烦,从而对做作业进行敷衍,不仅浪费时间,还影响学生的学习效率。例如,人文社会学科课程可以安排一些基于实践的书面作业,如调查报告、参观总结等,而自然科学可以适当安排一些设计类作业、如

---

[1] 崔莉丽.浅谈课后作业的布置[J].文学教育,2019(3):179.

实验装置设计、实验绘图等。打破常见的作业形式,增强学生的兴趣,同时还可以多方面锻炼和发展学生。

(三)常见问题及解决措施

1. 作业的有效评价与反馈

由于高校教师教学科研任务较重,课余时间还要进行研究工作,因此作业的有效评价和反馈是一个难题,因此完善作业评价机制尤为重要,必须保证作业能得到有效的评价和反馈。教师可以对学生的作业实行多元评价主体机制,不仅是老师对学生的作业进行评价,还可以让学生进行互评或者进行自我评价。这样的作业评价过程,可以让老师充分了解学生的学习水平,发现每个学生身上的闪光点,对学生进行适当的表扬,还可以给学生提出建议,让学生感受到老师的关心,从而增进老师与学生之间的感情。同时根据对每个学生作业完成情况的了解,来确定下一步教学计划,有针对性地对学生进行作业布置。另外,互评的方式可以激发学生竞争的积极性,学习别人的长处,提高对自己的要求和标准,不断地超越自我。[1]

2. 作业的质量

教师在布置作业前必须再次明确,作业作为学业评价的一种具体形式,其作用同样是为了促进学生的发展。教师在布置作业时一定要设计一套机制来保证作业的质量。学生在完成作业时常由于不清楚作业的要求,而不能进行有效的准备,从而与教师预期的要求背道而驰。教师可以在布置作业的同时制定作业的评价指标,有了评价指标做参考和指导,学生完成作业就相当于进行一次自主学习,或者是以评价指标作为目标导向,将学习过程交给学生。在这种情况下,不但作业的质量得到了保证,学生的学习能力也会得到训练和提高。如前述"表5-1 某科学探究活动评价指标"为某教师设计的学生科学探究活动作业的评分标准,其中明确列出了对书面作业部分的具体要求。

---

[1] 崔莉丽.浅谈课后作业的布置[J].文学教育,2019(3):179.

3.小组作业

合作能力是大学生的一个重要能力,更是高校学生评价的一项重要内容。因此,教师在学业评价的过程性考核中常会布置一些小组作业,其中包括小组书面作业,比如合作完成一个探究方案,合作打磨完成一个教学设计。在这样的作业中,常出现的问题是学生会将小组作业以抽签的形式安排给一个同学去完成,从而无法使学生在完成作业的过程中进行真正的合作,更不用说训练与人合作的能力。为了让学生进行有效的合作,教师在布置作业时一定要在评价指标体系中设计小组合作方面的评价指标,从而引导学生进行有效的合作。如上述科学探究活动作业的评分标准中,教师可以要求学生在探究报告中明确写出小组分工情况,记录小组在探究中遇到的问题以及解决的方案。

四、表现性评价

这里的表现性评价泛指一切以学生实际表现为评价标准的评价活动,包括实作性评价、真实情境评价等。表现性评价是一种很好的过程性评价,通过这样的评价可以有效地促进学生的改进、调整和发展。

(一)主要形式

表现性评价指的是通过让学生完成某一实际任务来评价学生的学习状况。表现性评价的构成主要有三部分:有一个表现性任务;有一个评价标准(具体的指标);有一个或几个好的评价者。

评价的形式主要取决于任务的形式,常见的任务类型主要包括汇报展示、表演演示、模拟活动、作品设计与制作、探究学习等各种类型的小组实践活动。

(二)表现性任务的设计技巧

首先,根据评价目标设计任务类型,要选择能够让学生充分表现出评价目标中要求的能力的任务。例如,要考查学生的科学探究能力,就一定要布置科学探究活动任务;要考查学生的教学实施能力,一定要布置教学模拟的任务;要考查学生的合作能力,一定要布置需要多元智能才能解决的合作性任务。

其次,任务量要适度,不能过大。表现性评价的一个主要目的是让学生能充分地表现自己,如果任务量和难度太大,或过于笼统,任务要求就难以聚焦重点,学生也很难把握评价的指标,找不到头绪,教师可能无法看到学生有针对性的表现。

(三)评定量表的设计技巧

评定量表是由被测量的要点和测量观察指标体系,以及相应的权重组成的评定量表,教师根据学生某一活动的表现,依据测量量表,可以直接对其结果作出评定。这种评定可以是描述性的,也可以是程度、等级或数值,分别称为定性量表、程度量表、等级量表和数值量表。

设计评定量表时需要注意以下几点:(1)测量要点紧扣评价目标,观察指标一定要具体、可检测,从而有利于教师准确考查学生达成学习目标的情况和学习状况;(2)通过阅读评定量表,学生能明确学习的具体目标,了解自己达成目标的情况和学习的基本状况,并能根据测评的结果对学习的内容及学习的重点进行重新定位;(3)可以保证表现性评价的具体实施和可持续开展,达到促进学生自主学习,不断发展的目的;(4)体现教师自身对于评价内容的深刻理解。

如显微镜是生物学研究中的重要工具,显微镜的操作和临时装片制作是初中生应具备的重要技能,那么,作为生物学科的公费师范生更应该熟练掌握此技能。为了检测师范生的这一技能掌握情况,教师可以以"人体口腔上皮细胞临时装片的制作和观察"为例组织一次表现性评价活动,在学生的操作表现中观察和评价其相关技能并为下一步的强化学习提供参考依据(表5-7)。理所当然,"显微镜的操作"和"临时装片制作"就成为这个任务的两项评价要点。那么,如何让学生充分地表现,并通过评价找到学生在此技能上存在的问题且促使学生快速修正自己的问题?教师可以根据这两项技能的基本操作要点和学生的实际情况,尝试编制各要点具体的观察指标。例如,"人体口腔上皮细胞临时装片的制作"的步骤为:擦→滴(生理盐水)→(漱)刮→涂→盖→染→吸,那么,在各操作步骤中具体的观测指标是什么?就如"擦",是不是学生只要擦拭了载玻片,这一项就可以给满分?假如学生先检查了一下发现载玻片很干净就没有擦拭,这一项就要扣分?很显然,后一种做法的学生更清楚擦拭的目的,更应该被肯定;再一对比,甚至会发现前一种做法的同学对操作步骤的理解有些机械。又如,关于如何快速找到物像。中学显微镜对此操作步骤有详细的介绍,然而大学常用的普通光学显微镜和中学标配的普通光学显微镜,其结构是不一样的,操作原理和步骤也不一样,前者是通过粗准焦螺旋调节载物台的上下移动来快速找到物像,而后者是通过粗准焦螺旋调节目镜镜筒的上下移动来快速找到物像,但解决问题的目标是一样的。教师在制定这部分的指标时,不应过于关注学生的操作细节,而应该关注学生能否灵活根据显微镜的结果特点快速找到合适的操作方法。所以,教师在制作评分的具体指标时一定要深刻理解被评价的学习内容。

表5-7　表现性评价评定量表

要点	具体指标	权重	分值	得分
制片	擦:先检查载玻片的洁净度,如果需要擦拭再用纱布擦拭干净。	2%	2	1.5
	……			
	……			
	……			
镜检	找到物像	5%	5	4
	……			
	……			
	……			

(四)常见问题及解决措施

表现性评价在实施中的主要问题是,学生不能充分地表现或者评价者可能不能准确理解评价指标,或者不能根据指标进行准确的判断。为了避免这些问题,可以尝试从以下几方面进行:(1)为学生创造轻松愉快的表现环境。教师可以参与到学生的任务活动中,同时认真地观察学生的表现;(2)根据观察到的情况,教师可以适当与学生进行交流,激发学生的思维;(3)进行人工评分、人工评判,杜绝机器评分;(4)如果教师一个人无法完成观察评价任务,可以安排学生协助。但一定要在评价实施前对学生进行培训;(5)在评价活动结束后,教师可以根据统计结果,锁定评价中具体存在的问题,并有针对性地选择一些同学进行访谈,进一步分析产生问题的原因,从而在下次评价活动中进行调整。

第六章 教学评价与教学反思

【本章引言】

教学评价是教学的重要环节之一，对于教学质量的改进具有重要意义。教学评价主要分为"评教"和"评学"两个方面，即对教师课堂教学质量的评价和对学生学业质量的评价。同时，教学反思作为促进教师成长不可或缺的动力因素，对教师队伍专业发展与素质的提升也起着推动作用。目前，我国关于教学评价和教学反思的理论研究比较丰富，作为教育改革的重要依据，在高校及其他教育领域发挥着重要作用。在本章，教学评价仅仅指对课堂教学的评价，学业评价在其他章节进行具体阐述。

【内容导图】

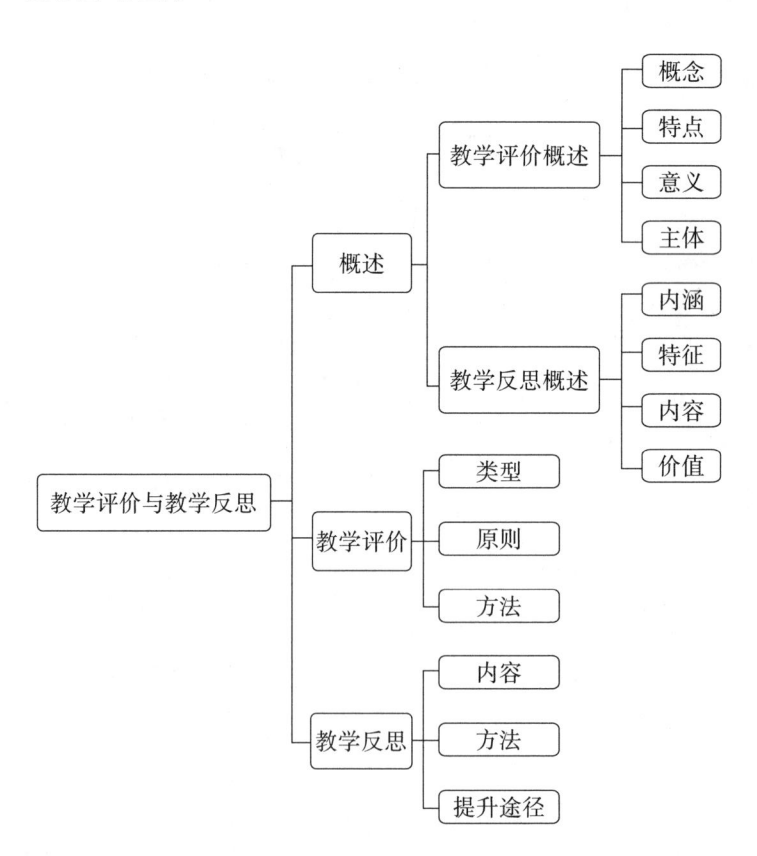

```
教学评价与教学反思
├── 概述
│   ├── 教学评价概述
│   │   ├── 概念
│   │   ├── 特点
│   │   ├── 意义
│   │   └── 主体
│   └── 教学反思概述
│       ├── 内涵
│       ├── 特征
│       ├── 内容
│       └── 价值
├── 教学评价
│   ├── 类型
│   ├── 原则
│   └── 方法
└── 教学反思
    ├── 内容
    ├── 方法
    └── 提升途径
```

一、概述

(一)教学评价概述

1.教学评价的概念

1971年,美国学者格朗兰德以一种极为简洁的方式表述了评价的概念:评价=测量(量的记述)或非测量(质的记述)+价值判断,即评价是在量(或质)的记述的基础上进行价值判断的活动,它包含了事实判断和价值判断两类活动。由此可以认为教学评价是对教学的过程和结果进行测定、分析、比较,进行量(或质)的记述,并给予价值判断的过程。[1]其中教学过程是指教与学相互影响、辩证统一的过程。教学成果是指教学使学生在知识、能力、素质等方面产生的变化。在广义上,教学评价是指对学校整体教学工作作出评价。在狭义上,教学评价是指对于课堂教学的评价。教学评价不仅是围绕着教学过程的各要素和教学工作的基本环节来对其效果进行价值判断,更重要的是基于评价结果改进课堂教学质量。由于通常评价教学要以课程目标、课程结构、条件为依据,所以在实践中,课程评价与教学评价常常结合在一起进行,教学评价也成为教师评价的一部分。本文将教学评价界定为评价主体根据已有的评价标准体系,对教师的教学行为,包括教学策略和方法、教师的教学效果和学生的学习质量等进行评价的活动。

2.教学评价的特点

教学评价是教育评价的一部分,由于教育评价的范围广、内容多,可以从其范围、主体、内容、方法、标准、功能等不同角度,将教育评价划分为不同类型,其中就包括教学评价。[2]可以说,教育评价是包含教学评价的大概念,教学评价是教育评价的一部分。虽然教学评价的内容范畴比

---

[1] 何定华.职业院校师资培训质量评价体系构建探究[J].职教论坛,2010(28):56-59.
[2] 刘洋.艺术学科的评价研究与构建——学科生态演进的视角[D].浙江:中国美术学院,2020:xxx.

教育评价小,但它也涉及学校教学内容的诸多方面,具有以下这些特点。

(1)复杂性

由于教学本身就具有复杂性,对教学进行评价更是一项充满复杂性的工作。教学评价必须依赖于对教学步骤与方法的考评,是连续的活动过程,是学校的一项经常性工作,而不是单一的、简单的活动。

(2)目标性

教学评价的依据是课程标准与课程目标,是对教学所达成目标程度的判断。教学评价既以教育目标为出发点,又以实现教育目标为归宿。将教育目标作为教学评价的标准,教学目标在教学评价中的关键作用,表明教学评价具有目标性特征。

(3)研究性

教学评价注重对教学效果进行分析和判断,由此不仅可以对教学中存在的问题进行研究,分析教学效果较差的原因,有针对性地采取措施进行补救,也可以对促成良好教学效果的原因进行研究,分析教学效果与教学因素之间的关系,对发挥作用的因素进行解释,研究如何促进教学质量的提升。

(4)参与性

教学评价主体具有多样性,包括学校及教育主管部门的管理者、学生、教师、学生家长等不同主体,他们兼有评价者与被评价者的双重身份,对教学评价的参与,有助于调动教师的教学积极性和学生的学习主动性。

3.教学评价的意义

教学评价对学校整体工作具有重要意义。

(1)教学评价有助于学校坚持正确的办学方向,有助于国家教育方针政策的贯彻落实。评价是指挥棒,引导着教育的发展方向,引导着学校的办学方向。通过教学评价,学校可以对标国家教育方针政策矫正自己的办学方向,确保培养社会主义建设者和接班人责任的落实。

(2)教学评价有助于提升学校教学水平,改进学校教学质量。教学是学校的主要任务,评价一个学校办学水平的高低,主要看其人才培养质量。教学评价有助于学校改进教学工作,促成教学的规范和有序化,确保教学质量。

(3)教学评价有助于推动学校教学改革,促进教师专业发展。教师专业发展水平主要取决于其课堂教学水平和教学研究水平。有效的教学评价,有助于教师加强教学反思和教学研究,从而实现教师的专业发展。

4.教学评价的主体[①]

所谓评价主体,是指那些参与教育评价活动的组织与实施,按照一定的标准对评价客体进行价值判断的个人或团体。他们在评价中控制活动的方向与进程,对确定评价问题、选择评价方法、使用评价结果起决定性作用。评价的目的会直接影响评价主体的选择,评价主体的差异性往往使得评价方式和结果不同。根据评价主体的不同,教学评价一般分为以下五种类型:学生评教,由学生评价教师的授课情况;教师自我评价,教师对自己的教学工作表现作出评价;同行评价,教师互相听课,相互评价对方的授课质量;专家评价,专家通过跟班听课等评价教师的教学质量;领导评价,学校领导及各级教学管理者评价教师的教学工作质量。此外,还有家长等主体,教学评价由此体现出全员评价的原则。

(二)教学反思概述

1.教学反思的内涵

教学反思是指教师在复杂的教学情境中,对教学实践及其支撑理论、假设进行积极持续、周密深入的自我调节性的思考,而且在思考过程中及时觉察教学实践中的问题并积极寻求改善方案,努力提升教学实践的合理性和科学性,并逐步使主体自身得到完善,成为全面、可持续发展的教师的过程。狭义的教学反思是指从觉察、分析教学活动开始到获取直接、个人化的教学经验的认知过程,即个体自我经验总结回顾的过程,广义的教学反思不仅包括狭义的反思,还包括对自身教学经验的理论升

[①] 樊小东.试论教师教学工作评价主体的选择[J].教育与职业,2007,546(14):48-49.

华、迁移,也包括教师主动探究教学问题进而监控、调节、修正教学实践的过程。

2.教学反思的特征

(1)创造性

教学反思以解决教学问题为基本点,需要意识的积极参与、智力和情感的投入,而不是简单地回顾总结教学过程,它需要教师针对教学实践中出现的问题,从多方面分析问题,多角度寻求解决问题的策略,进一步提高教学质量。教学反思是一项"长期工程",是一种可重复性的具有研究意义的反思,在教学反思中,教师获得了创造性思考直至创造性解决问题的机会。

(2)自觉性

一方面,教学反思的进行需要教师具有较强的行为动机、活跃的智力活动,使其不断地学习先进的理论或与同行、学生进行沟通,及时体察、修正自己的教学理念和实践,实现自我在教学上的完善;另一方面,教学反思行为又具有一定的潜隐性、缄默性,很难进行监督、评判。这决定着教学反思要成为一种真正以教师为主体的活动,需要教师具有一定"内驱力"来激发、维持。可见,教学反思是一种自愿、自发、自觉的行为,否则便不会有真正的教学反思存在。

(3)发展性

在反思过程中,不同的教师可能经历或达到不同的发展阶段。教学反思的第一阶段是自发性、下意识的反思。在该阶段,教师依靠的是直接经验,并没有完全的智力或意识投入。教学反思的第二阶段逐步达到理性化水平。教师有意识地参照一定的教育理论和自我的教学经验,但不是固守于自己的经验,而是将经验与理论、实践的真实情况进行比较、判断。第三阶段的教学反思,教师能比较清晰地、准确地将发现的问题表征出来,从而多方面、多角度地寻求解决对策,进而监控、调节自己的教学活动。

3.教学反思的内容

反思内容是教学反思的载体,主要指教学实践以及支撑理论、假设。教学反思内容从以下两个维度进行考察,一是教学反思内容的广度,即教学反思的指向;二是教学反思内容的深度,即教学反思水平。

(1)教学反思内容指向[①]

教学反思内容划分为以下五个指向。

指向1——课堂教学指向:主要分析评价教学活动本身的利与弊以及影响教学活动的因素,包括教学内容的重难点、教学方法策略、教学技巧的运用等。

指向2——学生发展指向:分析考虑与学生发展、能力培养相关的一些因素。分为三个方面:一是关注学生的学习成绩和各种能力的培养;二是关注学生学习兴趣以及学习方法的培养;三是关注学生健全的心理、人格发展。

指向3——教师发展指向:分析考虑与教师自身发展、素质提高的相关因素。包括关注教师自身的专业知识和专业能力,关注教师的人格魅力与自我形象和关注教师的待遇三方面。

指向4——教育改革指向:关注考试制度的改革以及现进行的课程改革,关注宏观教育体制的改革以及教育改革的实效性。

指向5——人际关系指向:包括教师如何与学生形成和谐的人际关系,如何与学生家长相处,共同教育、培养好学生以及同事之间的和平相处。

(2)教学反思内容的水平

参照Van.Manen(1977)对教学反思水平的划分和教学反思的内容,现将教学反思划分为以下水平。

水平1:前反思水平

这一水平的教师更多关注程序性的、技术性的问题,即如何利用最好的教学方法和技巧,在最短时间内取得最大的教学效果,实现教学目标,比如"怎么教学""面临问题应该怎么处理"等问题。处于该水平的教

---

① 安富海.教学反思:内涵、影响因素与问题[J].河北师范大学学报(教育科学版),2010,12(10):80-84.

师最关心的是达到目标的手段,重视手段的效果和效率,而将教育目的看作理所当然,没有对教育目的进行分析、审视和检讨。事实上,这一水平不能称为反思水平,因而称之为"前反思水平"。

水平2:准反思水平

处于该反思水平的教师能够透过教学行为层面来分析其背后的原因,但这种分析往往是根据个人的经验,其目的在于探讨或澄清个人对行为的理解,考虑行为背后的原因、意义。这一水平由于主要是基于个人的经验来探究行为背后的原因,教师对结果做解释是基于个人对环境的主观感受而不是对客观结果的描述,还达不到反思的水平,因而称之为"准反思水平"。

水平3:反思水平

处于这一水平的教师在反思时能够考虑道德和伦理的标准,并从广泛的社会、政治、经济的背景下来审视这些问题,揭露潜藏于这些问题中的意识形态以引导改革。在这一水平的教育者关注知识的价值,加上对教师而言有利的社会环境,能够去除个人的偏见。另外教师对于课堂和学校行为能够作出防御性而非盲目的选择,以开放的眼光来看待问题,其中包括伦理道德的思考。能够从更广阔的社会、文化、政治意义下来分析教学行为,这一水平才是真正的"反思水平"。

4. 教学反思的价值

(1)有利于教育教学改革的落实

教学改革意味着教育理念与教学体系的重构与调整,这一过程的实现通常是自上而下与自下而上同时并存的。从前者来看,国家的教学改革政策依赖于教师的贯彻与落实,从后者来看,教师的主动性反思与建构可以推动人才培养质量的提升。无论是哪个方面,都离不开教师的积极主动参与。

(2)有利于高校整体教学和研究水平的提高

高校教学有其特殊性,也有着教学活动的共性。这种共性表现在教育教学研究和课程建设方面。进入新时期,无论是教育教学研究还是课程建设方面都面临着全新的挑战,这就要求高校教师不断改进教学方式、深化教育教学研究、加强课程建设,使教育教学活动能紧跟时代步伐,实现对大学生的引领作用。在不断的教学反思过程中,高校教师就教学中存在的问题进行思考、深入研究进而形成理论指导,培养和养成教育教学研究的学术自觉,推动高校教育教学研究和课程建设的发展,从而促进高校整体教学水平和研究水平的提高。

(3)有利于促进教师专业化的发展

教学反思作为一种持续的自我评估和提升过程,对教师专业化的发展具有重要的推动作用。通过不断地审视和总结自己的教学实践,教师能够更清晰地认识自己的教学风格、教育观念以及教学方法的有效性。在教学反思的过程中,教师能够识别并解决在教学中遇到的问题,不断优化自己的教学设计。这种自我完善的过程不仅提升了教学效果,也深化了教师对教育教学理论的理解。通过对实际教学经验的深刻思考,教师能够更好地将理论知识与实践相结合,形成更高的专业素养。

(4)有利于促进学生身心健康

教师的教学反思不仅体现在对教师教的方法的改进上,还体现在对学生学的方法的指导上。通常认为,教师备课要做到备教材、备学生、备课堂这三备。备学生就是了解学生的身心发展水平和教育需求。由此,教师通过教学反思,可以更好地使教学设计与教学实施与学生的身心发展水平相适应,以改进教学方式方法,提升教育教学质量,最终促进学生身心健康发展。

二、教学评价

(一)教学评价的类型

1.诊断性评价

诊断性评价是在学期、学年、课程或一个单元教学开始时,为了充分了解学生的学习准备状况及影响学习的因素而进行的评价。比如课前检测或者课程开始前的摸底检测就是诊断性评价。因为用于课前或者摸底,所以在测试的时候试题难度低,涉及知识面广以达到诊断的目的。

2.形成性评价

形成性评价是在教学活动实施过程中,为了掌握学生达成教学目标的情况,针对学生阶段性学习所取得的成果所进行的评价。通过形成性评价,可以及时发现学生学习过程中的问题,从而对教学进行针对性调整。因为是在课堂上改进和完善教学活动所产生的评价,所以在课堂上教师提问学生回答、每堂课后的作业、日常检测等都属于形成性评价。

3.总结性评价

总结性评价是基于课程教学目标,对学生达成目标的程度所做的评价。总结性评价的功能是确定学生在知识、能力等方面的具体水平以及达成目标的程度。一方面对学生阶段性学习成绩进行评定,另一方面也为后续的教学活动提供参考和依据。

(二)教学评价的原则

1.客观性原则

教学评价的客观性原则是指教师要对学生的发展水平作出客观判定。这一原则通常体现在三个方面:一是评价的标准要客观;二是评价的方法要客观;三是评价过程应基于客观事实,而非教师的主观态度。教学评价的客观性有助于真实地反映教师的教学质量和学生的学习水平,并以此改进教学工作。

2.全面性原则

教学评价的全面性原则是指教学评价应从教学工作的整体出发,而不是局限于某一方面或某一部分的工作,这样才能从整体上把握教学工作的情况。贯彻全面性原则应做到三点:一是评价标准要全面;二是评价内容要全面;三是评价目标要全面。教学评价的全面性原则有助于全面准确地研判教学质量,把握教学质量的主线和关键。

3.导向性原则

教学评价应在指出教师和学生的优点、缺点的基础上,提出指导性意见,使教师或者学生能够取长补短,不断前进。在教学评价过程中应该将各种信息反馈给教师或者学生,促进教学目标的达成和提高教学质量。贯彻导向性原则,首先要帮助教师和学生提高教学效率,完善教学过程;其次需要在教学过程中及时反馈,不要延迟;再者需要重视评价结果,随时纠正教学过程中的不足之处;最后则是需要切合实际。

4.科学性原则

科学性原则是指在进行教学评价时,要以教学目标、内容、方法为依据,制定科学的评价标准,采用科学的评价工具,使用科学的评价程序和评价方法,对获得的各种数据进行严格的处理,而非依靠个人经验和直觉作出主观判断。

(三)教学评价的方法

1.量规

量规是一种真实性评价工具,这种工具通常以二维表格的形式呈现。即从评估对象中提炼出与评价目标相关的多个指标,并对这些指标进行详细描述,从而将非结构化的主观性评估任务转化为结构化的级差评估,提高评估的准确性。量规有助于明确教师的教学方向,因为标准是教学中应遵循的基本要求,量规也有助于评价标准的统一,因为所遵循的评价标准是统一的。

将量规与其他评价方法结合起来使用,可以有效降低评价的主观随意性。

表6-1 量规例:XX大学听课记录表[①]

教师所在学院:_____ 课程名称:_____
授课教师:_____ 授课专业、班级:_____
百分制得分:_____ 评价等级:优□ 良□ 中□ 差□
(等级标准:90分以上为优,80-89为良,70-79为中,69以下为差)
分项评价:请在下列各题之后的相应评分位置填入"√"

[①] 本评价表及其标准源于作者所在高校制定的《听课记录表》

内容		评价项目	优	良	中	差
教师上课情况	1	语言表达清楚、板书规范、普通话标准				
	2	讲课有热情、有感染力、能吸引学生				
	3	课程教学的导向正确、观点正确；挖掘课程的思想政治教育元素，知识传授与价值引领相结合；育人意识明显				
	4	对问题的阐述简练准确、重点突出、思路清晰，无科学性错误，有启发性				
	5	对课程内容娴熟，运用自如、教态自然				
	6	讲述内容充实，信息量大，学科特点突出				
	7	教学内容能反映或联系学科发展的新思路、新概念、新成果				
	8	实施启发式、探究式、讨论式、参与式教学，能调动学生情绪、课堂气氛活跃				
	9	能有效利用各种教学媒体				
学生上课情况	10	遵守学习纪律，不迟到、不早退				
	11	认真听课，积极思考				
	12	尊敬老师，举止文明				

课堂教学主要内容：

您对授课教师的教学态度、教学内容、教学方法、教学特色等方面的综合评价及改进教学的建议是：

您对授课老师的政治理论素养、价值引领能力等方面的综合评价及改进建议是：	
你对学风的综合评价是： (请记下应到_____人,实到_____人,到课率_____,迟到_____人)	
特别提示： 发现教学事故及师德师风、政治思想方面问题,请立即拨打本科教学质量监控电话:68367555	

听课时间：_____年_____月_____日

听课地点：_____

听课人：_____

  例如XX大学听课记录表。整个量规中对于教师课堂教学一共有9个纬度,涉及教师在课堂上的教学能力、课程思政运用能力、专业知识的深度和广度、信息技术的运用等,每个维度又分为优良中差四个等级。在西南大学相关的教学政策里,获得良(80-89分)评级的教师才能独立授课,而在高级职称评审中则要求参与评审的教师获得优(90分以上)评级。

当然教师也可以自己制作量规。

例如针对课堂表现可以制作以下量规。

(1)符合课程标准年段教学目标与要求；

(2)切合教材特点、教学重难点和学生实际；

(3)兼顾思想教育、能力培养、创新思维与创新能力培育等；

(4)恰当、具体、明确。

(5)教学环节结构合理严谨、主次得当、联系紧密、过渡自然、整体性强、富有新意；

(6)准确理解、把握教材，教学内容处理得当，课文整体感知与重难点理解适当兼顾，思想情感体验和语言文字、语文能力训练有机结合，正确、全面、精当、落实，能体现训练层次、过程清晰、完整；

(7)摒弃繁琐分析，以读写实践为本，注意多种教学方式方法、电教手段、教具等的恰当运用和学法指导，指点有方。

(8)尊重学生学习的主体地位，注意调动全体学生的学习兴趣，自主实践、积极思维；教学民主，师生平等和谐；

(9)实践活动时间充足；

(10)学生能开展有效的合作学习；能提出有价值的问题。

(11)教师文化素养高，钻研驾驭取教材、组织调控教学的能力和机智灵活处理突发问题的能力强；

(12)教学语言准确、规范、简洁、流畅、表达力强；

(13)语言形象、生动、富有感染力；

(14)板书设计合理简明，字迹工整；

(15)能熟练使用现代化教学手段；

(16)教态自然、亲切、大方，仪表端庄，精神饱满。

(17)学生主体地位确立，学习兴趣浓厚，思维活跃、自主学习、实践活动充分；

(18)语言文字与语文能力训练扎实，学习方法掌握、运用好；重点突出、难点突破，教学目标达成、教学效果好；

(19)教学整体效率高,各层次学生均有较大收获。

2.随堂听课法

随堂听课是获取课堂教学信息的重要途径。采用随堂听课方法,通常要做好以下几个方面的事情。①事先准备。听课者与任课教师之间就时间、地点、方式、观察重点等事项进行提前约定,另一方面,听课者需要在听课前了解听课的教学内容和教学目标教学设计等,合理确定听课的重点。②课堂观察。在课堂观察中可以进行全过程观察和有重点观察。前者是指听课者全方位地观察课堂教学过程。在观察过程中,听课者应不放过任何一个细节,对一些特殊行为保持高度的敏感,并对这些行为进行及时的记录和分析。通常这一类观察的难度较大,要求听课者有熟练的观察技能和丰富的观察经验。有重点观察则是根据事先确定的观察重点,有针对性地进行观察和记录。在观察过程中,听课者往往会借助一些事先准备的观察工具。有重点观察还包括听课者事先与教师拟定评价重点,如重点学生、重点事件等,在随堂听课中有意识地围绕这些重点内容进行观察。

尽管听课的性质、类型和方式多种多样,如有竞赛式的交流课、有研究式的示范课、有预约式的汇报课等,这些课常常能够展现教师教学的水平,是新理念、新策略、新信息的集合点,特别是对于那些精心准备的汇报课而言。同时,教师教学能力也是在其教学过程不断改进的过程中提升的。在随堂听课评价的过程中,评价者与被评价者不仅有共同关注的评价内容,而且评价过程中共同讨论、共同研究的气氛非常适宜于教师的成长。任课教师通过对自身教学能力和教学过程的反思,能够获取有效的提高自身教学能力的信息,促进自己的发展。

3.考核法

各个院校对所在学校的教师都有一定的教学考核办法。考核办法中规定的内容也是教师在学校职称晋升的必要条件。

以西南大学专业技术职务评定办法中关于教学考核的规定为例。

表 6-2　教学考核表

岗位类型	拟评聘职务	承担本科生课堂教学工作量要求	教学质量考核要求		
			等级要求	免考核	一票否决
教学为主型教师	教授		优秀	符合下列条件之一： 1. 任现职以来获得校级课堂教学比赛一等奖。 2. 市级课堂教学比赛二等奖及以上。	有下列情况之一： 1. 拒不承担学院安排的毕业论文指导或教学实习指导或课程监考等教学教育环节任务者。 2. 申请职务当年出现严重教学事故，或近两年内出现重大教学事故者。
	副教授		优秀		
	讲师		优秀		
教学科研型教师	教授		合格	符合下列条件之一： 1. 任现职以来获得校级课堂教学比赛三等奖及以上。 2. 市级课题教学比赛三等奖及以上。	
	副教授		合格		
	讲师		合格		
教学型实验技术人员	正高级实验师		合格		
	高级实验师		合格		
	实验师		合格		
专职辅导员	教授		合格	符合下列条件之一： 1. 任现职以来获得校级课堂教学比赛三等奖及以上。 2. 市级课题教学比赛三等奖及以上。	
	副教授		合格		
	讲师		合格		

说明：1. 等级说明：90 分及以上为优，80-89 分为良，70-79 分为中，60-69 分为合格。
2. 教学质量考核结果 3 年有效。

从表格中可以看出，在学校专业技术人员的分类中，凡是涉及教学的人员都需要进行教学考核，各个种类的教学人员都有相应的教学时长要求，以及教学质量考核的要求。同时对参加过教学比赛并获奖的老师可在职称评审中教学免考核，这也大大激发了教师们报名参加比赛的热情。

表6-3 教学考核表组成

教学考核组成	评分比例
学生网上评教	20%
二级学院(部)单位教学考核	60%
学校本科教学督导委员会考核	20%

教学考核的内容由三部分组成,有来自学生的课后评价,有来自教师所在二级单位的评价,还有校级督导随堂听课的评价,根据各自的权重组成了教学考核的总分。

4.档案袋评价法[①]

档案袋评价是一种运用档案袋对教师的职后发展、教学活动等进行评价的方式。它是一种不同于结果性评价的过程性评价,是通过有目的地收集教师教学、科研过程中的各种成果,编制成档案袋的形式,对教师的成就或成长过程进行记录并据此进行评价的方式。档案袋评价最初主要用于对学生的学习过程进行评价,因此常被称为"学习档案评价"或"学生成长记录袋评价"。实质上,档案袋评价也可用于对教师的评价。

档案袋的开发要经过以下几个环节:①明确课程与教学的目标和评价目的。这是设计档案袋的首要工作。评价的目的不同,可能收集的资料就不同,如展示类档案袋收集的就是档案袋制作者的最佳的、个性的成果和作品,而如果档案袋评价是为了促进制作者的发展而设计的,资料则应该包括作者不怎么成功的作品。②收集与选择档案内容。在档案内容的选择上,档案制作者有很大的自主权,可以依据自己的个性特点选择多样的资料作为自己档案的一部分,但作品的收集不应是随机而应是有意的;应依据学习任务和评价目的而选择。学生成长记录袋的基本内容是学生的作品,数量众多,种类丰富。教师学习档案袋的内容则不仅有教师教学的资料,亦包括学生的学习资料。同时,在收集资料的过程中,档案袋制作者应对自己的作品进行不断反思。③评价。档案袋

[①] 段俊霞,李世伟.教学档案袋评价——高校教师教学评价和专业发展的新路径[J].江苏高教,2014(4):89-91.

评价不仅包括自我评价,同时,其他读者也都是评价者,可以对档案袋进行评价。

档案袋评价虽然有诸多优点,但是也有一定的局限性,这种评价需要投入更多的人力物力,需要花费老师更多的时间和精力,这对工作任务本身已经较重的老师来说有可能会变成一种负担。对学生来说,如何提高学生对档案袋制作的长期兴趣也是研究者应关注的一个问题。作为质性评价方式的一种,它也存在着标准化程度较低,效度难以保证等问题。

三、教学反思

(一)教学反思的内容

教师从事的教育教学活动是一种复杂的社会实践活动,教师通过教学反思对教育教学实践再认识、再思考,并以此来总结经验教训,进一步提高教育教学水平。通常情况下,教师反思的内容有以下5个方面。

1. 对自身已知教育理论的反思

新入职教师,尤其是没有师范背景或者高校教学工作经验的教师,教育理论思想往往来源于教学书籍、期刊等。另外,学校组织的相关培训也会给教师灌输一些较先进的教学理念。教师会对比自身的受教育过程作反思和总结,这种类型的反思有助于教师今后把有关教学理论运用于教育教学行为当中,使教师关于教育的理想、认识、看法、见解渗透于日常的教育活动中,对教师的教育教学行为有一定的指导性。

2. 对教学事件的反思

教学事件是指在一定的课堂教学情境下所发生的教学过程或教学行为,是教育教学事实真相的表达,它既可以是完整的,也可以是局部的。教学事件中包含着丰富的教学原理和教育理念,教师对教学事件的反思,实际上是把自己的教学实践与教育教学理论有机结合起来进行深层的分析与思考,从而使自我的教学思想与实践能力在内化与外化中不断提升,所以说,教师对教学事件的反思是教师成长的一种有效的途径。

3.对教学对象的反思[1]

教师教学对象是具有思想、感情、个性和主动性、独立性、发展性的活生生的人。教师通过观察学生和自己互动的过程,根据学生表现出来的理解程度和行为来度量教学目标的达到程度,从而来调控自己的教学进程和教学行为,并把学生的学习效果作为自己教学成效的日常反思尺度。

4.对教学过程的反思

教学是一种创造性的劳动,是一个持续实践的行为过程。教学过程既是学生掌握知识的过程又是发展学生智力的过程。在一个教学阶段结束后,以怀疑、批判的态度重新审视教学过程,分析教学过程是否增强了学生对抽象理论的理解,是否有效地解决了教学中的重难点。以积极的心态审视过程与结果,对教学质量进行全面的分析、评判,这样有利于教学经验的积累。

5.对教材的反思

教材又称课本,它是依据课程标准编制的、系统反映学科内容的教学用书,教材是课程标准的具体化,它不同于一般的书籍。教师要知道"教什么"。知道"教什么",才能更好地选择"怎么教",这种教学反思有利于教师从"教教材"到"用教材教"的转变,有利于提高教师的教学技艺。

(二)教学反思的方法

1.课堂反思法

(1)课堂反思的内涵[2]

课堂反思是教师针对自己的课堂教学情况或他人的课堂教学情况进行的反思。课堂反思一般分为课前反思、课中反思和课后反思。课前

---

[1] 郭君.高职院校思想政治理论课反思性教学的实施策略[J].职教论坛,2010(5):32-34.
[2] 陈向阳.浅谈反思性教学的环节、变量与功能[J].广西师范大学学报(哲学社会科学版),1999,35(1):40-44.

反思一般以上一个周期的反思为基础,对行将实施的目的、计划等的合理性进行思考、修正;课中反思是在实践过程中,注意工具的有效性和程序的恰当性,发现问题,及时调节;课后反思是对实践结果归因、总结,肯定成绩,找出差距。

(2)课堂观察情况的收集

课堂反思主要基于教师观察课堂情况。通常收集个人课堂情况的方式有三种。一是请同事观摩自己的教学,描述并记录所观察到的教学情境,然后对教学情况加以分析,提出各自的观点,并相互交换意见。二是利用微格教学给教师一个缩小的教学环境,让教师对日常的课堂教学进行精简试讲并录像。微格教学具有能反复训练、重现教学情况和反复观看的优点,但是模拟的教学环境无法体现师生的互动,也无法预测真实课堂带来的不确定因素。因此,教师需要对语言、教态有所改进,微格教学是一种不错的反思方法。三是拍摄课堂教学录像。拍摄课堂教学录像不仅可以让一次性的课堂反复重现,避免重要信息的遗漏和不客观的分析,能够更全面、深入地研究、反思自身的教学。而且,还可以让教师以"旁观者"的角度审视自己的课堂教学行为。

(3)课堂观察工具的使用

课堂反思中,工具的有效性是发现问题的重要依据,因此在进行课堂反思前应根据课程的内容、性质等来制定课堂观察表。

课堂教学观察主要分三个方面。

教师行为观察:在课堂教学中主要表现为教师针对主题问题主动预设的各种教学策略,包括具体的学习形式采用、学习方法指导,有意识地强化训练、有针对性地拓展延伸等,每一个具体的步骤都指向主题问题的解决。在课堂观察中,主要是针对教师具体教学行为的观察、记录。

学生活动观察:在课堂教学教学策略的实施过程中学生的反应和变化,表现为可观察的兴趣、情感、态度以及基本知识、基本技能的掌握程度。在课堂观察中,主要是针对学生学习兴趣、行为以及学习效果的观察、记录。

师生互动观察:在课堂教学实施过程中,为达成教学目标,观察师生配合情况。

参考量表如下。

表6-4 教师行为观察表

执教者资料	姓名		课程名称	
观察者资料	姓名		时间	
观察记录	视角			记录
^	1.能否有效调控学习气氛?主要语言表达有哪些?			
^	2.能否有效激发学生的学习兴趣?主要方式有哪些?			
^	3.课堂教学语言用词是否浅显易懂,讲解是否有效(清晰/结构/契合主题/简洁/语速/音量/节奏)?			
^	4.非言语行为(表情/移动/体态语)呈现是否合理?效果怎么样?			
^	5.是否指导特殊学生学习?若有指导是否有效?			
^	6.是否耐心倾听学生发言?是否作出及时、有效评价?			
^	7.能否通过恰当问题(如评价等)引导学生对学习主题进行深入思考?			
^	8.媒体(板书,课件等)呈现是否合理?字体是否工整?是否为学生学习提供了帮助?			
^	9.教态是否自然?教师形象如何?			
^	10.教学机智表现如何?			

表6-5　学生活动观察表[①]

执教者资料	姓名		课程名称	
观察者资料	姓名		时间	

	学生表现	记录
观察记录	1.学生课前是否有准备,准备得怎么样?	
	2.学习兴趣是否浓厚,情绪是否高昂? 主要表现?	
	3.是否认真倾听老师的讲课,并有辅助行为(记笔记/查阅/回应)吗?	
	4.是否倾听同学的发言,有辅助行为(记笔记/查阅/回应)吗?	
	5.提出问题的人数、质量如何?	
	6.参与小组讨论的人数、形式、过程、质量如何?	
	7.学生自主学习的质量如何? 自主学习形式有哪些?	
	8.学习中,能否对师生提出的观点大胆质疑,提出不同意见?	
	9.学习中,能否应用已经掌握的知识与技能解决新问题? 完成率达到多少?	
	10.预设的目标达成情况如何? 有什么证据(观点/作业/表情/板演/演示)?	

[①] 李江.以"课堂观察"为载体,诊断常态课堂教学[J].中学数学,2010(18):11-14.

表6-6 师生互动观察表

执教者资料	姓名		课程名称	
观察者资料	姓名		时间	

		观察内容	备注
观察记录	教师提问类型	1. 描述性问题	
		2. 判断性问题（次数）	
		3. 启发诱导性问题（次数）	
	学生提问类型	4. 独立提出问题	
		5. 小组提出问题	
		6. 教师鼓励提出问题	
	互动类型	7. 师生互动	
		8. 生生互动	
		9. 师组互动	
	教师对互动过程的推进	10. 以问题推进互动	
		11. 以评价推进互动	
		12. 以非语言推进互动	
	师生言语互动过程计时	13. 30秒以下	
		14. 30秒以上	
	师对生提问的态度	15. 热情	
		16. 冷漠	
		17. 忽视	
	互动管理	18. 有效调控	
		19. 放任	
	时间管理	20. 课堂师生无言时间	

课堂反思也可以针对某一个行为的具体表现进行观察,比如"教师的提问及解决方式","学生的错误和教师的处理""情景创设""学生的学习情况""课堂提问的有效性"等,合适的观察表可以帮助教师达到事半功倍的反思效果。以下观察表仅供参考。

表6-7 教师的提问及解决方式观察表

执教者资料	姓名		课程名称	
观察者资料	姓名		时间	
序号	提问内容	问题性质	问题解决方式	教师理答方式
1				
2				
3				
4				
5				
评价要点				

注:问题性质:a.机械,b.记忆,c.理解,d.运用。问题解决方式:a.集体,b.个体,c.讨论,d.探究。教师理答方式:a.打断学生回答或自己代答,b.对学生回答不理睬或消极批评,c.重复自己问题或学生答案,d.追问,e.对学生回答鼓励、称赞,f.鼓励学生提出问题。教师态度:a.表扬、欣赏,b.补充完整,c.思路引导,d.其他。

表6-8 学生的错误和教师的处理观察表

执教者资料	姓名		课程名称	
观察者资料	姓名		时间	
观察维度	教师教学机智			
研究问题	教师是如何处理学生错误的？			

		学生错误			
		知识性错误	表达的错误（文字表述、图形等）	思考不全面	未把握问题的指向	其他存在的问题
教师处理	鼓励					
	引导					
	换其他学生回答					
	教师自己指正					
	进行解释和说明					
	由学生评价					
	由同伴补充完善（合作学习时）					
	最终明确正确解答					
	忽视或视而不见					
评价要点						

表6-9　情景创设观察表[①]

执教者资料	姓名		课程名称			
观察者资料	姓名		时间			
观察内容	教师创设的情景与教学目标是否存在关系		教师组织的活动情境对学生学习的影响及其与教学目标实现的关系			
^	关系	创设的情景是否符合本目标的教学	情景耗时是否正常	教师设计的目标、活动、问题链的关系	设计的活动是否面向全体学生	有多少学生参与了教师组织的活动
导入部分						
知识与技能						
过程与方法						
评价要点						

表6-10　学生的学习情况观察表[②]

执教者资料	姓名		课程名称	
观察者资料	姓名		时间	
视角	观察点			观察结果
倾听	有多少学生能倾听老师的讲课,倾听多长时间			
^	有多少学生能倾听同学的发言			
^	倾听时,学生有哪些辅助行为(记笔记、查阅、回应)?有多少人发生这些行为?			

---

① 徐影."活动单导学"模式下的高中语文课堂急需课堂观察[J].语数外学习(语文教育),2013,503(9):21.
② 徐影."活动单导学"模式下的高中语文课堂急需课堂观察[J].语数外学习(语文教育),2013,503(9):21.

续表

执教者资料	姓名		课程名称	
观察者资料	姓名		时间	

视角	观察点	观察结果
互动	有哪些互动行为?(师生互动、生生互动)	
	参与提问、回答的人数、时间、对象、过程、质量如何?	
	参与小组讨论的人数、时间、对象、过程、质量如何?	
	参与课堂互动(个人、小组)的人数、时间、对象、过程、质量如何?	
自主	学生可以自主学习的时间有多少?有多少人参与?学困生的行为表现。	
	学生自主学习形式(探究、记笔记、阅读、思考)有哪些?	
	学生自主学习有序吗?	
	学生有无自主探究活动?	
	学生自主学习的质量如何?	
达成	这堂课生成了什么目标?学生清楚这节课的学习目标吗?多少人清楚?	
	效果如何?课中有哪些证据(观点、作业、表情、板演、演示)证明目标的达成?	
评价		

表6-11 课堂提问的有效性观察表

执教者资料	姓名			课程名称						
观察者资料	编号			时间						
序号	问题（简要写出问题）	指向性		叫答方式				难度层次			候答时间			正确率
		明确	不明确	随机	轮流	集体	推荐	了解	理解	应用	立即答	思考答	讨论答	
1														
2														
3														
4														
小计														
综合分析														

2.教学档案袋反思法

(1)教学档案袋的内涵

教学档案袋是教师在教学过程中主动且有选择性进行的个人专业成长信息的搜集，通过对收集资料的反思，对自己的教学行为以及教学背后的思想，对自己的决策以及由此产生的效果进行审视与分析，从而总结经验，提出改进意见，提高教学效果。

(2)教学档案袋的构建与内容

档案袋的建立是一个连续不断的过程，可以从以下8个方面构思和收集。

表6-12 教学档案袋内容

模块	目的	内容
一	为教学提供支持	教学计划;教材;教案;教学辅助材料;优秀教学案例
二	专业理论学习	业务学习笔记;教育理论学习笔记;对教育方针政策的解读
三	学生的成就	学生成绩记录;学生作业;学生作品
四	教师获得的荣誉	获奖证书;照片;发表的论文;公开课的录像;他人或自我的评价记录
五	反思、改进教学	教育叙事;教学反思;教研课题研究;改善教学的设想;听课记录;工作总结
六	专业发展规划	长期的教学和专业发展目标以及达成这些目标的方法;对目标达成的证明;存在问题;今后的打算
七	评定学生的学习	试卷;评定结果分析;给学生的评语
八	与学生的沟通	与学生沟通的记录;学生反馈情况

(3)教学档案袋的使用

INTASC标准是美国发展州际联盟提出的教师教学标准,INTASC标准以专业表现、专业知识、专业品性为维度,提出10条标准,构成了一套教师教学核心标准。INTASC标准结合下表,可以帮助教师从档案袋里筛选出材料并进行加工分析。

表6-13 教学档案袋INTASC标准的使用

标准	描述	分析	反思
对应标准内容,罗列主要指标	根据指标逐项描述具体教学行为	分析上述教学行为的设计思路	是否达到课程大纲要求,以及下一步改进措施

3.检核表法

(1)检核表法的内涵

所谓检核表法,是指根据需要研究的对象之特点列出有关问题,形成检核表,然后一个一个来核对讨论,从而发掘出解决问题的大量设想。

引导教师根据检核项目的一条条思路来求解问题,力求比较周密的思考。对比教学反思实施的三个进程"提出问题——探讨问题——解决问题"不难发现,检核表法和教学反思的核心都是改进,即通过变化来改进,它们的目的是一致的,检核表法不同于一般的反思方法,它可以从直观的角度协助教师完成教学反思。

(2)检核表法的实施步骤

检核表法最早是美国创造学家奥斯本率先提出的一种创造技法。奥斯本检核表法主要是引导主体在创新过程中对照9个方面的问题进行思考,即能否他用、能否借用、能否扩大、能否改变、能否缩小、能否代用、能否调整、能否颠倒、能否组合,以便启迪思路,开拓思维想象的空间,促进人们产生新设想和新方案。

检核表法实施步骤:

首先,选定一个反思对象,即明确需要解决的问题;

其次,根据需要解决的问题,对照9个方面,运用丰富想象力,提出一系列的问题,并由此产生大量的思路;

然后,根据第二步提出的思路,进行筛选和进一步思考、完善,确定检核表。

最后,通过对照检核表进行反思对比,提出方案或路径。

对于实验类型的课程教学运用下列检核表对教学进行反思,不仅可以开拓教学的思路,也丰富了教学内容,同时也可增加学生学习的积极性。[1]

表6-14 教学检核表

序号	检核项目	检核思考	拓展思路
一	能否他用	有无新的用途?是否有新的使用方式?可否改变现有的使用方法?	
二	能否借用	有无类似的东西?利用类比能否产生新观念?过去有无类似的问题?可否模仿?能否超过?	

---

[1] 刘怡.运用奥斯本检核表法拓展高中生物学教材实验[J].中学生物学,2018,34(11):36-38.

续表

序号	检核项目	检核思考	拓展思路
三	能否扩大	可否增加些什么？可否增加使用时间？可否增加频率？可否增加强调？可否增加新成分？可否加倍？	
四	能否缩小	可否减少些什么？可否浓缩？可否微型化？可否缩短？可否变窄？可否去掉？可否分割？可否减轻？	
五	能否改变	可否改变功能？可否改变颜色？可否改变形状？可否改变装置？是否还有其他改变的可能性？	
六	能否代用	能否代替？用什么代替？还有什么别的排列？还有什么别的成分？还有什么别的材料？还有什么别的过程？还有什么别的颜色？	
七	能否调整	是否变换？有无可互换的成分？可否变换模式？可否变换顺序？可否变换因果关系？可否变换速度和频率？	
八	能否颠倒	可否颠倒？可否顺倒正负？可否颠倒正反？可否头尾颠倒？可否上下颠倒？可否颠倒位置？可否颠倒作用？	
九	能否组合	可否重新组合？可否尝试混合？可否尝试合成？可否把目的组合？可否把特性组合？可否把观念组合？	

在设计检核表的时候应注意以下几点。

第一，要联系实际一条一条地进行核检，不要有遗漏。

第二，要多核检几遍，效果会更好，或许会更准确地选择出所需创新、发明的方面。

第三，在检核每项内容时，要尽可能地发挥自己的想象力和联想力，产生更多的创造性设想。进行检索思考时，可以将每大类问题作为一种单独的创新方法来运用。

第四，核检方式可根据需要，一人核检也可以，三至八人共同核检也可以。集体核检可以互相激励，产生头脑风暴，更有希望创新。

随着时代的发展,检核表法也在不断的更新,现在检核表已不再局限于奥斯本的9个方面,根据实际情况可以从纵向、横向挖掘更多的维度。

下面是基于检核表的理念及实施步骤,对一个教学过程开展的反思。

表6-15 教学检核反思表

序号	检核项目	检核内容	拓展思路
一	环节	·由哪些环节构成?是否围绕教学目标展开? ·这些环节是否面向全体学生? ·不同环节/行为/内容的时间如何分配的?	
二	呈示	·怎样讲解?(清晰/结构/契合主题/简洁/语速/音量/节奏)? ·板书怎样有效呈现? ·媒体怎样有效呈现? ·动作(动作/制作)怎样呈现的?	
三	对话	·提问的对象、次数、类型、结构、认知难度、候答时间如何设计? ·回答提问时有哪些辅助方式? ·有哪些话题?话题与学习目标的关系如何?	
四	指导	·怎样指导学生自主学习(阅读/作业)? ·怎样指导学生合作学习(讨论/活动/作业)? ·怎样指导学生探究学习(实验/课题研究/作业)?	
五	机智	·如何处理来自学生或情景的突发事件? ·是否可以增加具有特色的课堂行为(语言/教态/学识/技能/思想)?	

(3)检核表法的延展

①和田十二法

和田十二法是我国学者许立言、张福奎在奥斯本检核问题表基础上,借用其基本原理,加以创造而提出的一种思维技法。和田十二法中的"十二"即"十二个一",分别是加一加、减一减、扩一扩、变一变、改一改、缩一缩、联一联、学一学、代一代、搬一搬、反一反、定一定。和田十二法既是对奥斯本稽核问题表法的一种继承,又是一种大胆的创新。

目前,和田十二法与思维导图融合之后,使得这项技法更通俗易懂,简便易行,便于推广。

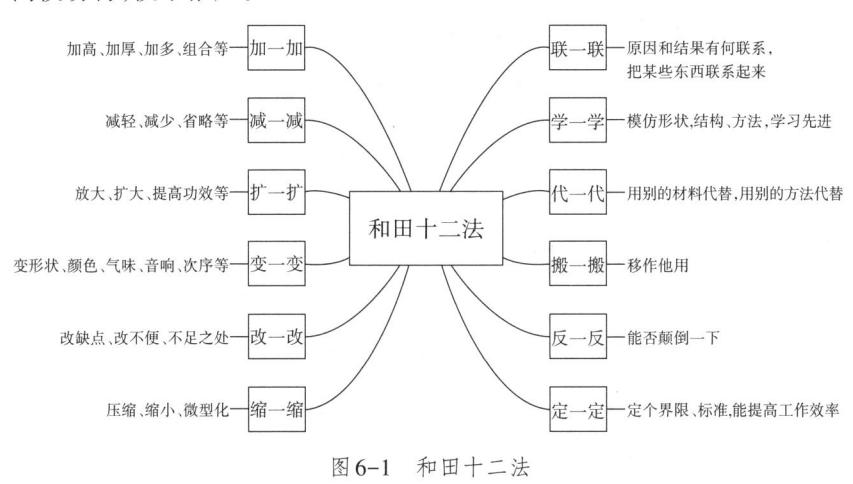

```
加高、加厚、加多、组合等 —— 加一加         联一联 —— 原因和结果有何联系,把某些东西联系起来
减轻、减少、省略等 —— 减一减              学一学 —— 模仿形状、结构、方法,学习先进
放大、扩大、提高功效等 —— 扩一扩    和田十二法    代一代 —— 用别的材料代替,用别的方法代替
变形状、颜色、气味、音响、次序等 —— 变一变    搬一搬 —— 移作他用
改缺点、改不便、不足之处 —— 改一改         反一反 —— 能否颠倒一下
压缩、缩小、微型化 —— 缩一缩              定一定 —— 定个界限、标准,能提高工作效率
```

图 6-1　和田十二法

② 5W1H法

5W1H法是对选定的项目、工序或操作,都要从原因(Why)、对象(What)、地点(Where)、时间(When)、人员(Who)、方法(How)等六个方面提出问题进行思考。

5W1H法的实施步骤:

首先,从6个角度对一种现行的方法或初步发现的问题进行分析;

接着,找出关键点及目前不能解决的问题;

最后,对可解的寻找改进措施,若不可解则进入下一个过程——问题的变换过程。

表 6-16　**5W1H法提问思考表**

	为什么	什么	何时	何处	何人	怎样
是						
否						
关键点						
变化						

上表中的"是"或"否"将可做的与不可做的区分清楚,关键点是指从众多事项中找到最重要的因素,变化是指看一看问题是否有变化倾向。

(三)提升教学反思能力的有效途径

1.通过撰写反思日记提升反思能力

反思日记的内容可以是对一天中的教学事件进行记录,描述事件的细节,并作出说明;可以是针对教学中的一次成功或不足之处进行深入、详细记录,分析背后的原因与影响因素;还可以是记录教师通过教学获得的感悟或者是学生的反馈意见;又或者是针对教学中出现的问题作出假设,提出改善方案并进行实践验证。反思日记易操作,不受时间地点的限制,易于坚持,撰写反思日记习惯养成后,会激发教师自觉反思的意识,由"要我反思"转变为"我要反思"。

但是,切忌将反思日记写成课堂教学实录。反思日记的内容应该有重点,比如记录学生的创新、学生的问题、教学中突发事件的处理、教案的修改等等。为防止将反思日记写成教学流水账,教师可以将反思日记分为四栏内容:(1)描述问题;(2)分析原因;(3)提出解决对策;(4)实践检验。具体如下表格所示:

表6-17 教学反思表

时间		课程名称	
授课专业、班级			
描述发生的教学事件或出现的教学问题。			
分析教学事件、教学问题背后的各种原因。			
提出解决或改善教学问题的对策。			
对策实施后的效果如何?			

2.通过团队合作提升反思能力

教师的个人反思有时会受到观察视角、知识经验、专业水平不足等方面的限制。通过团队集体备课、相互听课、相互评课等,利用集体的智慧,集思广益,促使教学反思更为有效。

3.通过撰写教学论文提升反思能力

教学论文是教师对自身的教育教学工作进行了长期系统而深入的研究基础上,运用一定的研究方法和手段作出的具有较高学术水准的文章。想写出一篇高水平的教学论文,必定要对教学的理念、方法、实践、问题等有深入的研究和思考,才能对教育教学实践有独特的见解,写出立意新颖具有独创性的文章。因此,撰写教学论文是促进教师反思能力提升的一种有效途径。

第七章
信息素养与智慧教学

【本章引言】

"智能化"作为时代创新发展的一种新形态,正潜移默化影响着教育的方方面面。以互联网、大数据、人工智能技术的综合应用为典型特征的智慧教学,是教育信息化引领并实现教育现代化的重要途径。随着高校智慧教学发展的逐渐深入,对高校教师的信息素养也提出了前所未有的高要求。

本章基于高校智慧教学与课堂改革的现实需求,介绍了实现智慧教学的"智能化学与教工具"和"智能化学与教平台"的操作要点、常见问题及解决措施。

【内容导图】

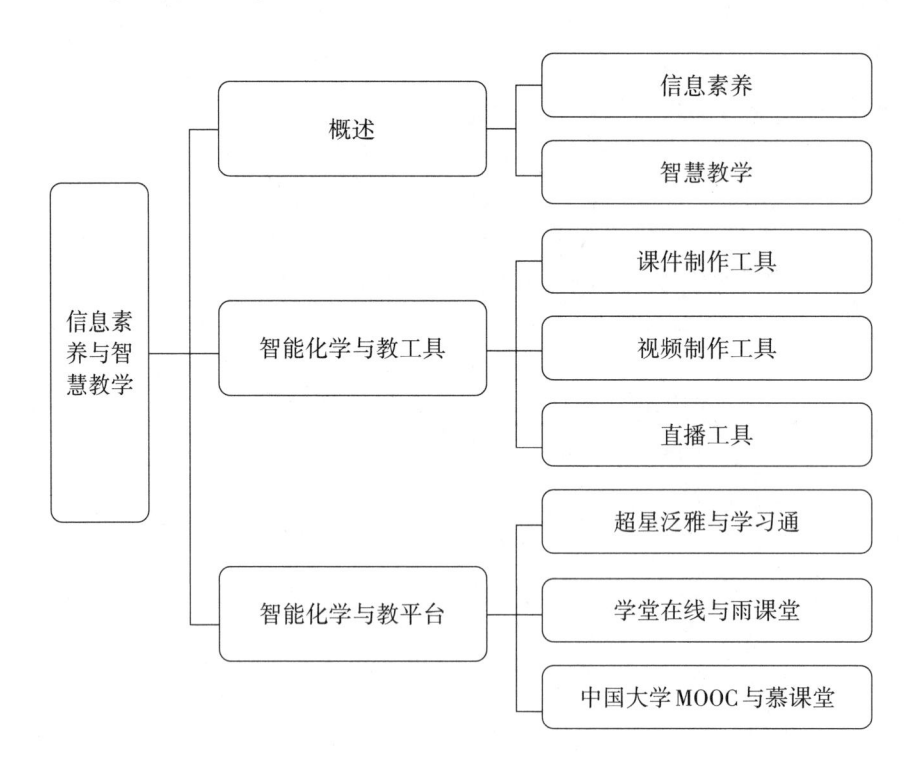

```
                            ┌── 信息素养
              ┌── 概述 ─────┤
              │             └── 智慧教学
              │
              │                  ┌── 课件制作工具
信息素养与    │                  │
              ├── 智能化学与教工具─┼── 视频制作工具
智慧教学      │                  │
              │                  └── 直播工具
              │
              │                  ┌── 超星泛雅与学习通
              │                  │
              └── 智能化学与教平台─┼── 学堂在线与雨课堂
                                 │
                                 └── 中国大学MOOC与慕课堂
```

一、概述

(一)信息素养

信息素养是一个多方面、分层次的概念,它建立在信息技术基础上。它是指个体在信息社会中获取、评估、组织、使用和创造信息的能力和素养。它涵盖了多个方面,包括对信息技术的知识和技能掌握,对信息的理解和利用能力,对信息伦理和道德问题的意识,以及解决问题的能力和创新思维的能力。

迄今为止,信息素养还缺乏统一的术语和公认的定义。在探讨信息素养时,不同领域提出了一系列相似的概念,以涵盖人们在数字化时代所需具备的各种能力和素养。这些概念包括但不限于信息能力、媒介素养、数字能力、互联网素养、信息技术素养和数字素养。每个概念从不同角度突出了对信息的获取、处理、评估和创造的能力要求,以及在网络环境下安全和有效使用信息的能力。联合国教科文组织(UNESCO)提出了根据不同环境对信息素养进行表述的建议,并认为数字能力涵盖了前述各种素养。数字能力是指通过运用数字设备和网络技术,以安全、适当的方式获取、管理、理解、整合、交流、评估和创造信息,从而积极参与经济和社会生活的能力[1]。数字能力不仅仅是一种单纯的技术操作,更是一种综合性的能力。它包括计算机素养、信息技术素养、信息素养和媒介素养等多种素养。在一些西方国家,数字素养逐渐取代信息素养的说法,而在国内,我们通常使用信息素养这一表述,以与教育部发布的相关政策文件保持一致。

信息素养是一个充满活力和不断发展的概念,其内涵随着时间的推移和社会的变化而不断演变。自保罗·泽考斯基于1974年首次提出该概念以来,信息素养的内涵一直在不断更新和发展。它从最初关注图书情报、计算机和网络等领域,逐渐发展为将多种素养纳入元素养的阶段,如

---

[1] 于晓雅:人工智能视域下教师信息素养内涵解析及提升策略研[J].中国教育学刊,2019(8):70-75.

今它正进入转型阶段,向人工智能时代迈进。

随着计算机和网络的普及和应用,自20世纪90年代以来,人们开始关注在解决问题和做出决策过程中利用计算机和网络获取、评估、处理和利用信息的重要性。这种关注源于对信息技术的快速发展和其在日常生活、工作和学习中所扮演的重要角色。随着21世纪"互联网+"的深入推广以及人工智能的迅猛发展和深远影响,信息素养的内涵也得到了进一步发展。它不仅关注技术应用,还突出了数据素养、媒介素养等。此外,信息素养的重要性还在于强调了利用信息创造新知识的能力,同时也注重信息交流和问题解决的能力。这意味着信息素养不仅仅是指获取和理解信息的能力,还包括了将信息应用于实际情境、与他人进行有效沟通和协作以及解决复杂问题的能力。总而言之,信息素养的内涵在不断演变,以适应不断变化的技术和社会环境。

从信息素养的表征和内涵的发展历程来看,信息素养已经发展为以人工智能素养为核心的全方位综合素养,强调人与机器的共存以及虚实世界的并行发展。在智能时代背景下,技术不再是孤立存在于人类个体之外的辅助工具,而是一种智慧和普惠的存在。我们逐渐进入了一个由人、物理世界、智能机器和信息世界构成的四元空间。这意味着人与技术之间的关系不再是单向的,而是相互影响、相互融合的关系。信息素养要求我们具备适应和应对这个新空间的能力,以更好地利用和发展人工智能技术。总之,信息素养已经演变成为一种全面的素养,以人工智能素养为核心,涵盖了知识、能力、素养和人格等方面,强调人与技术的共生,并且在实体世界和虚拟世界之间实现了平衡和并行的发展。

因此,在人工智能时代,在教师的信息素养中,人工智能起着核心的作用,涵盖了七个方面的能力。这七个方面包括理解教育中的课程与评估、教与学、信息与通信技术(ICT)、组织与管理、教师专业学习、安全与法律、伦理与道德。教师信息素养的内涵和指标在不断扩展,特别注重对人工智能技术以及其在教育教学中的应用能力。这意味着教师信息素养的要求已经超越了传统的信息获取和处理能力,更加强调教师对人工智能技术的了解和应用能力。教师需要具备运用人工智能技术辅助教学、个性化教育、学习分析和评估等方面的能力,以便更好地应对教育领域的挑战和需求。

自2014年起,我国针对教师信息素养发展发布了一系列相关政策文件。这些政策要求通过智能教育素养培训,帮助教师掌握人工智能技术,并促使他们积极运用这些技术来改善教育教学和创新人才培养方式。同时,这些政策鼓励教师引导学生警惕和防范人工智能引发的安全、法律和伦理道德等问题。政策的目标是积极构建智能化的教学环境,实现教师与学生之间的相互协作和互相赋能,抓住智能时代带来的新机遇,与国际前沿发展脚步并行,把学生培养成适应未来发展的智能型人才。从各国发布的教师素养标准可以看出,教师的信息素养主要包括信息技术能力和应用能力。其中,应用能力不仅关注教师在课堂教学中运用信息技术,还强调教与学的变革。以2018年更新的《联合国教科文组织教师信息和通信技术能力框架》为例,该框架强调了以人工智能为核心的新一代信息技术对教育的支持作用。它要求教师将各种智能技术融入到自己的专业实践中,并强调在教育教学中充分利用各种智能化的教学工具和平台,以更好地培养学生的创新意识和能力。

(二)智慧教学

智慧教育是教育信息化的高级形态,它对于改变传统教育思想、推动新型教育改革、提升教育质量和效益具有重要意义。早在2005年,我国就成立了"中国智慧工程研究会",该机构致力于研究智慧科学并培养智慧人才,旨在提升中华民族的智力水平和创新能力,为实现中华民族的伟大复兴做出贡献。目前,全球范围内对智慧教育的关注日益增加。尽管各国的智慧教育战略有所不同,但它们都共同追求构建智慧国家和城市、改革教学模式以及培养杰出人才的愿景目标。

智慧教育被定义为一种教育系统,旨在提供高质量的学习体验。它利用现代科学技术为学生、教师和家长提供多样化的支持和个性化服务,并全面收集利用参与者的状态数据和教育教学过程中的数据,以公平、持续地改进绩效,并培养卓越教育。这一定义关注教育方针、政策和信息化,旨在解决教育公平问题,并致力于培养具备卓越能力的下一代。

智慧教育的核心要素包括智慧学习环境、新型教学模式和现代教育制度。智慧学习环境是为学习者提供个性化支持和服务的地方,它能感知学习情境、识别学习者特征,并提供适合的资源和工具。智慧学习环境包括学习资源、智能工具、学习社群和教学社群等要素,它将物理环境和虚拟环境融合,以满足学习者的需求并记录学习过程与评估成果。而新型教学模式则是一种突破传统学校教育的方式,将正式学习和非正式学习相结合,成为智慧教育的核心要素。传统的教学模式往往忽视学生个性发展,抑制了他们的创新思维,难以适应科技和社会对人才的需求。因此,创新的教学模式正以全新的形态不断涌现,并对教育实践产生深远影响。在现代社会中,现代教育制度指的是一个国家各级教育机构的系统和管理规则。这样的制度对于培养卓越人才至关重要。智慧教育注重解决教育实践中的问题,积极借鉴国际经验,并通过制定科学合理的教育制度来提升人才培养质量,推动教育的创新和变革。

智慧教育具有以下本质特征:它能感知学习环境,使学习变得更加智能化和个性化;它能适应不同学习内容的需求,提供精准的学习资源和工具;它注重教育者对学生的尊重和关爱,关注每个学生的个体差异;它追求教育的公平性,致力于给予每个学生公平的学习机会;同时,智慧教育强调教育系统要素的整合与和谐关系,促进教育的有机发展。智慧学习环境传递教育系统的智慧,提供适应学生个体差异和多样性特征的学习环境;新型教学模式注重启发学生的智慧,尊重学生的差异,使其能够轻松、投入和有效地学习[1]。同时,利用大数据分析和动态模拟教育子系统及其关系的演变过程,为教育制度的改革提供决策依据,全面创新人才培养制度。

智慧教育是面向2035年推动教育现代化的重要一步。智慧校园的建设、智慧教育的发展是学校发展的重要战略目标。推进智慧教育,不

---

[1] 杨燕婷.黄荣怀:智慧教育的三重境界[J].中国教育网络,2018(6):28.

仅需要智能化学与教工具、智能化学与教平台,更需要发挥教师的教育智慧,借助智能化学与教的工具和平台,以求得教育的整体性、持久性进步。

二、智能化学与教工具

(一)课件制作工具

课件,特别是多媒体课件,是根据教学大纲的要求制作的课程软件。它经过确定教学目标、分析教学内容和任务、设计教学活动结构和界面等环节,利用多种媒体表现方式和超文本结构来呈现教学内容。

多媒体课件的制作工具非常多,例如课件大师、Focusky动画演示大师、几何画板等等。但在教学中,使用最广泛的还数微软Office系列中的PowerPoint。

PowerPoint(简称PPT)是一款功能强大的演示文稿制作工具,经过20多年的发展,在教学中的基础地位已不可动摇,目前高校教师的PPT教学应用逐步与国际水平接轨,其实用性与艺术性也有了显著提升。然而,仍有许多教师制作时总遇到各种各样的问题,为此我们将以多媒体教学课件制作"创建—内容制作—保存"这一流程为基本线索,逐一介绍制作技巧及其常见问题与解决办法。

1.课件创建技巧与常见问题

在启动PowerPoint软件后,会默认创建一个空白的演示文稿。制作课件时,大家往往会直接在默认的空白演示文稿上进行编辑与操作,而忽视了创建PPT时的相关属性设置,而导致在放映PPT时不能占满全屏,或出现比例失调的问题。为此,我们可以在创建演示文稿时,首先进行文稿比例设置,以解决上述问题。

Powerpoint2010及以前版本默认幻灯片大小为4:3。随着宽屏显示的普及,幻灯片大小还可以设置为宽屏16:9或16:10以及进行自定义。具体操作如下:

第1步 创建空白演示文稿；

第2步 选择"设计"|"幻灯片大小"，依据需要选择合适的比例选项。

该操作应在演示文稿创建时进行，这样便于后续其他页面的制作，不会影响整个演示文稿页面内容的排版。如果演示文稿已经制作完成，是否能使用此操作技术来修改和调整PPT的宽高比呢？答案是肯定的。但不建议这样操作，因为在完成演示文稿后再来进行幻灯片大小比例的设置，会使得页面中的图文比例失调，甚至页面中有些内容（如文本框、图片、路径动画等）溢出，从而影响整个演示文稿的效果。

2.课件内容制作技巧与常见问题

教学课件的内容制作，从本质上而言，就是将文字、图形图像等媒体元素，按照教学设计逐一在幻灯片页面中进行呈现。

（1）如何设计文字

PPT是形象化、可视化、生动化的演示工具，其中文字的应用要遵循两个基本规则："少""瞟"。

文字首先要去繁取简，去粗取精，去乱取顺。精简文字就成为了制作的关键。删除以下五类文字，可以快速实现文字的精简。

原因性文字：在文本段落中，我们常常使用诸如"因为""由于""基于"等词语来表达原因，但实际上这些词语强调的是结果，即后面跟着的"所以""于是"后面的文字。因此，在PPT中，我们可以删除原因性的文字，只保留结果性的表述。

解释性文字：在文本段落中，我们常常使用冒号、括号等符号来添加解释性文字，用于补充说明、备注或展开相关内容。然而，在PPT中，这些解释性文字可以通过口头表达来传达，而不必占用幻灯片上的空间。这样可以使幻灯片更简洁明了，更聚焦于主要内容的展示。

重复性文字：在文章中为了连贯和严谨，我们常常使用一些重复性文字。如在第一段我们会讲"在上一章节中……"，第二段还会讲"在上一章节中……"，第三段可能还会以"在上一章节中……"开头。这类相同的文字放在PPT里就会变成累赘，应当将之删除。

辅助性文字：在文本段落中，我们常常使用诸如"截至目前""已经""终于""经过""但是"等辅助性词语，以使文本更加完整和严谨。然而，在PPT中，我们只需要呈现关键词和关键句，而不是整段文字。因此，PPT中的辅助性文字可以被删除，使幻灯片更简洁明了，突出重点。

其次，文字是用来"瞟"而非"读"的。为此PPT中的文字，应有足够的大小、清晰的字体、恰当的颜色。尤其是字体选用，它是PPT设计感的重要体现。字体可以分为衬线字体和非衬线字体两大类。衬线字体在字的起始和结束处带有额外的装饰，并且笔画的粗细有所变化。而非衬线字体则没有额外的装饰，笔画的粗细相对均匀。非衬线字体通常具有相似的曲线形状，直线段和尖锐的转角。

衬线字体易识别，强调了每个字母笔画的开始和结束，易于换行阅读，可读性较高。因此，在PPT页面中适合用于设置正文。最常用的衬线字体之一是宋体，通常它和英文的Times Roman字族搭配使用。

图7-1 衬线字体与非衬线字体

非衬线字体具有醒目、简洁和清新的特点，并且具备一定的艺术感。由于其统一的笔画粗细和没有额外装饰的特点，它在吸引注意力方面表现出色。然而，由于其不适合进行长时间阅读，因此不适合作为正文的字体选用。在PPT中，非衬线字体通常用于标题的呈现。一些常见的汉字字体，如黑体和微软雅黑，属于非衬线字体的范畴。

（2）如何解决标点溢出

标点溢出是指在PPT中，某些文字内容因字数过多或排版不当导致标点符号溢出到下一行或幻灯片边缘，影响整体美观和可读性。以下是几种解决标点溢出问题的方法。

缩小字符：适当缩小文字的字号，使文字能够在一行内完整显示。但要注意保持足够的可读性，不要使字号过小而影响观众的阅读体验。

调整字距和字间距：通过微调字距和字间距的大小，使文字能够更好地适应空间，避免标点溢出的问题。但要注意不要调整得过大或过小，以免影响文字的可读性和整体美观度。

使用调整文本框大小和位置：如果标点溢出问题出现在文本框的边缘，可以尝试调整文本框的大小或位置，使文字能够完整显示在幻灯片上。

（3）如何优化图片

图片使用过程中，我们经常会遇到某张图片不得不使用，但其质量又不满足需求的情况。"遮罩"可以解决图片优化的问题。下图所示就是利用遮罩来提升图片艺术感的实例。

图7-2　图片遮罩效果对比

具体操作步骤如下：

第1步 点击"插入"|"形状"|"矩形"，绘制一个与图片等大的矩形；

第2步 选中矩形，点击"格式"|"形状填充"|"渐变"，为矩形填充渐变色，并根据需要设置其透明度。透明度值越高，底层的背景图片就越清晰可见。

当遇到画面内容复杂的图片时，除了做遮罩外，还可以直接利用PPT中自带的图片处理效果来弱化复杂画面对主题内容的影响，如"重新着色"功能中的"冲蚀"效果。

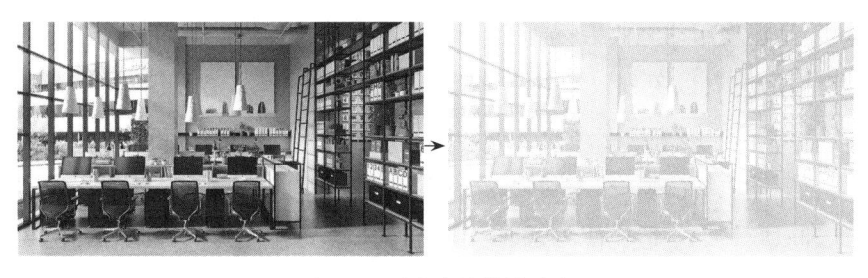

图 7-3　图片冲蚀效果对比

（4）如何搭配色彩

在PPT中进行色彩搭配是设计中的重要考虑因素之一，教师在使用PPT时，可以考虑以下几点来进行色彩搭配，以创造清晰、易读和专业的视觉效果。

选择清晰的背景色：选择浅色或中性色作为PPT的背景，如白色、浅灰色或其他淡色调。这样可以使文字和图形更加清晰可见。

使用高对比度的文字和背景：确保文字与背景有足够的对比度，以确保文字易读。例如，黑色或深灰色文字在浅色背景上能够提供清晰的对比。

限制色彩数量：避免在一个PPT中使用过多的色彩。保持简洁并限制色彩数量可以产生更清晰和专注的视觉效果。

强调重点内容：使用鲜艳的颜色或对比色彩来强调重点内容，例如使用醒目的颜色来突出标题、关键词或图表。

考虑色彩心理学：了解不同色彩的心理效应，并根据需要选择合适的色彩。例如，蓝色可以传达专业和信任，绿色可以传达平静和谐，红色可以传达活力和紧迫感等。

最重要的是根据教学内容和目标选择适当的色彩搭配方案，以吸引学生的注意力，增强教学效果。

（5）如何设计动画

教师在制作PPT时，动画设计可以用来增强幻灯片的吸引力和教学效果。以下是教师在进行动画设计时的一些建议。

适度使用动画效果：选择适合教学内容和目的的动画效果。避免过度使用动画，以免分散学生注意力或导致信息过载。选择简洁、清晰的动画效果，能够突出重点和关键信息。

顺序呈现信息：利用动画的顺序性，逐步呈现信息，帮助学生逐步理解和吸收知识。适当使用延迟动画，以确保学生有足够的时间理解前面的内容，然后逐步展示后续的信息。

交互式动画：使用交互式动画来增加学生的参与和互动。例如，使用按钮或链接来触发动画，让学生主动参与其中，探索和发现知识。

(6)如何进行整体布局

教师在制作PPT时，可以考虑以下几点来进行整体布局，以确保内容清晰、有序和易于理解。

设定幻灯片结构：确定PPT的整体结构，包括标题页、目录页、内容页等。确保每个幻灯片之间的逻辑关系清晰，有序进行。

使用一致的布局：保持幻灯片内部的一致性，使用相同或类似的布局和格式，以增加观众的可预测性和易读性。例如，在每个幻灯片上保持标题在顶部、内容在中间或底部的一致性布局。

控制内容的密度：避免在单个幻灯片上过多地堆砌文字和图形。保持内容简洁明了，注重重点，使用简明扼要的语言和图像来传达信息。可以使用分步呈现的方式，一次显示一部分内容，以逐步引导观众的注意力。

使用合适的字体和字号：选择易读的字体，并确保字号适中。标题应较大，内容文字应适当缩小，以确保文字清晰可读。

利用图像和图表：使用图像、图表和图标来支持和说明内容。选择高质量、相关性强的图像，并确保它们与教学内容相呼应。图表应简洁明了，易于理解。

考虑对齐和间距：保持内容元素的对齐和合理的间距，以增加整体布局的统一性和美观度。对齐可以是左对齐、居中对齐或右对齐，根据需要选择最适合的对齐方式。

预留空白区域：在幻灯片上留出适当的空白区域，以增加内容的清晰度和可读性。避免过度拥挤的布局，给观众留下适当的视觉缓冲区。

最重要的是根据教学内容和目标进行布局设计，并确保布局清晰、简洁，以提供良好的视觉体验和有效的信息传达。

3.课件保存技巧与常见问题

许多教师使用PPT时都曾遇到过这样的问题：原本在自己电脑上能够正常使用的PPT，更换电脑后就出现了字体缺失、媒体素材无法使用，甚至出现无法打开的情况。针对以上情况可以通过以下方法来解决。

（1）解决字体缺失的问题

第1步 选择"文件"|"选项"|"保存"；

第2步 在右下方点击"工具"|"保存选项"，在弹出对话中将最下方的选项"将字体嵌入文件"勾选，点击确定。

（2）解决软件版本不兼容无法播放的问题

在制作课件时我们所使用的PPT版本可能会和最终播放PPT的计算机上的版本不一致。如果是低版本软件制作的PPT，可以用高版本的PPT软件进行播放。反之则不行。如需解决版本不一致，其解决步骤如下：

第1步 确保使用微软的PowerPoint最新版本，即幻灯片文件格式是.pptx。如果使用WPS、Keynote等其他幻灯片制作或幻灯片播放软件，则很可能出现兼容性问题；

第2步 选择"文件"|"另存为"|文件格式中选择"PowerPoint 97-2003演示文稿(.ppt)"|保存；

第3步 将两个文件(.ppt和.pptx格式)同时拷入U盘备用。

（3）解决保存后计时播放的问题

部分教师在使用课件授课的过程中，希望在课件播放时可以提供时间参考，从而达到控制演示进度，确保授课节奏感和流畅性的目的。为解决这一问题，可使用PPT软件中的计时播放来合理调控时间，在PPT中可以将每个幻灯片的展示时间预先设定为自动切换。当PPT以计时

播放模式运行时,每个幻灯片会根据预设的时间自动切换到下一张幻灯片,无须手动点击或控制。其解决步骤如下:

第1步 选择"幻灯片放映"|选择"设置"中的"排练计时";

第2步 进行授课练习,预留出每页幻灯片播放的时间,授课过程中可选择"停止录制"或者"重复";

第3步 "关闭"排练计时|弹出的窗口会显示幻灯片播放共需时间,询问是否保留为幻灯片计时,选择"是"即可保存为每页幻灯片播放的时间|保存。

如果已经提前预设好每页幻灯片播放的时间,可直接在"切换"中勾选"切换方式"下的"设置自动换片时间",直接输入每页幻灯片切换的时间即可。若每页幻灯片播放的时间相同,可点击"应用到全部"。

(二)视频制作工具

微课在辅助教学中发挥着越来越重要的作用,视频是微课内容的主要载体,视频的制作质量越来越受到老师的重视。Camtasia Studio凭借专业的屏幕录制能力,强大的视音频录制与编辑功能,迅速走红并成为微课视频制作的"神器"。

微课是一种以微型教学视频为载体,针对特定的知识点或教学环节设计的情境化教学资源。微课以短小精悍的特点,聚焦于精准的内容,通过生动有趣的讲解和丰富多彩的呈现方式,为学生提供多种学习方式的支持。制作微课的形式有多种选择,常见的包括摄像机录制和录屏方式。摄像机录制对环境和教师个人素养要求较高,适用范围相对较窄。相比之下,使用录屏软件则可以减少对环境的限制,使教师能够更方便地进行课程录制。

Camtasia Studio是一款专门用于录制屏幕图像的视频工具,教师可以使用该软件进行PPT录屏、视频或音频录制剪辑、添加字幕等功能制作出一套能够吸引学生注意力、提高广大学生学习兴趣的线上课程。作为一名"新手教师",你可能正为如何制作微课而头疼,不要着急,Camtasia Studio各项模块的功能简单,容易上手。下面将从微视频录制技巧、微视频编辑技巧、微视频保存与导出技巧三个方面进行一个详细介绍。

1. 微视频录制技巧

Camtasia Studio具有强大的录屏功能,可以录制来自网络的视频素材,也可以录制自己的PPT画面。录制过程中,既可以选择全屏录制、比例录制和自由框选录制,又可以选择摄像头、麦克风和系统音频的同步记录,还可以设置录制鼠标特效与点击声。具体操作如下。

第1步 启用Camtasia Studio软件,准备好需要录制的内容,如PPT、学科软件或其他任何需要向学生展示的数字化材料等,选择录制功能或使用快捷键Ctrl+R,调出录制工具栏,如图7-4所示。

图7-4　Camtasia Studio录制工具栏

第2步 在录制工具栏中,根据需要选择录制区域,全屏或自定义区域;

第3步 根据需要确认是否开启"摄像头开关";

第4步 确保音频正常打开(音频闪动),并设置合适的音量大小;

第5步 按下F9或Rec键开始录制;在录制过程中如果不满意,可删除重新录制,也可通过暂停键(F9)切入新的录制内容;

第6步 相关讲解和操作完成后,按下F10结束录制。

录制过程中可以利用Ctrl+Shift+D快捷键唤醒屏幕绘制功能,通过快捷键如P(画笔)、L(横线)、E(椭圆)、F(方形)、H(突出显示),以及数字键1-8来调节线条尺寸,R(红色)、G(绿色)、B(蓝色)、Y(黄色)、K(黑色)、M(紫色)、W(白色)等切换颜色,以此来强调录制视频中的重难点或需要突出的地方。

2.微视频编辑技巧

微视频制作过程存在瑕疵是不可避免的,这就需要对其进行加工打磨。通过 Camtasia Studio 工具栏,可以对视频进行复制、剪切、拆分、移动,对录制的音频进行降噪处理、添加音频点,以及修剪或淡入淡出音频。

(1)音频编辑

微视频录制时,往往会录入自然界中的其他声音,有时甚至会将电脑系统中的杂音一并录入。为了使微视频音质更清晰,可以借助 Camtasia Studio 中的去噪功能,将这些杂音选择性地去除,同时又不影响视频中的主要声音。

第1步 打开录制好的原始视频,该视频文件会自动出现在剪辑箱中,单击视频并将其拖入编辑轨道中;

第2步 在右上角的播放框中进行试播。如果有杂音,则单击选中对应时刻的音频文件,此时该音频文件会呈现蓝色,再点击时间指针上方"音频"选项,调出声音编辑对话框,选中"启用噪声去除选项",这样系统中的那段杂音就会被自动擦除。

如需为微视频添加背景音乐,则可以通过以下步骤来实现:

第1步 启用 Camtasia Studio 软件,将原始视频拖入编辑轨道1中;

第2步 点击"导入媒体",将待插入的背景音乐导入剪辑箱中;

第3步 将该背景音乐文件拖入轨道2中。

第4步 调整背景音乐时长,使之与视频时长同步配合。在放置音乐文件的轨道2中,将播放指针定位到与视频结束点相一致的位置处,点击分割按钮,把音乐文件分成两部分,选中需要删除的部分,用 delete 键进行删除即可。

(2)视频编辑

为了使录制的微视频更加规范实用,我们可以利用视频剪辑组合、勾勒重点、添加字幕等编辑视频的功能,达到想要的各种效果。

①删除或替换视频片段

第1步 将需要处理的视频素材拖入编辑轨道中;

第2步 将时间指针调整至需要删除的视频段落开始处单击,并用分割线进行分割,用同样的方法将时间指针调整至该视频段落末尾处进行分割。这样整个视频素材被分成了三段,中间一段就是要去除的部分,单击选中删除即可;

第3步 如果将多余部分去除后不另加视频,则将前后两段视频在轨道中直接拼接即可。如果需要将删除的部分进行更换,则要将新视频文件重新录好后拖入被删除的轨道位置中进行拼接。

②勾勒重点

在 Camtasia Studio 中可以使用注释和标注功能,强调微视频中的重难点。标注形式有很多,如草图运动、形状、线条及箭头、聚光灯效果、模糊、像素画效果、击键标注等。具体操作步骤如下。

第1步 将时间针调至需要出现标注段的视频首端,点击编辑功能区的标注按钮,出现添加标注对话框,在形状栏选择需要标注的形状及颜色,有些形状标注还可以在其中添加文本;

第2步 在属性中选择绘制标注的时间及淡出效果,并在右侧播放框中将标注拉到视频中合适的位置,调整其大小,使其处在最佳显示位置;

第3步 调整轨道中标注出现时间,让其在合适时间上消失。

使用标注可以实现两个目的:一方面,吸引观众的注意力;另一方面,清晰指示视频中的关键部分。此外,在微视频中还可以应用鼠标效果,例如突出显示鼠标移动区域或对鼠标的抖动进行平滑处理。

③添加字幕

微视频中添加字幕可以有效增强普通观众的理解力和记忆力。在 Camtasia Studio 提供了强大的字幕添加功能。具体操作如下。

第1步 将时间线拖至需要添加字幕的位置,点击"更多",找到CC字幕;

第2步 单击后出现"+添加字幕",点击后,直接键盘输入,输入完毕后,在任意空白处单击,这时会出现新的轨道,即字幕轨道,拖动字幕轨道,使之与视频或音频时间匹配。

如果要添加一个不相连的字幕,就需要先将时间指针调整至与前字幕不相连的位置,点击左上角的添加标题媒体,然后字幕区会出现对应的文本编辑框,在其中编辑即可。这样字幕轨道中的字幕就会出现间隔,播放时字幕也会有间隔时间。

④动画特效

制作微视频时,我们会添加一些特效以达到营造情境的目的,如增加片头片尾、添加视频背景画面、音频效果、视频效果、语音旁白、转场和屏幕动画等。具体操作步骤如下:

第1步 在Camtasia Studio素材面板中点击打开"特效"面板;

第2步 单击所需特效,并用鼠标拖至指定的视频素材上方;

第3步 在时间轴上调整特效位置及其拖动调整时长即可。

动画特效的使用弥补了视频录制和拍摄过程中缺乏动态感和直观感的不足。通过添加动画特效,微视频的内容更加生动,逻辑展示更加自然。然而,我们需要注意并不是使用越多的动画特效就越好,而是需要根据学生的认知规律和特点,恰当地选择使用动画特效。

3.微视频保存与导出技巧

完成微视频的编辑后,在发布视频前,应先"保存项目"。这是因为在Camtasia Studio软件中的一系列剪辑加工操作不会保存在原始文件中,为方便今后对视频进行进一步编辑,需要将原始文件保存为.tscproj格式。具体操作步骤如下:

第1步 单击"文件"菜单,在下拉菜单中选择"保存项目"子菜单;

第2步 将预设的文件名输入在弹出的对话框中,文件就会默认保存为.tscproj格式,这种格式可以方便后续在此基础上进行编辑。

保存的项目文件不能直接播放,为此还需要将其导出。Camtasia Studio提供了非常丰富的视频导出格式和不同清晰度设置,如480p、720p和1080p,输出格式有MP4、WMV、AVI、GIF和W4A等,最常用的则是.MP4格式。

第1步 点击"Produce and share"进入视频生成向导;

第2步 选择"自定义生成设置",并选择推荐的MP4格式输出,在"智

能播放器选项"的"控制器"选项卡中,勾掉"生成使用控制器"选项(这一点很重要,否则输出的视频将无法显示字幕);

第3步 单击"下一步"设置视频的大小和视频的帧速等;

第4步 再选择"下一步"生成视频的目录位置和文件名,输入名称、选择保存路径后,单击完成即可开始渲染视频。渲染视频窗口出现后可看到一个百分比的进度条,直到100%才算渲染完成。此时出现生成结果对话框,显示视频的生成目录、时间、大小、尺寸等信息,单击"完成",视频制作结束。

(三)直播工具

在线教育自19世纪90年代末期兴起以来,市场规模近几年一直保持稳步增长,随着人们的教育需求的日益增加,由最初简单的视频上传逐步增加了录播和直播的形式,而直播是目前在线教育中最新、最受欢迎的授课形式。

线上直播教学是指教师借助网络教学平台,以班级为单位在线进行实时授课和双向互动的一种网络教学模式,分为语音直播教学和视频直播教学两种形式。直播教学可以解决教师和学生的距离问题,无论学生身在何地,都可以借助网络实时进行线上学习,并可以随时和教师互动,为实现远程实时教学带来了便利。

2020年新冠肺炎疫情的暴发刺激了"互联网+教育"时代的到来,多种在线网络直播教学平台也应运而生,例如钉钉、腾讯会议、腾讯课堂等。多种有效的线上直播教学方案为线上直播教学奠定了基础。但各种平台的教学内容参差不齐,部分线上直播教学功能的设计仍然处在发展阶段,难以满足用户的需求。

综合分析发现,阿里巴巴旗下的钉钉作为一款免费的智能办公平台,其在线课堂优势显著,与群直播相比,在线课堂更聚焦于上课的场景,提供课件导入、点名、提问和更多实时互动的功能,覆盖在线授课、在线提交批改作业、在线考试等应用场景。相较于腾讯会议,教师可以直接通过群聊名单发现缺勤人员,电脑版、网页版和手机版的服务功能,使教师、学生的课堂学习不受设备的限制,能够更好地保证线上直播教学活动的开展。

为保证直播的流畅性和学生的观感,建议采用电脑端发起直播。本文将从电脑端来讲解钉钉在线课堂平台的使用旨在为广大教师提供在线课堂使用指导,解决广大高校教师在使用钉钉直播过程中遇到的问题。

1.课前直播准备

钉钉软件有多个版本,适应多种终端,使用时需按个人需求下载安装对应的钉钉软件。在此我们将详细介绍电脑端的操作。

第1步 硬件设施准备

准备一台电脑或笔记本,如果笔记本自带话筒声音太轻还需要准备一个外接话筒,并按照课程需要准备课件、课程资源、课后作业等电子文档。

第2步 建立钉钉班级群

点击"消息"的右上角"+"|"发起群聊"|"班级群"|"师生群",邀请任课教师和家长时,可以将钉钉群的二维码或者链接发送到微信群。需要注意的只有创建班级群,才能开启在线直播课堂。

2.钉钉直播步骤与技巧分享

在直播过程中,我们会遇到"教师画面和课件不能同时呈现""学生听不到声音""不知道如何点名学生发言"等多个问题,那么我们该如何解决呢?我们一起来看看正确的直播发起步骤。

第1步 发起直播。进入钉钉班级群,选择上课班级,点击"发起直播"。

第2步 设置直播课题并选择直播模式。为方便学生后续查看直播回放,建议教师设置明确的章节和课题。

教师在选择播放模式时应根据实际需求进行选择。摄像模式仅显示电脑摄像头的画面,屏幕分享模式显示电脑桌面,而专业模式可以同时显示桌面和摄像头的画面,并允许添加视频和图片,实现多个画面在一个屏幕上显示。在使用过程中,务必开启直播保存回放功能,并确保连麦功能开关处于打开状态(显示蓝色即为打开)。准备就绪后,只需点击屏幕上方工具栏中的"开始直播"按钮即可启动直播。

新版的钉钉软件新增课堂模式,操作更为简便,只需一键选择,并开启保存回放,之后点击"上课"便可以开启直播。

如有多个任教班级可先选择其中的一个,在其他班级运用"多群联播"一起加入直播上课。屏幕分享模式下需在屏幕上侧工具栏选择"添加直播群",课堂模式下需点击右侧添加学生,选择"分享到群",找到想要添加的群聊即可。需要注意,直播的老师必须已经加入了其他班级群里,否则无法进行直播。

第3步 开启并分享课件。屏幕分享模式下,教师可以直接使用PowerPoint或其他软件打开课件。课堂模式下教师需通过左侧的"打开文件"选择要打开的文件。除此之外,为了提升课堂效果,还可以进行露脸、声音等参数的设置,并同步配合使用互动白板、签到、连麦等完成师生互动。

(1)露脸设置

在屏幕分享模式下,可以通过点击"摄像头"进行教师露脸设置。需要注意,如果想要让学生同时看到课件和老师,则要勾选"叠加"。在课堂模式下,教师也可以直接通过摄像头的开关来选择是否露脸。

(2)声音设置

一般情况下并不需要主动设置声音,但如果直播时没有声音或需要调节音量大小,在屏幕分享模式下可以点击屏幕上侧工具栏选择"声音设置"进行检查更改。课堂模式下,依次选择"设置"—"更多设置"—"音频"进行设置检查,通过对着麦克风讲话测试麦克风收音是否正常。

(3)互动白板

通过互动白板(聊天互动)可以看到实时在线人数,以及学生在班级群中发送的互动信息。但该面板会占用一定的屏幕区域,影响学生观看课件,建议直播课程中不打开互动面板或将其缩至最小,但可以用手机钉钉登录进入直播(注意手机要静音)。这样,老师可以用电脑直播上课,在与学生互动时,则通过手机端查看互动消息。

除此之外,教师还可以使用屏幕共享模式中的"签到"功能,发起课程计时签到,在课堂模式中则只需点击窗口下方的"点名"。

图7-5　屏幕共享模式下的签到

图7-6　课堂模式下的点名

(4)直播连麦

我们的线下课堂平时上课要求老师要"精讲、少讲",而学生要"多练"。那直播课堂中要怎样实现呢?旧版本的钉钉群直播,并没有连麦功能,只能老师讲、学生听。但随着师生对线上直播课程要求的提高,钉钉已经具备了全面开放的连麦功能,学生可以自主申请连麦,教师也可以进行点名。

①学生连麦申请

屏幕分享模式中当学生发起连麦申请时,教师屏幕会收到如图7-7所示的提示,教师点击"同意"学生即可进行面向全体的发言。在这个过程中,教师的麦克风并不会被关掉,师生可以同时进行自由交流。

图7-7　学生连麦申请

图7-8　学生举手

课堂模式中学生举手发言,教师将收到如图7-8所示的提示,此时点击"同意上台"即可。需要注意的是,该提示不会长久保存,几秒后学生将会被系统"被动"地放下手,提示便会消失。所以教师在上课过程中需实时关注学生情况,避免漏看情况。

②教师点名发言

屏幕分享模式中教师可以直接点击"观看"中学生名字后的"邀请连麦",学生同意后,师生即可进行交流。

课堂模式中教师可以从"台下学生"中点击想要点名发言同学的"上台发言",同样需要学生同意后,学生的麦克风才会开启。

3.钉钉直播回放查看方法教程

直播结束后,系统会自动弹出直播统计和直播回放,方便评估效果和学生的后续查看。教师可以选择分享直播到群聊,老师和学生还可以在手机端或电脑端"群设置"—"直播回放"中查看直播回放视频,方便学生根据个人情况查漏补缺。为了能在正式上课时顺利地进行直播,各位教师可以事先组建一个2~3人的小群,邀请能够配合的学生或老师加入,然后在这个群中进行直播操作练习。

三、智能化学与教平台

自从新冠病毒疫情暴发以来,全国的大中小学通过各种在线课程网络平台如超星泛雅、学习通、学堂在线、雨课堂、中国大学MOOC和慕课堂等,积极展开了线上教学活动。随着疫情后期的到来,混合教学模式,即线上和线下相结合的教学方式,已成为主流。这一模式正在重新塑造传统的教学和学习生态。

因此,学生与教师深刻了解并熟练使用智能化学与教平台对于促进混合教学模式的应用及发展、提升教学质量、深化教育改革具有重要意义。为此,我们将从手机端与电脑端两个方面分别介绍超星泛雅与学习通、学堂在线与雨课堂、中国大学MOOC与慕课堂的功能及使用技巧。

(一)超星泛雅与学习通

由于疫情防控需要,重庆市XX高中为响应"停课不停学"的号召,决定开展线上教学平台,现以"超星泛雅与学习通"为例进行演示。

超星泛雅平台是一种综合在线智能化学与教平台,集资源管理、课程资源建设、教学互动、教学成果展示和教学管理评估于一体。通过该平台,教师可以方便地创建和管理课程,组织在线教学活动,并对学生的学习情况进行监测和评估。学生可以在没有时空限制的情况下进行高效的远程学习和自主学习,这是一种交互式的网络应用平台。该平台操作简单,只需要一个网址即可开始智慧教学;只需要一个账号,就可以登录一个平台,并在三个终端上使用;只需要一个屏幕,就可以进行线上教学,并且教学数据可以实时更新。

1. 前期准备

(1)注册及登录

第1步 打开学习通APP,选择【新用户注册】;

第2步 在【新用户注册】中输入手机号码和验证码;

第3步 下一步中输入您的真实姓名,并设置登录密码;

第4步 选择角色-教师,并绑定学校信息:学校名称和教师工号即可。

(2)超星资源与云盘

超星资源包括有专题、图书、课程、期刊、报纸、讲座等。超星为每个教师配置了一个私有的云盘,教师可以把课程资源上传到云盘中,如:PPT、视频、图片等,在教学中使用时可以直接从云盘调取。

2. 课程内容创建

从【首页】点击【课程】,进入该频道,封面图片上有【教】字样的课程为教师的任教课程。在课程页面,可编辑课程内容,对课程进行管理,发布作业通知,和共享资料,对课程进行管理,点击上课的班级后,发起课堂互动活动,激活课堂氛围。

(1)课程创建

在课程页面,点击右上角的"+"号,选择新建课程;新建课程可以设置为手动新创建课程,还可以通过示范教学包进行创建课程,手动创建课程教师自己手动添加资料,示范教学包建课程可以从里面提取课程内包含的课程资源。

（2）编辑课程章节内容

点击【章节】,进行目录的导入或者新建,创建好目录后即可点击进入添加课程文字、图片、PPT等资源。下面详细描述超星泛雅中的课程内容编辑器的具体功能：

①文档

在课程内容编辑器界面,点击"文档按钮",插入文档。有三种添加方式"本地上传""电脑同步云盘""资源库";默认为"本地上传",可以根据自己的选择上传文档。

②视频

在课程内容编辑器界面点击"更多",在下拉菜单中点击"视频"按钮,即可上传。目前支持的上传方式有两种：本地上传、泛雅云盘,支持上传的格式有：rmvb、3gp、mpg、mpeg、mov、wmv、avi、mkv、mp4、f·v、vob、f4v。本地仅支持2G以下的视频,超过2G的需要泛雅云盘上传。

上传视频后,可以对其进行剪辑和防拖拽等处理。如果选择了原位播放选项,则可以直接在网页上观看视频,无须下载。此外,还可以设置任务点,要求学生在观看视频一定时间后才能通过课程。

第1步 点击剪辑；

第2步 截取视频中教师所需的部分,输入视频的起始终止时间即可；

第3步 点击插入对象,在视频节点添加教学所需的图片、PPT、测试等；

第4步 编辑完点击展开视频。

③超星图书

超星图刊可以添加一些超星的书籍资源,可以连接读秀等资源库。在"更多"下拉菜单中选择"图书",点击进入"超星图书",在搜索框中可以键入想要添加的书籍名称、作者姓名,即可选择相应的书籍。

④扩展阅读

在超星泛雅平台上,还可以根据授课的相关知识点插入与此有关的知识点泡泡图,方便学生进行扩展阅读。与视频类似也可以直接进行在线预览,点击展开即可。如图7-9所示。

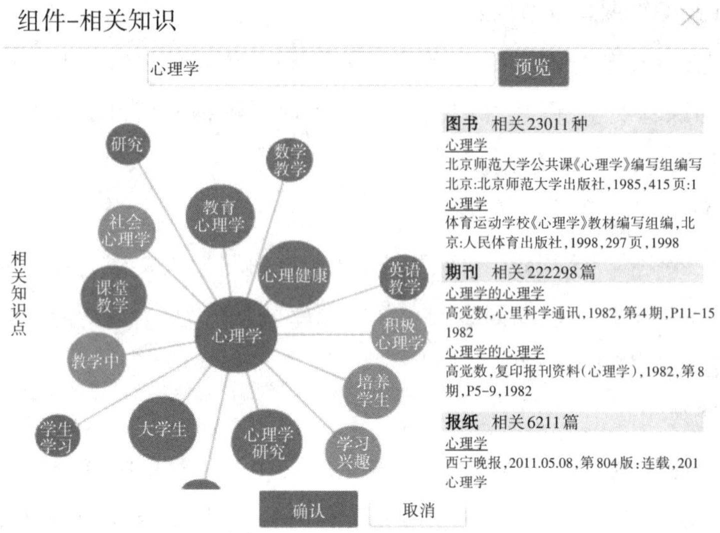

图7-9 知识点泡泡图

⑤附件

在"更多"下拉菜单下点击"附件"按钮。插入附件有三种方式：本地上传、电脑同步云盘上传、资料库添加。需要我们注意的是，上传本地文件时，进度条为蓝色时是正在上传和解码的状态，请在进度条变为绿色后再点击"确定"，方可上传成功。

(3)课程设置

进入课程页面后，点击右上角的【管理】可对课程基本资料进行编辑，进行班级管理，成绩权重设置，添加教师团队和助教，再次开课以及克隆课程给自己和他人等。

(4)课程教案

教案是用于上课的时候直接提取教案里面的PPT可以进行投屏使用，点击教案进去点击右上角"+"进行添加，可选择从云盘添加，或者从电脑上传。

(5)课程通知

点击通知，可以给不同班级发放通知，并且可以选择附带文件进行通知发放。教师发布通知后，可以点进通知，看到关于通知的已读和未读的人数,并且针对未读的学生进行未读提醒,包括邮箱提醒、短信提醒、电话提醒等。

3.课程管理

(1)签到

签到的第一种方式:普通签到。教师可以在发布签到时勾选要求参与人拍照,并且说明拍照要求,如:照片中必须有黑板,学生在完成签到时,手机会自动切换成拍照模式,并且是不能从相册里面选择照片,所以如果没有到教室的学生是无法完成此次签到的。

签到的第二种方式:手势签到。教师设置一个手势,学生必须要完成这个手势才能完成签到。

签到的第三种方式:位置签到。此种签到方式会显示学生签到时的具体位置。

签到的第四种方式:二维码签到。教师在发布二维码签到时可以设置每10秒更换二维码,避免教室的学生将二维码拍照传给未到教室的同学完成签到。

(2)添加/删除班级

在【班级】右边点击【+】增加班级,导入学生,或共享学习通班级邀请码,左滑可以删除班级或修改班级名称。

(3)课程统计

通过记录并生成课堂统计报告,可以获得强大的数据统计分析功能,为教学评估提供有力的依据。平台可以实现学习和互动的全流程数据记录、分析和应用,同时还能实时查看各项活动的详细参与情况。这些功能将为管理者提供数据统计,并能够及时做出调整。

4.课程考核

(1)随堂练习

教师点击"+",选择随堂练习,设置题目可从题库调取试题,点击开始可设置时长和积分,学生提交后,会立即以图表形式显示结果。

(2)课程作业

可以查看已经发放的作业,也可以通过作业库的作业进行发布,然后进行设置并且选择班级进行发放,并且可以设置生生互评。点击作业后,可查看学生已交和未交作业的情况,对未交作业的学生还可进行督促。

(3)课程考试

教师可以查看已经发放的考试,也可以通过试卷库的试卷进行发布。

在设置考试时,可以开启考试过程中抓拍监控、切屏控制及考试终端控制等,高级设置中有详细的考试设置满足教师不同层次的考试要求,并且在评价设置里也可以实现生生互评。

5.课程活动

(1)选人

教师发布随机选人,移动课堂互动系统会自动在已经签到的学生中随机"摇一摇",选择学生,或者手动选人。

(2)讨论

点击进入,点击下拉框进行班级选择,根据班级发表话题讨论。

(3)学习通投屏

教师可以通过学习通投屏功能将课程班级活动投放到大屏幕,让教师、学生的教与学更轻松、更有趣、更高效,让交互更智能,上课更精彩。

(4)同步课堂

教师打开教案中的PPT后,点击右上角的三条杠,打开同步课堂,将同步课堂手机端的邀请码或者电脑端的网址发给学生。学生在学习通首页右上角输入邀请码或者在电脑端输入网址便可以观看同步课堂了,并且同步课堂结束时可以保存为速课,作为自己在线课程的补充,针对同一门课程,同步课堂的邀请码是固定不变的。

6.课后自主学习资源

进入课程空间后,点击"资料"按钮,我们可以查看到各类所需的资料。

(1)课程资料

主要包括教学活动中老师上传的一些课件,文档等。这里的相关图书资源是指老师找的那些供给学生学习的其他资料。搜索找到后即可把它们添加在资源里。

(2)题库

点击添加题目,根据要求填写试题相关信息即可。此外,题库还支持通过模板批量导入试题,点击批量导入,下载模板后填好,再上传即可。

(3)作业库

进入作业库,可以新建作业,也可以对现有的作业进行再次编辑,复制或删除操作。对于已经编辑完成的作业,可以进行发布。

(4)试卷库

在试卷库界面,可以创建试卷,根据提示填写相关内容,或选择下载模板填好后导入试卷。也可以将已有的试题进行复制或发放等操作。

(二)学堂在线与雨课堂

学堂在线是清华大学于2013年10月创建的首个中文慕课平台,旨在促进教育部在线教育研究中心的研究和成果应用,作为国家首批双创示范基地项目,它还充当联合国教科文组织(UNESCO)国际工程教育中心(ICEE)的在线教育平台。

学堂在线作为中国慕课平台领跑者,现已居国际国内领先行列。依托互联网,它能跨越千山万水,让每一个热爱学习的人享受优质课程资源。在教育领域,它不仅颠覆了传统大学课堂教与学的方式,还为思政教育打造起重要平台。

雨课堂是由学堂在线和清华大学在线教育办公室合作推出的一种新型智慧教学工具。它在PowerPoint和微信中融合了复杂的信息技术手段,为课外预习和课堂教学之间建立了沟通桥梁,使课堂互动不间断。通过连接教师和学生的智能终端,雨课堂为"课前–课中–课后"的每个环节提供了全新的体验,实现了课堂上的实时答题和弹幕互动,为传统课堂教学中的师生互动提供了完美的解决方案。

为了方便学生课后学习,实现优质资源的共享,我们可以用学堂在线开发线上课程,下面我们就来学习如何创建课程并完成对学生的考核管理。

1.学堂在线使用技巧与常见问题

(1)课程管理

账号登录成功后,系统会默认进入教师空间页面,在这里我们可以管理自己所有的课程,在教师空间的"课程管理"页面,我们可以通过学期、状态、类型三个筛选条件,对自己所管理的课程进行筛选。同时,支持课程名称筛选功能和新建课程权限。

①新建课程

在教师空间页面,点击"新建课程"按钮进行课程建设,首先需要填写课程名称、开课机构(平台已默认填写)、选课开课学期(非必填)。

在新建课程"基本信息"页面,可以编辑课程封面、课程介绍短片、选择课程所属分类、课程介绍、授课教师信息、常见问题设置等。

课程基本信息编辑完成后,点击"下一步"进入"课程内容"编辑页面,在这里,编辑的是课程章节内容的母体,包括视频和讲义等(但不包括作业考试和时间设置)。

添加视频:点击"新增章",再点击"新增节",在小节中可以插入一个或多个视频,点击⊕,选择"视频"后跳转到添加视频页面。如果在资源管理中的"视频资源管理"里面已经批量上传了视频,在添加视频页面可直接勾选已经上传的视频。如果未批量上传视频,可以在添加视频页面点击"本地上传",在这里,可以选择直接"上传视频",也可以点击下面的温馨提示处"视频资源管理"进行批量上传视频,然后再以添加云端视频的形式进行视频配置。

添加讲义:讲义只允许插入在章里,点击▤进入添加讲义页面,与添加视频类似,添加讲义也可以通过两种方式,分别是添加云端讲义和本地上传。

添加图文:图文只允许插入在小节里,点击⊕后,再点击"图文"进入编辑页面。

②教学班

课程内容编辑完成后,点击"下一步"进入"教学班"管理页面,在这里,可以为课程创建多个教学班,设置学生、教师、助教。在教学班设置页面,可以单个新增教学班,也可以批量新增教学班。

点击"单个新增教学班"可以新建教学班,在文本框内输入教学班名称即可。

点击"批量新增教学班"可以增加多个教学班,点击"下载模板"后,在模板内填入相关信息,点击"上传文件"即可批量新增教学班。

(2)首页

教学工作台首页是帮助教师管理课程课件,设置作业/考试,快速掌握课程情况的页面。

①章节时间设置

点击课程章节旁的眼睛状 ◉ 按键,在弹出界面填写章节的开放时间或是否开放本章节等操作。注意,若不填写具体的日期时间,则默认随时开放。

②新增作业/考试

点击"新增作业"按钮,可以跳转到作业/考试系统,完成"创建题目→组建试卷→创建作业→启动作业"步骤新增作业,新增作业会显示在课件结构中。

教师可以修改作业名称、调整作业位置、编辑作业或删除作业等操作。新增考试步骤与新增作业步骤类似,点击"新增考试"按钮,可以跳转到作业/考试系统,完成"创建题目→组建试卷→创建考试→启动考试"步骤新增考试。

(3)公告

在教学工作台—公告页面,可以向学生发布公告信息,并管理学生的反馈。在教学工作台–公告页面,点击"发布新公告"按钮,进入发布公告页面,编辑公告标题,编辑公告内容,可以选择发布对象(即发布给哪些班级),也可以进行置顶操作,确认内容后,点击"确认发布"即可。发布成功后,学生端会收到消息提醒,在公告栏查看发布的公告。

(4)作业/考试

在教学工作台-作业页面,点击"作业管理"按钮进入作业/考试系统,在作业/考试系统中进行作业和考试的编辑操作。创建作业/考试的步骤概况为:创建题目→组建试卷→创建作业→启动作业四步。

(5)资料

在教学工作台—资料页面,点击"添加资料"按钮可以在课程讲义的基础上给某个班级添加补充资料。注意,资料是添加在某一个班级里,而非整个课程里。

(6)考核管理

考核管理包括课程总分设置和各模块计分方式设置。

(7)在线帮助和问题反馈

教师在教学过程中,遇到关于平台或课程的问题除了向本校管理员反映外,还可以联系学堂在线的教学服务人员。在平台首页、教师空间等页面都可以在右侧找到在线客服功能。

2.雨课堂使用技巧与常见问题

相较于学堂在线,雨课堂的突出特点是将复杂的信息技术手段融入到PowerPoint中。由于篇幅限制,在此只介绍雨课堂在PowerPoint2010及以上版本中的安装方法和相对于学堂在线的不同之处。

(1)下载及安装

访问雨课堂官方下载地址https://www.yuketang.cn/down·oad 下载安装包。在线安装包安装过程需连接互联网,可按需求选择下载组件;离线安装包无须连接互联网,包含所有组件。

下载完毕,在满足软硬件要求的情况下,以管理员身份运行雨课堂在线安装包进行安装。注意使用在线安装包需要在安装时一直保持连接互联网。

安装后打开PowerPoint,在插件栏会有雨课堂插件,即表示安装成功。

(2)账号登录与设置

打开PowerPoint,点击标题栏雨课堂,使用【微信扫一扫】扫描二维码,输入公众号发送的验证码即可登录。

使用账号密码登录需要先进行绑定设置。在公众号中【我的】→【课程】→【我】→【身份绑定】→【账号及绑定设置】,可设置绑定的手机号、邮箱及登录密码。

(3)教学管理

①新建课程

微信扫码登录雨课堂账号,点击【开启雨课堂授课】,系统会提示选择授课的课程及班级。继续创建新的班级或课程,点击"+"添加即可。

②管理课程

创建课程后可在课程名称旁选择【置顶】置顶该课程,【编辑】修改课程信息,【删除】删除课程。

③新建班级

创建课程后,可点击【新增班级】或课程旁【+】添加,填写班级名称后即可新增班级。

(4)课件制作

教师可以和日常使用PPT/WPS一样,输入文字、图片、设置动画,除此之外,还可以插入课外资料(如慕课视频/网络视频、本地音视频)和题目。

①插入视频慕课视频/网络视频

雨课堂为教师免费提供了大量学堂在线慕课视频资源,教师可以插入雨课堂提供的慕课视频和其他网络视频(支持优酷、腾讯、哔哩哔哩和YouTube视频)。注意,插入其他网络视频时,链接应该填写视频分享的链接,而不是视频播放页链接。

②插入题目

教师可以使用雨课堂PPT端【插入题目】功能插入课件中实现课堂小测和讨论互动,也可以制作成习题集用于课后作业、考试。雨课堂现有PPT习题集又称旧版试卷模式。PPT端【插入题目】功能现已推出满足基本考核需求的题型:单选、多选、投票、填空题及主观题。

(三)中国大学MOOC与慕课堂

MOOC(Massive Open Online Courses)大型开放式在线课程自2012年在美国推出以来,通过免费的大学各项课程吸引了社会各界人士积极参与学习。Massive意味着课程面向普罗大众,不受任何学历或者国籍的限制。Open意味着开放式学习系统,社会、厂商、教师和学员皆可共同参与课程的建设和发展。Online意味着课程的学习打破地理的限制,只要能上网,无论是电脑端还是手机移动端,随时随地可学习相关大学课程。随着MOOC的发展,课程内容也不再局限于早期的大学课程,技能型、资格证书类、中小学类课程纷纷登录MOOC平台,课程内容和质量进一步得到提升。

中国大学MOOC是由网易和爱课程联合开发,其页面设计简明,教育资源丰富,教学学习方式符合中国学生习惯,被广为接受。教师利用中国大学MOOC在线开放课程中丰富的在线教学资源,同时依托慕课堂小程序开展线上线下混合式教学,通过实践,以更好地开展混合式课程教学。

慕课的最终应用目的是提高学生自身的学习,因此它的应用出发点也应该"以学习者为中心"。无论是在课前拉平知识基础、在过程性数据中以参与率而不是正确率作为得分标准,还是阶段性进行面对面一对一师生交流,都是在以学生的视角去思考工具的意义。

随着我国信息技术的发展,教师必须具备线上线下混合式教学的能力,中国大学MOOC具有众多优质的高等教育资源。刚进入大学校园任教的新教师,可以依托中国大学MOOC与慕课堂开展线上线下混合式教学,弥补传统教学的不足,提升你的教学质量。下面将分别介绍中国大学MOOC与慕课堂的使用流程。

1. 中国大学MOOC使用技巧与常见问题

学校云是以云服务的方式提供给院校的在线教学平台和课程资源,帮助学校实现线上教学、混合式教学和移动学习,用信息化的手段帮助学校提高教学效率和教学质量。与中国大学MOOC在课程资源和教学过程上实现无缝衔接。

每个学校拥有独立的站点,专属的门户页面,所有的学生、教师、课程和教学过程数据均为私有,只有本校的师生可以访问。

(1)教师注册及认证

①注册及登录

登录中国大学MOOC平台http://www.icourse163.org,选择手机号+验证码或者其他方式登录。手机号码、微信、QQ可以直接登录,不用注册。

②账号绑定

建议教师在使用慕课堂教学工具之前,先在中国大学MOOC的电脑端个人设置中,将教师账号绑定微信和手机号,方便在慕课堂中用微信一键登录。如果您参加注册过中国大学MOOC,绑定已有的账号,可以实现同步。

③校管理员为老师增加教师权限

在个人中心,点击"高效管理后台",您需要将昵称、真实姓名、身份证号信息保存发送给管理员赋权。赋权后,鼠标放在右上角小头像上,点击【课程管理后台】,即可开始课程管理。

(2)发布课程学期介绍页

登录课程负责人账号,点击页面右上角的头像,选择【课程管理后台】进入课程管理页面,查看自己负责的相关内容,点击【发布内容】进入课程发布后台。

发布课程分为两个大板块,即发布【课程学期介绍页】及【课程学习页】;

发布课程学期介绍页分为【设置课程团队】和【发布课程介绍页】两步。

①设置课程团队

课程团队中可以设置课程负责人、讲师、助教三种角色。"课程负责人"是必填项,由"高校管理员"指定,其官方主页(在个人头像→老师主页处设置)如果未创建,课程介绍页将无法发布。讲师和助教视课程实际需求设置,可以有多个讲师协同任教。

②发布课程介绍页

点击【发布课程介绍页】进入发布页面,填写课程基本信息,教学安排等内容。课程介绍页中可以选择设置密码,设置后需要将密码告知学生,学生报名该课程时必须输入密码才可参与课程学习。这种模式方便维持线下的班级体系,使教学进度达到统一。

(3)学生管理

学生管理分为"已选课学生"和"邀请学生"通过"课程管理后台→工具→学生管理"进入。

①已选课学生

已选课学生,可查询当前已加入该课程的学生名单,同时老师也可以将误选课的学生通过此处移出课程,也可以将学生按一定规律创建小组,方便管理。

创建小组需先通过【分组管理】创建相应分组,然后通过批量或单个进行分组。

②邀请学生

邀请学生分为,已完成学校云认证的学生和未认证的学生:已认证的学生,可通过学号直接加入课程,未认证的学生将显示在邀请未完成列表中。学生认证完成后,将自动加入课程,且列表中不再显示该学生。

(4)发布评价方式

评分方式包含"评分标准""题型设置""总分及成绩设置"三块内容。

①评分标准

可以对课程考评标准作出详尽描述,这是学习者了解该课程成绩评定的主要途径。

②题型设置

题型设置包括单元测验设置和单元作业设置,可以对主观题和客观题进行分值和打分机制设置,它们将用于单元测验、单元作业、课程考试。

③总分及成绩设置

该部分是对课程考评的整体规划,可以选择各部分成绩占比,所有占比之和须为100%。

(5)发布教学单元内容

①添加新章节

第1步 点击"+添加章节"会出现编辑框,添加章节名和日期以后点保存。

第2步 创建完章节后添加课件内容、测验内容和作业内容。

②添加小节

第1步 点击上图中的"添加小节"按钮,在弹出的信息栏中,输入小节名称后保存;保存后,点击"编辑教学内容",即可进入编辑页添加具体课件内容。

第2步 编辑之后中可点击"返回教学单元内容"返回发布内容首页。

③添加视频课件及驻点测试

第1步 点击"视频"图标,输入视频名称后点击保存。

第2步 点击"上传视频"按钮上传相关视频文件最大为3G;也可以点选"从资料库添加",选择视频库中已经上传的视频作为课时内容。

第3步 成功上传视频后可添加驻点测验(学生看视频时中间插入模拟课堂提问的小测验,但不会计入成绩,且无法查询学生答题情况)。选择加入测试的时间:可以在浏览视频时,点暂停,再点击【获取时间】,会自动填入此时的时间;或是直接在【选择提问时间】后面选择对应的时间,点击确定;添加题目,目前支持单选、多选、填空题、判断题四种客观题型。

④添加文档课件

选中教学内容类型中的【文档】,输入名称后保存。点击【上传文档】即可选择本地的PDF文件进行上传。目前只支持PDF文件,最大为30M。

⑤添加富文本课件

点选教学内容类型中的【富文本】,输入名称后保存。在内容框中添加富文本信息,富文本中还可以上传rar、zip两种压缩文件(50M内),以满足老师向学生传递目前富文本无法支持的信息的需求。

⑥添加随堂测试

随堂测试是与教学内容、视频、文档等同时出现的测试题,其主要目的是针对当前课时的教学内容。随堂测试不计分,对学生的最终成绩没有影响,也不会在学习页的【测验与作业】菜单下显示。

第1步 选择教学内容类型中的【随堂测试】,输入名称后保存。

第2步 点击【添加题目】可以添加测试题内容。

⑦添加讨论

讨论是由教学团队发起的,根据课时教学内容设置相应的讨论题。课件中的讨论题会自动关联到学期讨论区的"老师课堂交流"子论坛,为学生提供讨论场所。

第1步 选教学内容类型中的【讨论】,输入名称后保存。

第2步 在出现的信息框中,依次填写好标题和内容,点击保存。

(6)发布测试、作业、考试

单元测验为客观题,支持单选、多选、填空题、判断题四种类型;单元作业为主观题。注意:如果需要用到 online judge 编程题,需要提出申请,由运营开通权限后,才可添加。

①单元测验

第1步 点击【添加测验】,输入测验名称及时间,点保存;

第2步 之后,点击【添加测验内容】,进入测验内容编辑界面;

②添加单元作业

第1步 点击【添加作业】,输入作业名称及时间,点保存;

第2步 之后点击【+添加作业内容】,进入作业内容编辑界面;

③添加考试

添加考试的方式与测验作业类似,可以设置客观题试卷和主观题试卷,此处不再赘述。

(7)确认成绩

点击【查看课程数据】一栏,可以查看课程对应测验、作业、考试、新版考试的提交人数和得分情况,点击"查看"可以了解每位学生的最终成绩和答题记录。目前也支持分组导出查看。

在【学生成绩管理】一栏中可以查看该课程总成绩,也可以搜索查看单个学生的答题数据和原始考卷。了解学生主要出错的题目,跟进学生的学习掌握情况。目前也支持分组导出查看。

(8)数据查询

①课程数据查询

课程趋势,课时/测验/作业,讨论区,成绩/考核完成情况(如果有直播权限会有直播菜单)等会以图表形式在【课程数据统计】中展示,并支持导出数据。

②学习数据统计

学习数据统计中可以查看学生学习过程数据,视频观看情况及讨论区行为。【有效成绩】一栏在总成绩未确认的情况,可能会变化,该菜单也支持数据导出。

③结课设置

课程结束后,可以通过课程开关设置来控制大家的查看权限。而学期更替版权设置,可以作为非课程负责人时,选择是否允许新学期负责人及团队复制本学期后台教学内容和设置信息。

2.慕课堂使用技巧与常见问题

依托中国大学MOOC平台开展线上与线下混合式教学需要借助慕课堂小程序。慕课堂是作为提升课堂教学效率的智慧教学工具,教师可以应用慕课堂创建关联线上课堂或独立线下课堂,进而完成线上备课、线下混合式授课、线上查看汇总(线上学习+线下课堂)数据,通过提供一体化教学管理、更智能的课堂互动、触手可及的交互体验,构建课堂教学的整体方案,帮助老师实践智慧教学。

刚开始进行教学的你,可能对一些例如签到、点名、讨论等课堂活动手足无措,而慕课堂能助力你开展一系列的教学活动,帮你快速汇总和分析学生线下课堂与线上课程的详细学习数据,是你建设智慧课堂的好帮手。下面将从创建课堂开始逐一介绍慕课堂的使用方法。

（1）创建课堂

①创建与自建课程关联的慕课堂

在中国大学MOOC平台上已开设线上课程的课程团队老师，可基于自己的线上课程创建并使用关联慕课堂。

第1步 通过电脑端【课程管理后台】进入自己当前学期的课程；

第2步 点击课程左侧导航的【慕课堂管理】进入慕课堂管理界面；

第3步 点击【+创建课堂】，输入课程名称、上课时间等，点击【保存】，课程创建成功，并且系统会分配六位字符的课堂码，学生可以在APP内输入课堂码加入课堂，也可以通过扫描课程二维码加入课堂。

②创建与引进MOOC关联的慕课堂

老师如需利用外校MOOC开展慕课堂教学，需要让学校教务处联系【慕课+慕课堂常见问题】的当地区域运营人员开通应用课程服务。

具体操作流程与上一个方法类似，此处不再赘述。

③创建独立线下课堂

未开设线上课程的老师，可创建并使用独立慕课堂。

在【慕课堂管理】一栏，点击【新建独立慕课堂】，选择独立线下课堂，创建课堂。

（2）邀请学生

第1步 将课堂码或二维码分享给学生，学生通过中国大学MOOC的app或微信小程序，即可进入课堂；

第2步 在课堂管理后台，点击【创建备课】，并点击【添加活动】，在备课页可添加课上需要的活动（练习、问卷、公告、讨论）。

（3）课堂互动

课中，老师可使用中国大学MOOC-app开启上课（也可通过慕课堂小程序或电脑PPT上课），发起签名、点到、讨论、练习、问卷、公告等活动。

方法一：使用"中国大学MOOC-app"或者"慕课堂小程序"开启上课

第1步 进入app后，点击【我的教学】→【慕课堂】，选择需要上课的班级，点击【开始上课】，即可开始课堂教学；

第2步 在上课中,老师可点击【+教学】,进行随堂活动。

方法二:使用电脑上课,在PPT投屏授课同时,发起签名、点到等活动。

(4)课外任务

老师可通过任务发布线上精品课程内容,也可安排课外教学任务,将线上课与线下教学紧密结合。

第1步 在课堂管理后台,点击【创建课外任务】,进入任务页;

第2步 填写任务名称,【添加线上学时】,可以将线上慕课资源推送给学生,并通过任务报告,了解学生课外学习情况。

(5)查看教学数据

①查看每次课堂的教学记录,课堂管理后台→【课堂记录】板块→【查看活动列表】

②查看学生课堂学习情况,课堂管理后台→【学情统计】,查看学习数据

(6)统计成绩

学生参与了课堂活动或任务后,老师可以在成绩管理中,对学生成绩进行查看及统计。

教育智能化成就智慧校园,同时教育智能化也是教育改革、智慧教育发展的强有力的推进剂。信息技术的发展与革新加速了教育体系从网络化向智能化的跃升,也给当今时代的教育带来了新的机遇与挑战。

在当前教育革命中,教师必须与时俱进,积极转型,提升自身素质,以满足智慧教育的新要求。这包括提供适应学生需求的自适应学习项目和学习档案袋,利用协同技术和数字化学习资源促进师生之间的合作,应用计算机化管理系统进行监控和报告,提供优质信息资源满足学习者需求,以及提供在线学习途径。面对这些挑战,教师需要重新审视自身素质和专业要求,需要打破传统的教育手段,与现代教育技术互动,创造更强大的教育环境和学习平台,即需要教师根据教育变革去创造新的教育方式,变更学习条件;同时提高自身对现代教育技术发展的敏感性和想象力。教师还应不断提升自身的信息素养,推动自己朝着信息化和智能化的教师专业发展。

第八章 教学规范与教学事故

【本章引言】

人才培养是高等学校的根本任务，本科教学是学校的中心工作，教师是教学工作的主体，承担着教书育人的职责。教师教学工作规范，对提高教学质量，稳定教学秩序，促进教学及管理工作科学化、规范化有着至关重要的作用。

【内容导图】

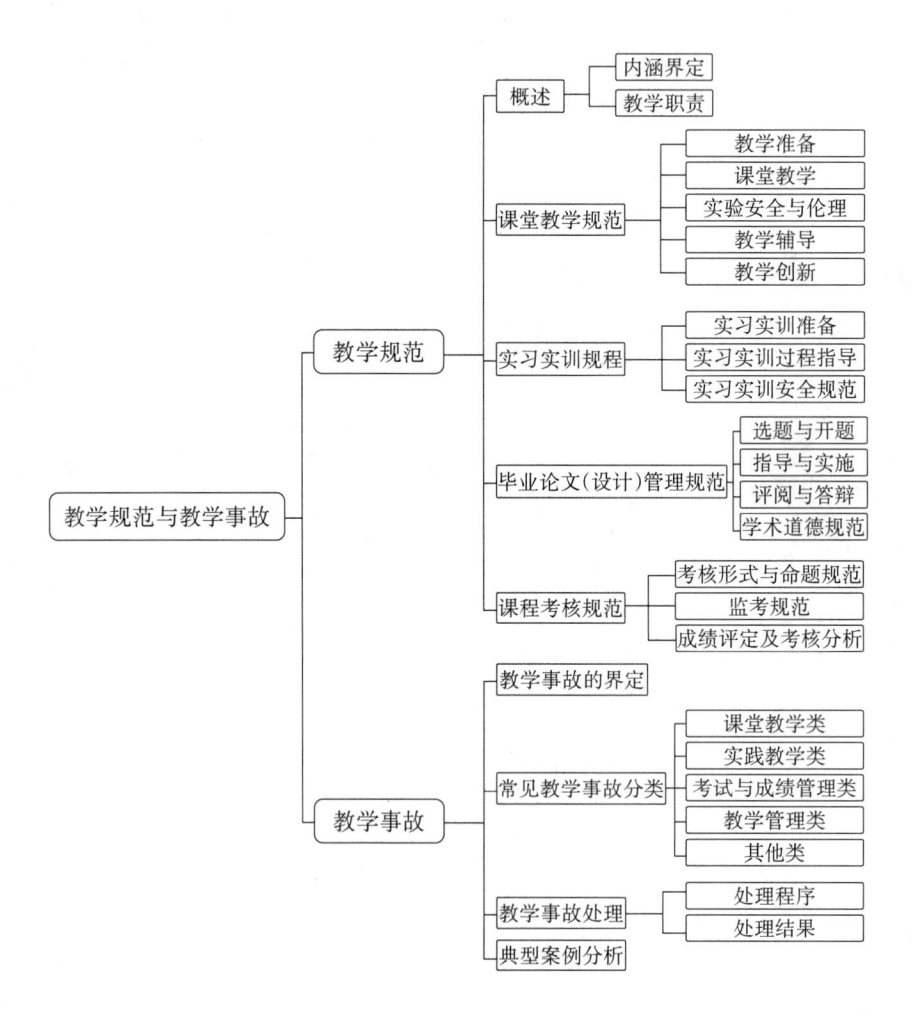

```
教学规范与教学事故
├── 教学规范
│   ├── 概述
│   │   ├── 内涵界定
│   │   └── 教学职责
│   ├── 课堂教学规范
│   │   ├── 教学准备
│   │   ├── 课堂教学
│   │   ├── 实验安全与伦理
│   │   ├── 教学辅导
│   │   └── 教学创新
│   ├── 实习实训规程
│   │   ├── 实习实训准备
│   │   ├── 实习实训过程指导
│   │   └── 实习实训安全规范
│   ├── 毕业论文(设计)管理规范
│   │   ├── 选题与开题
│   │   ├── 指导与实施
│   │   ├── 评阅与答辩
│   │   └── 学术道德规范
│   └── 课程考核规范
│       ├── 考核形式与命题规范
│       ├── 监考规范
│       └── 成绩评定及考核分析
└── 教学事故
    ├── 教学事故的界定
    ├── 常见教学事故分类
    │   ├── 课堂教学类
    │   ├── 实践教学类
    │   ├── 考试与成绩管理类
    │   ├── 教学管理类
    │   └── 其他类
    ├── 教学事故处理
    │   ├── 处理程序
    │   └── 处理结果
    └── 典型案例分析
```

一、教学规范

(一)概述

1.内涵界定

教学规范是保证教学工作顺利进行、各项教学活动有条不紊开展的重要条件,贯穿课堂教学、实习实训、毕业论文管理等人才培养全过程。良好的教学规范是教学工作高效有序完成的基础,对促进教学质量提升至关重要。

2.教学职责

教书育人是每一位教师应尽的责任和义务,教师应遵循教育教学的基本规律,遵守教师教学规范的有关要求,努力提高教学质量,培养德智体美劳全面发展的社会主义建设者和接班人。

坚定信念,厚植情怀。教育引导学生树立共产主义远大理想和中国特色社会主义共同理想,增强学生的中国特色社会主义道路自信、理论自信、制度自信、文化自信,立志肩负起民族复兴的时代重任[①]。

言传身教,为人师表。具有高尚的职业道德,以优良的思想品格、优雅的行为和端庄的仪表对学生起示范作用。

尽职履责,教书育人。认真行使《中华人民共和国教师法》赋予的权利,履行义务和责任。按学校安排承担课程讲授、实验、实习、毕业论文(设计)指导等教学任务。

潜心问道,勇于创新。不断更新教育思想观念,改革课程内容、课程体系和教学方法,探索创新能力和科研能力的培养方法等,总结和积累教学经验,提高教学水平和艺术。

(二)课堂教学规范

课堂教学是教师教书育人的主渠道,任课教师应治学严谨,为人师表,以科学精神和人格力量感染和培养学生。

---

① 陆叙波.关爱学生 言传更要身教[J].师道·教研,2019(2):32.

1. 教学准备

周密的教学准备工作是教学任务得以顺利完成的前提。教学准备工作包括熟悉课程大纲、明确教学目的、指定教材和主要参考书、了解学生情况、选择教学组织形式和教学方法、编制教学计划、撰写教案等。

课程大纲是教师进行课程教学的基本文件,是执行专业人才培养方案、实现培养目标和毕业要求的教学指导性文件。教师要认真研究课程大纲,了解本门课程在整个专业培养方案中的地位和作用、与其他课程的联系和分工,深入了解学生的学习基础和接受能力,了解先行课的教学情况及后继课的安排,处理好相关课程之间的衔接,做到因材施教。

教师开课要选用教材。教材包括理论课程教材和实验教材或实验指导书,教材选用须符合本校人才培养方案、教学计划和课程大纲要求,符合教学规律和认知规律,便于课堂教学,有利于激发学生学习兴趣。

教师开课前应认真填写课程教学进度计划表,合理分配课程讲授、实验(实习)和讨论等各环节的学时;对课程进度和各个教学环节作出具体安排。

备课是教学前的重要环节。教师要根据课程大纲要求,明确各章节的教学目标和要求以及教学的重点、难点,认真研究教学方法、选择适宜的教学方法和手段,提前撰写好较为详细的讲稿或教案。要根据学科发展前沿,适时更新教案内容。新进教师或开新课教师上课前一般应备好该课程1/3以上的讲稿或课件,学院(部)首次开新课的教师一般应准备不少于1/2的讲稿。新开实验课程或项目应预做实验,熟悉实验流程,并写出预做实验报告。

实验课开课前,教师应协同实验技术人员做好实验所需仪器设备、材料、药品及实验场所环境等的准备工作,满足实验教学所需。

2. 课堂教学

课堂教学是教师教书育人的主渠道,教师要发挥好主渠道作用,将思想政治教育有机融入课堂教学,努力做到价值塑造、能力培养与知识传授的有机统一。教师应模范遵守学校课堂教学的纪律和规定,严守课堂教学纪律,不发表各种违法违纪、有害观点和言论。按课表在规定的时间、地点上课,不得迟到、提前下课,不得自行更改上课时间或地点。因特殊原因需要调课、停课或代课时,须事先向学院申报,并报教务部门批准后办理相关手续。教师上课期间注意关闭手机等通信工具,严禁上课时接听电话、会客或随意离开教室。

教师进入课堂要注重仪表,衣冠整洁;上课要讲普通话,用规范字;第一次与学生见面,要以适当方式作自我介绍,要在扼要介绍本课程教学计划之后,详细说明作业、实验、课堂表现等过程性考核在课程考核中所占的比重。

教师上课要做到语言清晰流畅,板书清楚规范,课堂时间分配恰当;教学目的明确,体现"以学为中心"的教学理念;教学内容反映本学科和相邻学科的新成果、新进展;根据教学内容,合理选用启发式讲授、案例教学、小组讨论等多种教学方法,积极采用探究性教学方法;注意引导学生了解学科前沿、动态和实践,引导学生探索未知,培养学生的批判性思维与探索精神。

教师有课堂管理责任。要严格维护课堂秩序,检查学生到课情况,教育和督促学生遵守课堂纪律。对无故缺课的学生,应及时向学院反映。

实验课程第一学时应开展实验安全教育,宣讲《学生实验守则》、实验安全注意事项及实验室有关规章制度,指导学生安全、规范和有序地进行实验。对学生不遵守规章制度、违反操作规程或不听指导的行为,可以批评、纠正、制止,直至终止其实验。

实验过程中,教师应认真巡视学生实验,回答学生提问,主动耐心地指导并纠正学生不规范的操作,积极引导学生分析、解决问题,着重培养学生独立操作能力和自主解决问题的能力。

3.实验安全与伦理

实验教学中,教师应牢固树立安全第一的意识,全面了解课程实验过程中可能产生安全事故的环节及预防措施、事故应急预案,严格按照规程进行实验。加强学生安全教育,注意学生用电、用水、用实验器材及实验试剂药品的管理,提高学生预防和处理安全事故的能力。实验过程中如发生安全事故,应立即按照应急预案处理,防止事故蔓延。

实验教学中涉及动物的实验,应在符合科学标准和伦理原则的前提下健康、有序地开展。应合理、人道地利用动物,保障动物享有基本的权利。在实验教学时加强实验动物伦理学教育,积极引导学生树立善待动物、尊重生命的伦理观念,及早消除学生在动物实验过程中所遇到的伦理学困惑,确保实验教学的正常开展。[①]

4. 教学辅导

教师要重视对学生的辅导答疑,其内容包括:指导学生编制学习计划,指导学生查阅文献资料、参考书,指导学生安排学习内容、合理利用业余时间,指导学生掌握自主学习的规律和科学学习的方法等。

教师应通过指定时间地点或网络手段等多种方式,建立起辅导答疑渠道,利用辅导答疑了解学生学习情况,征求对教学的意见。教师在辅导答疑中,应重视因材施教,一般以个别答疑为主,对共同性问题可以进行集体辅导。

教师应根据每堂课的教学内容,布置学生课后应阅读的文献资料和应完成的作业,确保适宜的学习强度和学业挑战度;作业的形式可以是习题、文献题、小论文、小制作、练习、操作等。任课教师应按时批改作业,并对学生完成作业的情况(数量和质量)做好书面记录,并作为过程性考核的一部分计入总评成绩内。实验课程应批改实验报告,根据学生的操作技能、实验报告质量等情况,综合评定学生实验课成绩;不单独设实验课的,应按规定比例计入课程总成绩。

5. 教学创新

教师应当积极参加教学改革、教学研究和实践活动,加强学生创新思维和实验动手能力的培养,提高学生科学研究能力和团队协作精神。

[①] 李小媚,舒安利,肖素军,等.关于实验教学中实验动物的伦理学研究[J].中国医学伦理学,2014,27(6):876-878.

要充分运用数字化教学资源,积极探索"互联网+"条件下的教学模式创新。要推动科研反哺教学,强化科研育人功能,积极将一流科研成果转化为教学资源[①]。

(三)实习实训规程

实习实训是重要的实践教学环节,是本科学生在理论学习之外获得实践知识、增强劳动观念、培养创新创业意识、提升实践能力的重要途径,对促进本科学生全面发展具有重要作用[②]。

1.实习实训准备

实习实训指导教师应按照人才培养方案和实习大纲要求,编写实习实训计划,明确实习实训目的、任务、内容、方法、时间安排、经费预算和注意事项等内容。实习实训前提前到实习实训单位了解和熟悉情况,做好实习实训前的准备工作。应对实习实训学生进行动员培训,使学生了解实习实训的目的、任务、内容、方法、时间安排和注意事项等。

2.实习实训过程指导

督促学生按照实习实训计划完成实习实训任务,以身作则,言传身教,及时了解、掌握和检查学生实习实训完成情况,指导学生编写实习实训报告、调查报告等;关心学生的思想、生活和健康状况,加强对学生进行纪律、礼仪、保密等方面的教育。实习实训期间配合实习实训单位工作,及时解决实习实训中的问题,维护与实习实训单位的友好合作关系。做好学生的考勤与实习实训过程记录,实习实训结束后开展实习实训总结,评定每个学生的实习实训成绩。

3.实习实训安全规范

实习实训指导教师应具有处置安全紧急事故的良好心理素质、组织协调能力和应变技能,做好学生实习实训期间的安全管理日常工作。实

[①] 李大双,彭建盛,何奇文,等.地方本科高校工科专业创新能力培养探索与思考[J].河池学院学报(哲学社会科学版),2020,40(1):75-80.
[②] 王可忠.高职学生顶岗实习探讨[J].金华职业技术学院学报,2011,11(2):9-12.

习实训前应对实习实训学生进行实习实训安全、纪律教育,组织学生签订安全责任承诺书。

实习实训过程中发生紧急事故时,实习实训指导教师负责统一处理紧急事故的组织协调、报警联络、抢救疏散、事故处置等工作,及时向所在学院和学校有关部门报告。当有关部门赶赴现场后,配合其处置事故。

(四)毕业论文(设计)管理规范

毕业论文(设计)是本科人才培养方案的重要组成部分,是实现人才培养目标的综合性实践教学环节,是对学生科研能力、综合素质的全面培养和检验。毕业论文的质量也是衡量教学水平、学生毕业与学位资格认证的重要依据。[1]

1.选题与开题

学生在指导教师的指导下,可根据自己的兴趣、特长确定选题,也可由指导教师推荐选题。毕业论文的选题包括但不限于基础研究、应用研发、创意设计、专题调研、作品展演等类型。选题不得违反国家方针政策,论文撰写应有一定的工作量,难度适当,在规定时间内经过努力能够完成,符合专业培养目标,体现综合训练的基本要求。选题应面向国家和区域社会经济发展实际,与生产、科研、教学和实验室建设等紧密结合,不过大、过空、过偏,提倡真题真做,鼓励学生提前参与有关课题的实际研究。

2.指导与实施

指导学生独立完成一项选定的专题研究或设计任务。加强对学生论文撰写的过程指导,定期检查学生毕业论文撰写进度与质量,及时提出指导意见。

指导学生根据题目的要求,进行调研、资料收集与处理;充分利用计算机网络、数字图书馆和工具书等辅助工具;注意收集国内外该领域的

---

[1] 陈章宝.网络教育药学专业学生实践教学途径的探索[J].教育教学论坛,2018(43):81-83.

最新研究进展,科学实验应掌握实验、测试技能,提高对实验结果的分析能力和解决问题的能力。完成任务后按照本专业的培养目标及毕业论文大纲基本要求撰写毕业论文,或者编写设计说明书并绘制必要的图纸等。论文格式应符合学校的规范化要求。

答辩前完成学生毕业论文全部资料的审查,预审毕业论文(包括封面、中英文摘要、正文、插图表格、参考文献、排版等)是否达到相应要求,组织学生试讲,指导学生做好答辩准备。

3.评阅与答辩

指导教师根据学生毕业论文撰写情况及质量形成评阅意见,按等级给出成绩。评阅标准包括选题、能力态度、质量水平等方面,成绩等级一般包括优秀、良好、中等、及格、不及格五个等级。

所有参与毕业论文的学生都应当参加由学院答辩委员会组织的答辩。答辩委员会审定学生毕业答辩资格,公布答辩时间、地点和答辩学生名单,组织并主持全院答辩工作;统一评分标准和要求,并综合指导教师、交叉评阅教师、答辩小组的评阅意见及成绩,给出毕业论文的最终成绩;可根据工作需要聘请校外专家参加答辩。

答辩工作程序:

(1)答辩小组组长宣布答辩开始,并宣布答辩小组成员名单;

(2)答辩人报告毕业论文主要内容,时间一般为8-10分钟;

(3)答辩小组提问,答辩人就所提问题进行回答,时间一般为6-8分钟,提问侧重课题关键内容;

(4)答辩结束时,答辩小组根据学生答辩情况形成具体的答辩评语,并根据毕业论文及答辩情况,参考指导教师意见,给出毕业论文的最终成绩。

4.学术道德规范

加强对学生学术道德、学术规范教育。保持实事求是的科学态度,杜绝各类学术不端行为。将学术道德、学术规范教育贯穿于论文实施的全过程,对毕业论文是否由学生独立完成进行审查,确保原创性。严格审查学生毕业论文全部资料，严把论文质量关，杜绝论文抄袭、剽窃、买卖、代写等现象。

(五)课程考核规范

人才培养方案规定的每门课程和教学环节(包括军训、劳动课、实验、教学实习、生产实习、毕业实习或设计、德育课等)都应进行考核。

1.考核形式与命题规范

课程考核分为考试和考查，具体由培养方案规定。任课教师应在行课之初，向学生公布课程大纲规定的成绩构成项目和具体比例，以及课程考核和成绩评定方式。

课程考核要坚持客观公正、全过程综合评定和学习成果导向的原则。教师应在教学过程中增加非标准答案作业，广泛采用平时测验、大作业、课程论文(综述)、读书报告、研究报告、课堂行为表现等多种考核评价形式，促进学生深度学习。

课程讲授结束后，任课教师要做好学生的复习考试工作，对学生进行考试目的、纪律的教育。任课教师一律不出复习题，不划考试范围，严禁泄漏考题。考核内容应当符合人才培养目标、毕业要求和课程目标，命题内容、范围及深度以课程大纲为依据。

以考试形式进行的课程，通常以百分制命题，考试时间120分钟。每门课程应至少有A、B两套考题，两套考题在考核目标、考核内容、考核形式、题目数量、难度和分值上应当相当。

2.监考规范

每位教师都有责任和义务参加监考工作。监考教师必须按考试时间提前(通常提前20分钟)佩戴监考证进入考场，宣布考场纪律，清理考场。发现违纪作弊行为，按照学校相关文件处理。

3.成绩评定及考核分析

教师应当公正、科学地评阅试卷。评阅试卷原则上以红笔记正分的形式批阅。统一命题的课程试卷评阅应以课程组为单位，在学院或课程组指定场所,集体阅卷,流水作业。阅卷后要进行复核,发现漏评、漏记或总分统计错误应及时更正。在试卷、答卷或成绩记载表上,对已经评定分数或统分记录进行修改时,阅卷教师或统分人员应在修改处签名。

任课教师应在课终考核结束后规定的时限内完成成绩评定、登载和提交。成绩一经登录提交,任何人不得擅自更改。确需更改成绩的,应按照学校成绩评定相关文件规定处理。

考核完成后,学生若对成绩有异议,可申请查卷。期末安排的考核,查卷安排在下一学期开学后一周内;其他时间安排的考核,查卷安排在考核完成后20天内。其他时间申请查卷的,不予受理。

教师在完成教学任务后,应及时总结、自我评价和反思,分析课程目标的达成和学生能力的提升等情况,探索更为有效的教学方法和策略,不断提升教学能力。

二、教学事故

(一)教学事故的界定

教学事故是指教师(含教辅人员)及教学管理人员失职或违反教学管理规定,在教学或教学管理过程中出现失误或过错,影响正常的教学秩序、教学进程,损害教学质量和管理秩序,造成不良后果或恶劣影响的事件。教学事故按其性质严重程度通常可分为:重大教学事故、严重教学事故和一般教学事故。

学校应成立教学事故认定及处理工作委员会(以下简称"委员会"),负责教学事故的认定和处理;成立教学事故认定及处理工作办公室(以下简称"委员会办公室"),负责教学事故认定和处理的日常工作。凡个人原因造成教学事故,追究责任人个人责任;单位领导对造成教学事故有责任的,同时追究其责任;对教学事故多发单位和重大教学事故责任单位应追究领导责任。

(二)常见教学事故分类

教学过程中常见的教学事故按发生时间、性质等可分为课堂教学类、实践教学类、考试与成绩管理类、教学管理类、其他类。

1.课堂教学类

·未按学校规定擅自变动上课时间或地点。

·在课堂教学中未按教学大纲规定讲授教学内容,未能完成学期教学内容。

·未按规定使用教材,在教学过程中向学生推荐违规书籍。

·在课堂教学中传播国家法律法规不允许的内容。

·未按学校规定擅自请人代课。

·无故缺课、调课、停课,无故提前下课或中途擅自离开课堂。

·上课期间侮辱体罚学生。

·上课期间接打手机、抽烟等。

·因工作失误造成学生受伤或公共财产损失。

·未按教学大纲布置作业或布置作业未批改。

·因工作失误造成其他损失。

2.实践教学类

·未按教学大纲进行准备,影响实践教学。

·实验室(实践教学场所)未按规定管理,发生意外事故。

·指导学生实验、见习、实习、研习等未认真履责(如擅自离岗等)。

·未按规定保存实践教学材料。

·擅自提前结束实习工作。

·实践教学过程中管理混乱,影响学生正常学习。

·不尊重学术规范,学生论文、报告等抄袭他人成果。

·未按规定,随意进行实践成绩评阅。

·因工作失误造成其他损失。

3.考试与成绩管理类

·考试命题者或相关人员出现泄密等问题。

·准备不到位,影响考试正常进行(如试卷缺漏、试题出错、监考迟到等问题)。

·未通知或通知不及时,导致学生未能正常参加考试。[1]

·监考时未有效履责。

·阅卷教师未按规定要求评阅试卷及准备相关材料。

·阅卷教师徇私舞弊,故意提高或压低学生考试成绩或故意更改学生成绩。

·教师录入学生成绩错误,造成影响;未在规定时间内提交成绩。

·因管理不善导致学生考试成绩遗失。

·因工作失误造成其他损失。

4.教学管理类

·未按教学计划或未在规定时间安排课程,影响正常教学。

·因安排不当造成教室使用冲突且未能及时妥善解决,影响正常教学。

·通知错误或遗漏,教师或学生未正常到场,影响正常教学。

·教材征订出现错误、遗漏,影响正常教学。

·审查不认真,错发、漏发学生毕业证、学位证等,造成严重后果。

·没有及时按照规定报告教学异常情况。

·未在规定时间报送教学材料。

·未按规定,及时准确管理教学材料。

·因工作失误造成其他损失。

5.其他类

·已到上课或考试时间,管理人员未打开教室、实验室等,影响正常教学。

·接到反馈后未及时处理教室、设备等问题,影响正常教学。

·教学设备采购不及时或出现错误,影响正常教学。

·因工作失误造成其他损失。

---

[1] 张慧明,沈丹云.新常态下地方本科院校的教学质量提升策略研究——以南京信息工程大学为例[J].教育教学论坛,2016(35):219-221.

(三)教学事故处理

1. 处理程序

教学事故实行本人报告、单位报告、督查报告和举报的制度,各类报告或举报采用实名制。教学事故发生后,责任人应在学校文件规定时间内向其所在单位报告;其他人员如发现教学异常情况可通过电话、信件、网络或其他方式及时报告委员会办公室。

委员会办公室接到报告或举报后,应立即将线索转至责任人所在单位,责令责任单位调查核实。责任单位接到教学事故(或异常情况)发生的报告、举报或线索后,应立即责成相关人员采取有效的补救措施,防止事态发展,并及时调查核实;责任单位的分管领导应与责任人进行诫勉谈话。责任单位应在学校规定时限内向委员会办公室提交初审意见和调查材料。

委员会办公室应将责任单位提交的初审意见及时报委员会,委员会应在学校规定时间内召开专题会议进行讨论,形成决议。认定为教学事故的应由委员会出具教学事故认定与处理决定,并于学校规定时限内送达责任人及其所在单位。

责任人对教学事故认定和处理决定有异议的,可以在学校规定时限内提出书面申诉,学校相关机构将组织复查结论。

2. 处理结果

教学事故处理应严格按照学校管理规定执行,处理结果应在一定范围内通报,做到以案说纪,加强教育警示。所有教学事故处理结果均应在教务部门、人事部门备案,作为责任人或责任单位年终考核、职务晋升、岗位聘任等的有效依据。凡因教学事故造成公共财产或他人财产损失的,由事故责任人赔偿相应损失。教学事故符合纪律处分规定或违反法律,由相关部门给予纪律处分或追究法律责任。

教学事故发生后,当事人或单位及时报告,并采取有效措施予以补救的,可视情况从轻、减轻处理;教学事故发生后,当事人或单位隐瞒事实、弄虚作假的,或者一段时间内多次发生教学事故,可视情况从重或者加重处理。教学事故因不可抗力因素造成的,不予处理。①

(四)典型案例分析

·某高校教师上课时出现教师未到岗情况,也未按学校规定办理教学计划变动审批手续,被学校教务处在教学检查中发现。按照相关规定,该老师的行为影响了该课程正常的教学进度,破坏了教学组织与管理的严肃性,造成了不良影响,被认定为一般教学事故。该责任人被全校通报批评,扣发当月岗位津贴。

·某高校教师在上课期间不讲授课程、长时间浏览手机,被学校教学督导进行常规教学检查时发现并上报教务处。按照相关规定,该老师的行为打乱了任课班级正常的教学秩序,破坏了教学组织与管理的严肃性,损害了教师的形象,造成了严重不良影响,被认定为严重教学事故。该责任人被全校通报批评,延期一年晋升高一级专业技术职务,扣发一个季度的岗位津贴。

·某高校教师在上课期间违规讲授与课程内容无关信息,不按规定使用教材,极力向学生推荐自己参编的相关书籍,被学生举报。按照学校相关规定,该教师的行为违反了课程教学大纲规定,打乱了学校教学秩序,造成了不良影响,被认定为一般教学事故。该责任人被全校通报批评,扣发当月岗位津贴,其违反师德师风问题由学校人事部门按其他管理规定另行处理。

·某高校实验课程教学教师在演示实验时未按操作规程进行操作,导致围观演示结果的部分学生被化学药品灼伤。发生情况后,该老师第一时间组织善后,将受伤学生及时送医,并未造成特大影响。按照相关规定,该老师的行为违反了学校实验室管理规定和实验教学规范,被认定为严重教学事故,但考虑到该教师在事故发生后及时采取措施进行补

---

① 西南大学.关于印发《西南大学本科教学事故认定及处理办法(修订)》的通知(西校〔2018〕608号).

救,故学校教学事故处理及认定委员会将该事故降级为一般教学事故。该责任人被全校通报批评,扣发当月岗位津贴并赔偿相应损失。

·某高校教师在教务系统中录入学生成绩时误将课程成绩录入到另一门自己承担课程成绩中,学生查分时发现教学异常情况。按照相关规定,该教师的行为违反了教学行为规范,由于录入错误量较大,被认定为严重教学事故。该责任人被全校通报批评,扣发一个季度的岗位津贴,年度教学工作考核不合格。

·某高校教室管理人员在大学英语四级考试时未能按时打开考场教室,导致部分学生无法正常参加考试。按照相关规定,该管理人员的行为破坏了教学组织与管理的严肃性,给学生造成了不良影响,被认定为重大教学事故。该责任人是外聘人员,被全校通报批评并被解聘,其聘任单位领导负领导责任,被学校约谈。

第九章

教学改革研究项目与成果培育

【本章引言】

　　教育教学研究是高校全面深化教育教学改革、不断提高人才培养质量的关键环节。党的二十大以来，建设教育强国的需求越来越迫切。加快教育教学研究，支撑驱动和引领教育改革发展，不断提升人才培养质量，建设高质量教育体系，是服务教育强国建设的应有之义。

　　教学研究项目、教学建设项目及教学成果奖是高校教师开展教育教学研究的重要载体，本章主要对教学研究项目、教学建设项目以及教学成果奖的培育、申报、实施、推广和常见问题等方面进行详细介绍。

【内容导图】

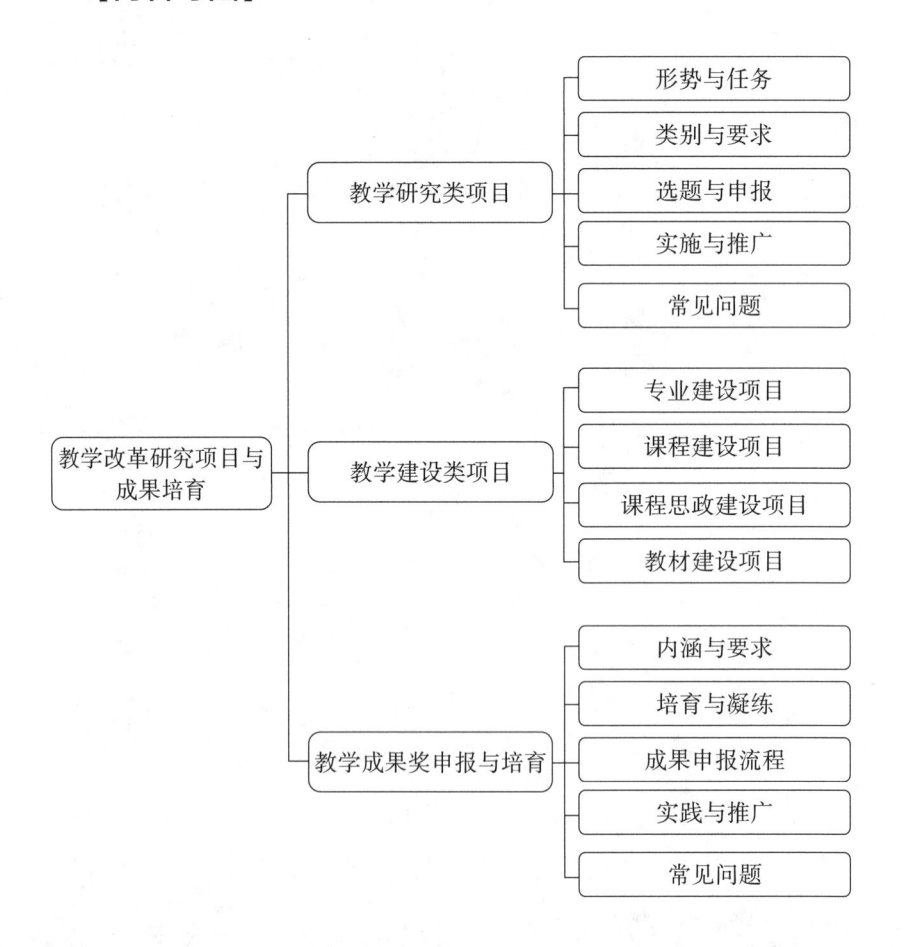

```
                                    ┌─ 形势与任务
                                    ├─ 类别与要求
                    ┌─ 教学研究类项目 ─┼─ 选题与申报
                    │               ├─ 实施与推广
                    │               └─ 常见问题
                    │
                    │               ┌─ 专业建设项目
教学改革研究项目与    │               ├─ 课程建设项目
成果培育         ───┼─ 教学建设类项目 ─┤
                    │               ├─ 课程思政建设项目
                    │               └─ 教材建设项目
                    │
                    │                   ┌─ 内涵与要求
                    │                   ├─ 培育与凝练
                    └─ 教学成果奖申报与培育 ─┼─ 成果申报流程
                                        ├─ 实践与推广
                                        └─ 常见问题
```

一、教学研究类项目

教学研究是高校全面深化教育教学改革、不断提高人才培养质量的关键环节。为了促进教育工作者积极开展教学研究,教育管理部门设立了高等教育教学改革研究项目,简称教改项目。教改项目以问题为导向,探索并实践促进教育教学质量提升的路径和方法[①],是教学研究工作的重要载体。

(一)形势与任务

当今世界正经历着前所未有的深刻变革,物联网、大数据、人工智能等技术快速发展不断推动着产业变革,新技术、新产业、新模式、新业态不断涌现,革命性地改变着全球的经济社会发展,也深刻地改变着人们的生产生活方式和思维方式。随着世界社会和经济的快速发展,高等教育也发生了重大变化,质量提升成为了新时代高等教育发展的主题。面对国际高等教育的发展和国内高质量教育的需要,深刻把握世界高等教育发展新态势,高度重视本科人才培养质量,推动教育观念、教育思想、教育标准、教育路径的深度变革,全面推进高等教育现代化,建设高等教育强国成为了我国目前高等教育发展的主要任务。

2018年6月,教育部组织召开了新时代第一次全国高等学校本科教育工作会议,提出坚持"以本为本",推进"四个回归",加快建设高水平本科教育,全面提高人才培养能力,造就堪当民族复兴大任的时代新人。这为新时代的高等教育教学研究提出了新任务。

面对新形势、新经济、新机遇,新时代的教育教学面临的不再仅仅是单纯的教与学问题,而是提高人才培养质量的问题。教育教学研究面临的最根本的任务就是全面提高人才培养质量,培养出堪当民族复兴大任的时代新人。在新时代新形势下开展教学研究,就是要主动服务产业转型升级和创新驱动发展新需求,围绕全面提高人才培养质量这个根本任

---

① 陈贝贝,张艺潇.关于加强高校教学改革研究项目管理的思考[J].科教导刊(下旬),2018, (6):27-29.

务,以提高教育教学质量为主题,以全面深化教学改革为重点,逐步探索和建立起适应新时代要求,符合高等教育发展规律和大学生成长规律的教育教学制度,不断促进我国高等教育的发展,适应并引领世界高等教育发展趋势。

(二)类别与要求

国家、省市教育管理部门、学校通常以教育教学改革项目为载体推进教育教学改革任务的落实,每一级别的教改项目因其立项出发点不同,对应的研究目的、层面、范围、重点也不同。

1.以教育教学改革的组织单位划分

根据教育教学改革的组织单位,教育教学改革项目可分为国家级、省部级、校级、院级。国家级教育教学改革项目,其研究范围宏观,研究目的多是为国家提供资政建议、为国家制定相关政策提供经验,具有试点性特点;省部级教育教学改革项目,研究范围偏中观层面,研究目的旨在指导、示范区域发展,具有区域性特色;校级教育教学改革项目,研究范围偏微观,围绕人才培养模式、专业建设、课程建设、教学方法等具体问题,具有基础性和针对性等特点,旨在改善教学,提升教学质量。

2.以教育教学改革项目选题价值分

根据教育教学改革项目选题价值、难易程度,通常教育教学改革项目分为重大项目、重点项目和一般项目。重大项目是指对解决当前和近期高等教育中教学重点(难点或热点)问题、推进高等教育教学改革有重大影响,有较好的研究基础,可望取得重大成果,并有较高推广、应用价值的研究项目。重点项目是指对解决当前高等教育教学中重点(难点或热点)问题、推进高等教育教学改革有较大影响,能取得实质性成果,并有较高应用价值的研究项目。一般项目是指根据高等学校教育教学改革的需要而进行的研究、实践周期短,受益面相对较小的研究项目。[①]

---

① 重庆市教育委员会.《重庆市高等教育教学改革研究项目管理办法》,(渝教高函〔2016〕12号).

3.以教育教学项目选题内容和高校实际需求分

根据教育教学改革项目选题内容,结合高校日常教学管理情况,教改项目则可划分为常规性教改项目、专项教改项目、委托教改项目。常规性教改项目,即日常开展的、基本固化形式了的年度性教改项目;专项教改项目是学校根据教学发展现状及教学难点,专门设置的专题性研究项目,如"思想政治教学专项""拔尖创人才培养专项""重大教育教学改革专项"等;委托教改项目,即根据国家、省市、学校教育教学改革发展需要设置的特定研究项目,由各级教育主管部门委托有一定研究基础、资源优势,能够完成相关研究任务的单位或个人开展研究。

(三)选题与申报

1.教改项目选题

正确选题是项目申报的重要前提。选定研究方向或问题主要有以下几个途径。

从教育教学实践中发现。教与学过程中的实际问题是教学研究最基础最核心的单元。教改项目研究就是以实际产生的教学问题为导向,通过研究与实践来找出解决教育教学问题的途径与方法。

从教育教学理论学习运用中发现。在进行教育教学理论的学习的基础上,思考将理论运用于实际教育教学实践,并以此展开研究。

从文献阅读或信息交流中发现。在看别人的研究成果,或与别人进行交流中,思考发现可以提出不同的主张,得出不同的结论,以此开展进一步研究。

与此同时,开展教改研究还需要了解当前教育教学发展趋势,理解学校办学特色和发展规划。当前教育教学发展趋势是代表着国家战略需求和社会需求,为教育教学改革指明了大方向。学校是实施各项教育教学改革措施的主体了解学校办学特色和发展规划,才能提出更切合学校实际的教学研究主题,才能保证项目的顺利实施和推广,实现教学研究项目的真正意义。

根据教学研究的发展,近年来比较热门的研究主题主要聚焦于"四新"建设、拔尖创新人才培养、创新创业教育改革、产教科教融合、实践育人体系、协同育人体系、智慧教育、人工智能+教育、美育、劳动教育、教育评价改革、质量文化建设、教学管理信息化等方面的改革研究与实践。

2.教改项目申报

教改项目申报最重要的部分是申报书的填写。项目申报书中需申报人填写的主要是项目及研究人员情况、立项依据及目标、具体安排及进度、经费概算等内容。

(1)项目及研究人员情况

项目名称应包括研究对象、研究的范畴和研究方法三要素。一般采用陈述句型名,准确规范,句式简洁,不超过30字。

示例:

师范生教学实践能力评价体系的创新与实践;

基于慕课的《农业推广学》课程思政教学模式研究与实践;

面向留学生的重庆高校"巴渝文化"教学联合体建设研究与实践;

自然教育理念融入参与式园林设计类实验课程的方法研究。

申请金额根据项目的类别或层级,如实填写。

项目主持人基本信息,尤其是工作简历部分,应偏重于对教育教学工作经历的叙述,如有与申请项目相关的学习、工作或研究经历,应重点突出。

项目主要成员情况,项目若非独立完成,应如实填写项目主要成员信息,并由成员亲笔签字确认。根据项目层级不同,项目组成员人数有不同限制,一般情况下项目成员不超过9人。

(2)立项依据及目标

此部分是项目申请书中最核心最重要的部分,需要对项目的现状及背景、研究基础、研究内容、研究目标、主要特色和研究成果进行准确详尽地阐述。

现状与背景分析,即开展此项研究的原因和基础。

开展研究的原因即详细叙述本项目研究的意义和价值。一般从宏观、中观和微观三个层面进行叙述。宏观层面主要关注时代发展、社会变革和国家政策与项目的关联;中观层面主要关注教育教学改革发展趋势与项目的关联;微观层面主要关注教育教学的实践与项目的关联。必要时,还需对已有的研究现状进行综述,明确相关研究不足之处,提出本项目的创新点和突破点。除此之外,还需要写明项目研究的基础,包括前期的调研论证,开展研究所具备的资料、设备、团队等基本条件及研究者的业务能力、研究水平,甚至开展教学研究氛围等方面的内容。

研究内容,即本项目研究的对象。首先是界定项目的基本概念,尤其是对项目的核心概念进行详细说明,然后是从课题的内涵和外延出发,按照由浅入深由表及里的层次或并列关系的逻辑层次将研究问题细分为若干个具体的小问题加以陈述,并明确研究重点。

研究目标及解决的问题,即本项目要解决的教学问题及研究需要达到的效果。可以分为理论目标、实践目标进行整体的叙述,也可对应研究内容逐一表述。注意各部分之间的逻辑性。

研究方法,即开展本项目研究将用到的方法,可以理解为原则、策略、程序、工具、方式的综合表述。一般有文献法与内容分析法、调查研究法(包括问卷或调查访问)、观察法与测验法、实验法、行动研究法等,根据项目实际需要进行选择。

主要特色,即本项目区别于其他研究项目的创新之处。

预期效果与具体成果,即本项目研究最终要达到或获得的效果。预期效果主要是对项目将要达成的效果进行叙述,通常采用陈述的句式,具体成果则主要是写项目将取得的成果形式,主要有研究报告、改革方案、论文、专著、教材、培养方案、教学大纲、指标体系、成果专利等。

示例:

预期成果:

构建师范生教学实践能力评价体系,……促进学生自主学习,引导教师强化指导与跟踪,提升师范生学习效果。

具体成果：

写作1篇关于"师范生教学实践能力评价体系构建"的研究报告；

发表1-2篇高水平教学改革研究论文；

形成师范生教学实践能力评价体系改革总方案和子方案(1项总体方案和多项子方案)。

(3)具体安排及进度

此部分写项目研究的计划安排。一般分为准备、实施和总结三个阶段，并按照时间顺序进行安排。准备阶段有调研、资料整理与调查等内容；实施阶段有制定方案、开展研究、团队讨论、理论实践等内容；总结阶段有撰写论文、总结报告等内容。

示例：

2021年立项的重庆市教改项目《师范专业认证背景下卓越中学生物教师培养模式改革与创新研究》的研究进展安排。

2021.06-2021.12：搜集整理相关文献和最新研究成果，成立工作小组，通过调研、交流等方式，梳理教育行政部门、用人单位、毕业生对卓越教师培养体系的意见和建议，结合本专业实际情况，修订卓越教师培养体系。

2022.01-2022.12：对培养体系进行各方意见建议的二次征集并定稿，按照培养体系的要求，对课程教学、实践训练、第二课堂等方面进行改革，根据学生的成长规律，逐步开展实施。

2023.01-2023.06：对课题成果进行阶段性总结，举行教育教改研究座谈会，邀请教育行政部门、用人单位、毕业生、大学教师等讨论课题研究中的重要发现和尚有争议的问题，撰写结题报告，准备结题材料。

(4)经费概算

此部分首先要先写清楚项目经费的来源，再明确项目经费使用规划。

项目经费来源,主要有相关部门专项经费,学校、学院配套经费,自筹经费等。

经费使用规划,主要有资料费、会议费、调研差旅费、论文著作出版费等与项目研究相关的支出,且必须符合相关财务管理规定。

以上是教改项目申报书的主体填写部分。申报教师完成并由相关成员签字后递交到相应的管理部门。一般情况下是由学院汇总申报材料后递交至学校教务管理部门。如更高级别的教改项目,则由学校评审后再递交至上级管理部门。

(四)实施与推广

1.教改项目的实施

(1)项目开题

项目立项后,由相关管理部门公布立项通知,并要求提交相应的项目任务书。任务书提交则表示正式进入实质研究阶段,在此之前需填写开题报告。教育部教改项目由学校统一组织开题论证会。省市级、校级教改项目则自行组织开题并填写《开题报告书》。

任务书的填写。项目任务书主要包括项目简况、项目主持人情况、项目组成员情况等简表,项目总体目标与研究思路、项目实施计划与步骤、项目研究预期阶段成果和最终成果、经费管理规划和学校意见等主体内容。任务书是项目结题验收的重要依据,其内容应与立项申请书的相关内容基本一致,可参照立项申请书填写。

开题报告书的填写。开题报告书主要包括开题会议简况、开题报告要点、专家评议要点、重大变更等方面的内容。开题会议简况简要写明开课时间、地点、评议专家、参与人员等情况。开题报告要点部分主要包括研究的题目、内容、方法、组织、分工、进度、经费分配、预期成果等内容。专家评议要点侧重于专家对项目组汇报要点逐项进行可行性评估和提出建议的叙述。根据专家意见,若项目需要做重大调整的,还应该填写项目重要变更说明,侧重说明对照项目申请书、根据评议专家意见所作的研究计划调整。

校级教改项目《开题报告书》由学院审核后报学校备案,省市级教改项目《开题报告书》经学校教学管理部门审核认可后,报省市级教育管理部门备案。

(2)中期检查

自批准立项时起,每满一年时间或研究时限过半时,由项目负责人梳理项目研究进展,总结项目开展经验和经费使用情况,填写《中期报告书》。

中期报告书主要有项目进展情况、取得的阶段性成果、下一步工作计划与目标、尚待解决的主要问题、单位支持和经费使用情况等内容。

(3)项目验收

为方便项目管理,校级和省市级教改项目都有固定的结题时间,一般为项目立项后两年。项目组应按规定的时间进行结题。项目结题需填写项目结题验收表,提供《项目申报书》《项目任务书》《开题报告》《中期报告》、研究总结报告、成果附件及其他可以说明研究成果的有关材料。

项目结题验收表主要由项目基本情况、工作报告、专家组验收意见等部分组成。其中工作报告是结题验收表最核心的内容,须写明本项目解决的主要问题、项目实践效果或应用情况、产生的社会影响、项目特色与创新点、进一步研究设想等内容,同时还需详细列出项目经费使用情况和项目成果。项目取得成果应与任务书中承诺取得的成果保持一致。

研究报告是结题验收的必备材料,是以文字报告的形式对项目的研究内容、研究过程、研究结果和价值意义进行总结,是结题验收表"工作报告"部分的详述版本。一般主要由以下三部分构成:

第一部分写明项目研究与实践情况,并进行自我评价描述;

第二部分写明项目研究取得的成果;

第三部分写明项目的推广价值以及进一步研究、实践的思路。

成果材料汇编是将研究取得的成果材料,如公开发表的论文、专著、教材等汇编成册,方便结题验收时专家审阅。成果材料汇编与结题验收表中提及的项目成果保持一致。

除以上三类需编写的材料外,申请结题还需要一并提供《项目申报书》(复印件)、《项目任务书》(盖有公章的原件)、《开题报告》《中期报告》等材料备查。

2.教改项目的推广

教改项目的最根本目标是促进教育教学的改革,具有很强的实践性,促进教改成果凝练、完善与推广是教学研究的重要步骤。教改项目的推广主要在项目研究组和项目管理部门两个层面进行。

项目研究组在项目研究的基础上,将项目研究成果经过可行性论证、改革试验结果、总结归纳、理论升华等步骤,凝练成教学改革研究论文、专著、教材发表、出版,或形成教学大纲、指标体系、培养模式等成果并进行广泛应用。

项目管理部门一般采取汇编研究项目成果、召开研究项目成果报告会择优报送有关部门作为决策参考等方式,对深化高等教育教学改革、提高教育教学质量有重要意义的项目成果进行宣传和推广,促进优秀教学改革研究成果的传播与应用。[①]

同时,教改项目是教学成果奖培育的基础。教学研究为解决教育问题提供实际解决方案,这些方案经过广泛推广和长期实践,取得良好的人才培养效果,经过凝练与总结,形成一种模式,成为教学成果奖的雏形。

(五)常见问题

1.项目调整

在项目研究过程中,若项目研究计划、主要研究人员、研究时限需要进行重大调整时,可申请项目调整。项目调整必须由项目负责人填写《项目调整申请单》,经所在单位签署意见后,报项目管理部门批准。若项目主持人因调离等原因不能履行主持研究工作职责时,所在单位要及时采取有效措施,确保项目研究工作继续进行,并及时报告主管部门。

[①] 重庆市教育委员会.《重庆市高等教育教学改革研究项目管理办法》,(渝教高函〔2016〕12号).

2.延期结题

对研究时限已满、但仍未能完成研究工作的项目,项目主持人应向主管部门提交延期结题申请,说明延期理由与后续研究计划。

3.暂缓结题

初次结题验收不合格的项目,原则上可暂缓结题,项目组可根据专家组的结题评审意见补充相应成果、完善相应材料后,再次申请结题验收。

二、教学建设类项目

(一)专业建设项目

专业是学校办学的主要载体和人才培养的基本单元,是建设一流本科教育的"四梁八柱"。专业建设项目一般包括国家级、省级和校级建设项目。项目的具体类型主要有：一流本科专业、专业综合改革试点、各类特色专业等。本部分将从项目申报基础、项目申报书填写、项目申报注意事项、专业建设规划编制四个方面进行介绍。

1.项目申报基础

项目申报前,需要从专业的教育理念、目标定位、专业特色、课程体系、课堂教学、实践教学、师资队伍、质量保障、教学改革、学生发展、社会声誉等方面情况展开自我评价,分析本专业在全国和本区域内的分布情况,比较自身的优势和劣势,从而做出科学有效的研判。以一流本科专业建设点为例,申报国家级一流本科专业应具备以下五项前期基础条件。

(1)专业定位明确。服务面向清晰,适应国家和区域经济社会发展需要,符合学校发展定位和办学方向。

(2)专业管理规范。切实落实本科专业教学质量国家标准要求,人才培养方案科学合理,教育教学管理规范有序。需特别注意申报前三年未出现重大安全责任事故。

(3)改革成效突出。持续深化教育教学改革,教育理念先进,教学内容更新及时,方法手段不断创新,以新理念、新形态、新方法引领带动新工科、新医科、新农科、新文科建设。

(4)师资力量雄厚。不断加强师资队伍和基层教学组织建设,教育教学研究活动广泛开展,专业教学团队结构合理、整体素质水平高。

(5)培养质量一流。坚持以学生为中心,促进学生全面发展,有效激发学生学习兴趣和潜能,增强创新精神、实践能力和社会责任感,毕业生行业认可度高、社会整体评价好。

2.项目申报书填写

以国家级一流本科专业建设点申报为例,申报书主要包括所在高校基本情况、报送专业情况、下一步推进专业建设和改革的主要思路及举措等内容。

(1)所在高校基本情况

主要包括学校办学类型、生师比相关数据、专任教师结构比例、推进高水平本科建设整体情况、学校关于本科人才培养的重要政策文件等内容。这部分内容通常由学校相关部门统一撰写,数据应真实有效,重点突出全面落实"以本为本、四个回归"、积极推进"四新"建设、不断完善协同育人和实践教学机制、努力培育以人才培养为中心的质量文化等内容,重要的政策文件应选择能凸显人才培养中心地位的代表性文件。

(2)报送专业情况

此部分内容主要包括9个方面,具体如下。

·专业基本情况。根据本科专业人才培养方案中的学分、学时、实践比例等相关数据填写,教授给本科生上课的比例原则上应为100%,所有数据均应符合《普通高等学校本科专业类教学质量国家标准》的相关要求。

·专业负责人基本情况。选择学界影响力大、学术造诣深厚,具有正高级职称的教师担任负责人,体现其教育教学水平高、承担本科生课程多等特点。

- 本专业毕业生就业(升学)情况。可根据各学校每年年终发布的毕业生就业质量年度报告的相关数据填写。

- 本专业获省部级及以上奖励和支持情况。奖励类别包括教学成果奖、教学名师和教学团队、专业建设、课程与教材、实验和实践教学平台、教学改革项目等方面,填写的成果应具有获奖级别高、获奖类型丰富、获奖数量多等特点。

- 专业定位、历史沿革和特色优势。分三个部分分别论述,专业定位应适应国家和经济社会发展需要,服务面向清晰,符合学校的发展定位和办学方向。历史沿革重在突出专业深厚的底蕴和悠久的历史。特色优势突出本专业在全国或本区域内的优势。

- 深化专业综合改革的主要举措和成效。可从教育教学理念、专业内涵建设、课程和教材建设、教学方法手段更新、学生学习过程管理等方面展开描述。

- 加强师资队伍和基层教学组织建设的主要举措及成效。突出教师队伍结构合理,强调近三年未出现重大师德师风失范和学术不端行为。

- 加强专业教学质量保障体系建设的主要举措和成效。可从教学管理制度完善、专业质量保障体系科学有效、质量监控与评价机制健全、校内外评价结果的综合分析和合理使用、注重对毕业生持续跟踪和反馈机制等方面阐述。

- 毕业生培养质量的跟踪调查结果和外部评价。可包含省部级以上学科竞赛获奖情况、用人单位反馈信息、毕业生反馈信息、第三方外部调查等内容。

(3)下一步推进专业建设和改革的主要思路及举措

此部分内容应从主要思路和举措两个方面展开,主要思路要紧扣新时代教育教学改革的最新要求,举措可结合申报书第二部分报送专业情况的相关内容进行梳理列举,希望达成的目标可用具体数据作支撑,保证措施的真实性和有效性。

3.项目申报注意事项

项目申报要注意把握六点要求和四个呼应关系。

(1)六点要求

·站位要高,全面落实立德树人根本任务。

·理念要新,顺应时代要求和未来发展趋势。

·思考要透,准确把握国家关于专业建设和教育教学改革的目标方向。

·措施要实,具体做法和举措必须实实在在、科学有效。

·效果要好,深化教育教学改革的举措成效应有较为显著的效果,并且与学生的成长和发展密切相关。

·愿景要美,未来的建设思路和举措应合理可行,体现出专业美好的发展前景。

(2)四个呼应关系

·三大板块间的呼应。专业与学校、展望与成绩之间应注意呼应。

·板块内的呼应。所取得的成绩应与专业特色等存在呼应关系。

·普通高等学校本科专业类教学质量国家标准的呼应。

·专业本科人才培养方案的呼应。

4.专业建设规划编制

专业建设规划是专业未来一段时间建设发展的"施工图"和"时间表",可从立德树人、教学改革、教师队伍、教学资源、合作实践、培养质量、社会影响、综合水平等方面分析专业当前现状,并提出未来一段时间的总体建设目标和分阶段建设目标,细化具体建设内容和举措,完善支持保障措施。专业建设规划应作为专业建设项目中期检查的重要内容,执行情况和评价结果纳入专业建设项目年度验收内容。

(二)课程建设项目

课程建设是保证和提高教学质量的重要手段,是学科专业建设的基础,是深化教学改革的关键。课程建设项目通常包括国家级、省部级和校级建设项目,其中,国家级课程建设注重创新性、示范引领性和推广性,省部级课程建设突出针对性和有效性,校级课程建设突出科学性和规范性。课程建设项目的主要类型有一流本科课程、精品课程、课程思政示范课程等。本部分将从项目申报要求、项目申报书填写、项目申报注意事项三个方面进行介绍。

1.项目申报要求

课程的类型主要包括线上课程、线下课程、线上线下混合式课程、虚拟仿真实验教学课程、社会实践课程五种。主要申报要求包括以下几点。

(1)教学理念先进。坚持立德树人,体现以学生发展为中心,致力于开启学生内在潜力和学习动力,注重学生德智体美劳全面发展。

(2)课程教学团队教学成果显著。课程团队教学改革意识强烈、理念先进,人员结构及任务分工合理。主讲教师具备良好的师德师风,具有丰富的教学经验、较高学术造诣,积极投身教学改革,教学能力强,能够运用新技术提高教学效率、提升教学质量。

(3)课程目标有效支撑培养目标达成。课程目标符合学校办学定位和人才培养目标,注重知识、能力、素质培养。

(4)课程教学设计科学合理。围绕目标达成、教学内容、组织实施和多元评价需求进行整体规划,教学策略、教学方法、教学过程、教学评价等设计合理。

(5)课程内容与时俱进。课程内容结构符合学生成长规律,依据学科前沿动态与社会发展需求动态更新知识体系,契合课程目标,教材选用符合教育部和学校教材选用规定,教学资源丰富多样,体现思想性、科学性与时代性。

(6)教学组织与实施突出学生中心地位。根据学生认知规律和接受特点,创新教与学模式,因材施教,促进师生之间、学生之间的交流互动、资源共享、知识生成,教学反馈及时,教学效果显著。

(7)课程管理与评价科学且可测量。教师备课要求明确,学生学习管理严格。针对教学目标、教学内容、教学组织等采用多元化考核评价,过程可回溯,诊断改进积极有效。教学过程材料完整,可借鉴可监督。

2.项目申报书填写

以国家级一流本科课程申报为例,申报书主要包括课程基本信息、授课教师(教学团队)、课程目标、课程建设及应用情况、课程特色与创新、课程建设计划、附件材料等内容。

(1)课程基本信息。对照通知要求,准确填写相关信息。

(2)授课教师(教学团队)。课程负责人应具有丰富的教学经验和较高学术造诣,教学团队结构合理,分工明确,各自的教学任务清晰具体。课程负责人教学情况重点介绍相关度高的教学任务、教学研究和教学奖励,相关度不高的尽量不填报。

(3)课程目标。课程目标要立足时代发展需求,符合学校办学定位、专业人才培养目标和学生情况,可从知识、能力、素质三个方面展开描述,体现结构化、层次化,描述应准确具体,达成路径清晰,便于考核评价。

(4)课程建设及应用情况。主要包括课程发展历程、课程与教学改革要解决重点问题、课程内容与资源建设及应用情况、课程教学内容组织实施情况、课程成绩评定方式、课程评价及改革成效等六个方面情况。

·课程发展历程。突出课程的重要性和影响力,体现历史悠久、底蕴深厚,做到重点突出,简明扼要。

·课程与教学改革要解决的重点问题。问题清晰明确,与教学改革举措相对应。

·课程内容与资源建设及应用情况。课程内容应坚持立德树人,能够将思想政治教育内化为课程内容;规范完整,体现前沿性和时代性,反映学科专业最新发展成果和教改教研成果;具有较高的科学性,内容更新和完善及时;无危害国家安全、涉密及其他不适宜网络公开传播的内容,无侵犯他人知识产权内容。课程资源可从教材、在线资源、案例库、题库、短视频、课件等方面展开,应用情况可用具体数据支撑。

·课程教学内容及组织实施情况。主要描述课程教学设计,应科学合理,遵循教育教学规律,体现现代教育思想。围绕目标达成、教学内容、组织实施进行整体规划。教学组织要突出以学生中心,注重学生批判性思维、合作能力、复杂问题解决能力的培养。教学方法体现先进性和互动性。各项教学活动完整、有效,按计划实施。

·课程成绩评定方式。注重过程性考核,综合应用多种考核方式,合理增加考核难度,考核内容应强调思考性、启发性和挑战性。

·课程评价及改革成效。课程评价包括学生评教数据、督导专家评价、同行评价等,改革成效包括获奖情况、教改论文、学生成果等。

(5)课程特色与创新。突出本课程的特色和教学改革创新点,注重提炼和总结。可与同类课程进行比较,从教学理念、教学目标、教学内容、教学策略和方法、教学评价等方面挖掘创新之处。

(6)课程建设计划。以问题为导向的思路撰写,把需要进一步解决的问题和改革的方向与措施结合起来,通过相关的建设计划得以体现。

(7)附件材料。主要包括说课视频、教学设计样例说明、教学日历、试卷及答案、成绩分布统计、教案、学生评教结果统计、课堂教学评价等。其中,说课视频含课程概述、教学设计思路、教学环境、教学方法、创新特色、教学效果评价与比较等。说课视频实际上是申报书前面几个部分内容的有机整合,通过视频的形式再次展现表格里的内容。

3.申报注意事项

本部分主要包括课程建设项目申报的常见问题和注意事项两个方面。

(1)常见问题

·理念不先进。内容因循守旧,理念思路未紧跟时代发展步伐。

·问答不统一。未严格按照申报书的要求进行明确清晰的阐述,如课程目标未具体描述应达到的知识、能力水平等。

·要素不齐全。如团队分工不明确,教学任务表述不清晰。教学经历未重点描述承担教学任务、开展教学研究、获得教学奖励等。

·表述不精准。如课程与教学改革要解决的重点问题应强调问题。课程目标描述应简洁准确。课程评价结果要清晰,有具体数据内容支撑等。

·提炼不到位。如课程的特色和创新未进行有效的总结和提炼。

·联系不紧密。申请书中的内容应与附件材料紧密联系。申报书各个部分内容应互相印证。

(2)注意事项

·体现课程思政,落实立德树人。

·贯彻文件精神,遵循"两性一度"。

·注重前后呼应,特色对应成果。

·保持信息的准确性和一致性。

·条理清晰、层次分明,逐一回答、图文并茂。

·标题对仗、穿衣戴帽,方便专家评审。

·突出现代教育技术的融合和课堂创新。

·材料齐全,无遗漏。

·保证视频、截图、照片等整洁美观。

(三)课程思政建设项目

课程思政建设,就是要寓价值观引导于知识传授和能力培养之中,帮助学生塑造正确的世界观、人生观、价值观,使各类课程与思政课程同向同行,将显性教育和隐性教育相统一,形成协同效应,构建全员全程全方位育人大格局。课程是课程思政建设的根本依托,课堂教学是课程思政建设的出发点和落脚点,教师开展课程思政建设的意识和能力,决定着课程思政建设能否取得实效。课程思政建设项目主要包括国家级、省级课程思政示范课程、教学名师和团队等。

1.项目申报前期工作

课程思政建设项目申报前,需要做以下一些前期工作。

(1)坚持三个导向。即坚持目标导向、问题导向、结果导向。认真对照课程思政建设标准、查找自身存在的问题和短板、狠抓落实以达成目标。

(2)明确内涵。仔细研读申报通知等相关文件,准确把握文件内涵精神,避免出现陷入申报误区。

(3)学习纲要。学习《高等学校课程思政建设指导纲要》,明确课程所属类型,针对标准,抓住关键,突出重点。

(4)研究申报书。研究申报书的主要构成部分,分析各个部分的主要意图,明确每个部分的内涵要求,梳理填报思路,系统构建申报书内容。

(5)盘点自己。分析自身课程建设的基础,已有的举措,发表的论文,主要的成果,以及课程的交流影响等。

2.项目申报书填写

以国家级课程思政示范课程申报为例,申报书主要包括课程基本信息、授课教师(教学团队)基本情况、授课教师(教学团队)课程思政教育教学情况、课程思政建设总体设计情况、课程思政教学实践情况、课程评价与成效、课程特色与创新、课程建设计划、附件材料等部分。

(1)课程基本信息。填写时注意信息的准确性和一致性。

(2)授课教师(教学团队)基本情况。注意教学团队结构合理,分工明确,各自的教学任务清晰具体。

(3)授课教师(教学团队)课程思政教育教学情况。课程负责人和教学团队政治立场坚定,师德师风良好,职称年龄结构合理,任务分工明确,经常性开展课程思政建设教学研究和交流,课程思政建设整体水平高,教学成果较为丰硕,如教材建设、教改论文、一流课程,省部级教改项目、教学成果奖培育等。

(4)课程思政建设总体设计情况。创新课程思政题材,结合所在学科专业、所属课程类型的育人要求和特点,系统梳理总结课程思政建设思路和路径,将思政教育有机融入课程教学,充分体现所申报类型的特征,充分提升凝练,突出重点,体现特色,引人入胜。

(5)课程思政教学实践情况。可从以下方面展开论述。

·优化课程内容。准确把握"坚定学生理想信念,教育学生爱党、爱国、爱社会主义、爱人民、爱集体"主线,结合所在学科专业、所属课程类型的育人要求和特点,注重体现学校办学定位和专业特色,深入挖掘蕴含的思政教育资源,注重价值塑造、知识传授与能力培养相统一。

・融入教学全过程。课程思政要落实到课程目标设计、课程大纲修订、教材编审选用、教案课件编写各方面,贯穿于课堂授课、教学研讨、实验实训、作业论文各环节。

・改进教学方法。注重隐性教育和启发性教育,善于在教学活动中引导学生发现问题、分析问题、思考问题。增强师生互动,在互动与讨论中,将价值教育内容无形地传递给学生,提高育人实效。

・完善评价方法。注重过程性考核,综合运用多种考核方式,强化对学生的学习态度、课堂纪律、学术诚信的考查,以考促学,以考促行,引导学生养成良好的行为规范。

・丰富教学资源。积极探索知识与育人的结合点,建立教学案例和素材库,为学生提供丰富多样的教学资源。综合运用第一课堂和第二课堂,深入开展社会实践、志愿服务、实习实训活动,不断拓展课程思政建设方法和途径。

・提升教师能力。积极参加课程思政相关培训和沙龙等,教学团队深入开展课程思政教学研讨交流活动,思政课教师与专业课教师合作开展课程思政建设和研究等。

(6)课程评价与成效。课程考核评价体现过程性和多元化,突出与课程思政的相关性。体现校内外同行和学生评价的数据和内容。课程思政教学改革成效需有具体的支撑,如获奖、论文、学生成果等。示范辐射突出本课程的推广示范和影响等内容。

(7)课程特色与创新。课程思政建设方面的特色、亮点和创新点,可供同类课程借鉴共享的经验做法。此部分注意与前述各部分内容的呼应,此处的亮点应在总体设计和实践部分有所支撑和体现。

(8)课程建设计划。概述课程在课程思政方面的持续建设计划、需要进一步解决的问题、主要改进措施、支持保障措施等。此部分主要计划、问题、改进措施的相关性,以及与前述各部分的相关性,做到简洁、明确、具体。

(9)附件材料。教学材料应支撑充分,包含:一份凸显课程思政理念的课程大纲;一套体现课程思政特点的课件和教案;一套体现改革成效的课程建设材料(包括教学设计、课程思政教学案例、融合了思政教育效果评价的试题、紧扣课程思政主题的说课视频、示范公开课实录视频、能够体现学生对课程思政改革的反馈及感悟的材料等)。

3.课程思政建设常见误区

课程思政建设项目的申报时要注意避免陷入常见误区,主要包括。

(1)混淆课程思政与思政课程。容易导致抛开专业专门开展思政教育、在专业课程中将"课程"与"思政"简单相加、"课程"与"思政"生硬嵌入,甚至脱离知识体系补充思政内容等错误做法[①]。

(2)课程思政"真情"缺失。很多教师缺乏较好的课程思政育人能力与技巧,在课程思政的教育教学过程中更多地采用的是说教式、灌输式,空谈理论多,联系实际少,缺乏真情实感,难以引发学生的共鸣和思考。

(3)为完成任务而"思政"。对课程思政的内涵理解不到位,导致为了完成任务而"思政",出现了两课之间放红歌、上课前先看几段时政要闻的情况出现,并且不是个例。

(4)知识、能力和价值观培育分离。课程思政就是要寓价值观引导于知识传授和能力培养之中,帮助学生塑造正确的世界观、人生观、价值观。知识、能力和价值观培育的分离,会导致高学历犯罪、诚信缺失、行为举止失范、价值观偏离等一系列社会突出问题的出现。

(5)课程思政的主题淡化。对课程思政的观念理解偏差,导致实施过程中出现随意乱贴标签,将育人功能各环节都归入课程思政,冲淡课程思政主题。

(四)教材建设项目

教材是传播知识的主要载体,体现着一个国家一个民族的价值观念体系,是老师教学、学生学习的重要工具。教材通常是指供学校使用的

[①] 易鹏,吴能表,王进军.新农科课程思政建设:价值、遵循及路径[J].西南大学学报(社会科学版).2022,48(3):78-87.

教学用书，以及作为教材内容组成部分的教学材料（如教材的配套音视频资源、图册等），不包括各类学术专著、教学参考书、教辅用书、培训类教材。教材建设项目主要包括国家级规划教材、国家教材建设奖、省部级规划教材、各类出版社规划教材和校级规划教材等。教材的主要类型包括计划新编、计划修订、成书三类。

1. 项目申报基础

申报相关项目的教材通常应具备以下基础[①]。

（1）体现党和国家意志。坚持马克思主义的指导地位，全面融入社会主义核心价值观，全面贯彻党的教育方针，落实立德树人根本任务，确保正确的政治方向和价值导向。

（2）体现创新性和科学性。充分反映中国特色社会主义实践，反映相关学科教学和科研最新进展，反映经济社会和科技发展对人才培养提出的新要求，全面准确阐述学科专业的基本理论、基础知识、基本方法和学术体系，结构严谨、逻辑性强、体系完备，富有启发性，有利于激发学习兴趣及创新潜能。

（3）编排科学合理，符合学术规范。遵守知识产权保护等国家法律、行政法规，不得有民族、地域、性别、职业、年龄歧视等内容，不得有商业广告或变相商业广告。

（4）教材编写人员符合要求。教材编写所有人员应经所在单位党组织审核同意并公示。政治立场坚定，学术功底扎实，一般应具有高级专业技术职务，遵纪守法，有良好的思想品德、社会形象和师德师风，有足够时间和精力从事教材编写修订工作。

（5）审核程序完善。教材正式出版前，应经出版机构或所在单位组织专家审核，严把政治关、学术关，政治把关要重点审核教材的政治方向和价值导向，学术把关要重点审核教材内容的科学性、先进性和适用性。严格落实重大选题备案制度。

---

① 中华人民共和国教育部.教育部关于印发《中小学教材管理办法》《职业院校教材管理办法》和《普通高等学校教材管理办法》的通知[EB/OL].(2019-12-16)[2024-01-29].http://www.moe.gov.cn/srcsite/A26/moe_714/202001/t20200107_414578.htm.

2.项目申报书填写

通过分析首届全国教材建设奖优秀教材评审表、职业教育规划教材、农业农村部规划教材申报书等,将主要从教材基本信息、教材适用情况、作者信息、教材简介、教材特色和创新、教材应用情况及社会影响力等内容进行介绍。

(1)教材基本信息。保证信息的准确性和一致性,申报教材名称按照实际出版教材名称填写,须在普通高等教育学科体系框架内。其中最新印次时间及印次和初版以来合计印数,要与出版社核实最新数据进行填报。

(2)教材适用情况。根据申报通知要求针对性填写,确保信息的准确性和规范性,通常只能选择一种适用类别,适用专业根据适用课程的性质决定,如果是公共课程教材,可适用多个专业,如果是专业核心课程教材,则应只适用一个专业或两个密切相关的专业。

(3)教材作者信息。包括教材主编、副主编、参编等人员,主编应具有高级专业技术职务,在相关教材或学科教学方面取得有影响的研究成果,有丰富的教材编写经验。其他编写人员原则上也应具有高级专业技术职务,承担工作应具体明确。编写团队应由本校、外校、知名企业专家学者联合组成。所有编写人员应经所在单位党组织审核同意并公示。

(4)教材简介。不应直接把教材中的简介抄录下来,要结合申报文件的具体要求对照写,充分体现本教材符合申报要求。另外,还可对教材的编写理念与内容设计等内容进行简要介绍。

(5)教材特色和创新。重点介绍本教材与同类教材相比较,突出的特色及改革创新点,同时注意结合课程思政要求的落实情况进行撰写,一般选择3-5个特色与创新点进行重点说明,每段第一句话用小标题高度概括并彰显特色内涵。

(6)申报教材应用情况及社会影响力。主要包括选用本教材的范围及学校,与附件材料中"教材使用情况证明材料"等相结合,统计尽量做到全面准确。教学效果及评价,可选用学科行业专家的评价、教材选用高校任课教师、学生评价等材料做支撑,体现教材应用范围广、使用效果好等特点。

3.申报注意事项

教材建设项目申报需注意以下事项:

(1)超前谋划,提前准备。国家级规划教材的申报通常针对已经正式出版的教材,并且对出版时间有要求,较长一段时间未再版、未重印的教材通常不在申报范围内,因此要及时推进教材的编写、出版和修订工作。

(2)严把政治关、学术关。严格《普通高等教育教材管理办法》的相关要求,做好教材的编写、审核等工作,特别是编写人员的政治审查和教材内容的审核工作。

(3)不断发展创新。紧密结合"四新"专业和新兴专业、薄弱专业等的教材建设。积极探索纸质教材的数字化改造,努力打造融媒体教材,有效服务于线上教学、线上线下混合式教学等新型教学模式。

(4)加强沟通交流。教材编写团队应由本校、外校、研究机构、行业企业等人员组成,同时与出版社保持密切的沟通交流,及时了解本学科教材规划的重点和发展方向。

三、教学成果奖申报与培育

(一)内涵与要求

1.教学成果奖设立背景

国家级教学成果奖是教育部为了奖励取得教学成果的集体和个人,鼓励教育工作者从事教育教学研究,提高教学水平和教育质量而设立的最高级别的奖励。1988年4月,国家教委发出《关于加强普通高等学校本科教育工作的意见》,《意见》提出了加强普通高等学校本科教学工作的10条措施,明确1989年召开全国高等学校教学工作奖励大会,以后每四年进行一次。自此,国家确立了每四年一次的普通高等学校国家级教学成果奖励制度[①]。国家级教学成果奖是国家在教学研究和实践领域中颁授的最高奖项,每4年评审一次,获奖项目须在教育教学理论及实践中取得重大突破。1993年《普通学校优秀教学成果奖励工作办法》"教学成果是指高等学校教学工作中教书育人、教学改革、教学建设、教学管理等方面经过实践检验的、对提高教育质量、实现培养目标直接产生显著效益的成果。"1994年3月,国务院发布《教学成果奖励条例》(以下简称"条例"),形成了国家级教学成果奖励制度。

2.教学成果奖范畴及等级

国家级教学成果奖包括基础教育、职业教育、高等教育3个大类。基础教育包括学前教育、义务教育、普通高中教育;职业教育包括中等职业教育和高等职业教育;高等教育包括高等教育阶段的学历教育和非学历教育。其他类型的教育根据其所实施的教育层次,申报相应的教学成果奖[②]。

《教学成果奖励条例》(1994年国务院令第151号)第六条,国家级教学成果奖分为特等奖、一等奖、二等奖三个等级,授予相应的证书、奖章和奖金。根据国家级教学成果奖励制度,各级教学管理部门、教育研究机构设立对应级别的教学成果奖,以鼓励教师培育建设更高等级教学成果奖,如各省(市)设立的省级教学成果奖,高等教育研究学会设置的教学成果奖,高校设立的校级教学成果奖等。

3.教学成果奖相关概念辨析

(1)广义教育教学成果

通常包括有具体载体形式的教学建设成果和无具体载体形式的教育教学改革方案的实施。教育教学成果可以通过各级特色专业、规划教材、精品课程、实验项目等形式表现,对于一些无法通过具体载体呈现的

---

① 陈元芳,李国芳,刘廷玺,等.教学成果奖的演变过程及其建设与申报体会[J].教育教学论坛,2020(50):87-88.
② 中华人民共和国教育部.《教育部关于开展2018年国家级教学成果奖评审工作的通知》(教师函〔2018〕3号).[EB/OL].(2018-02-06)[2024-02-28].http://www.moe.gov.cn/srcsite/A10/s7058/201802/t20180206_326947.html.

教育教学成果,如人才培养体系、人才培养模式、教育教学方法等方面改革取得的成绩,通过遴选教育教学成果奖的形式呈现。

(2)教学成果奖中的教学成果

1994年,国务院发布《教学成果奖励条例》,条例第二条:本条例所称教学成果,是指反映教育教学规律,具有独创性、新颖性、实用性,对提高教学水平和教育质量、实现培养目标产生明显效果的教育教学方案。而教学成果奖中所指教学成果,体现的是成熟的教育教学改革方案,并非专业、课程、教材等具体的教学成果。

4.教学成果奖申报要求

高等教育国家级教学成果内容主要包括转变教育思想观念、改革人才培养机制、创新人才培养模式、优化学科专业结构、加强教学质量保障、改进教学内容方法、强化实践育人环节、推进优质教育资源共享、推动教学管理机制改革、全面推进素质教育等方面。

(1)基本要求

①已获得省级、部级教学成果一等及以上奖的成果。

②成果应经过2年以上教育教学实践检验(特等奖和一等奖的成果一般应经过不低于4年的教育教学实践检验),实践检验的起始时间,应从正式实施(包括试行)教育教学方案的时间开始计算,不含研讨、论证及制定方案的时间。

③成果的主要完成人应直接参加成果的方案设计、论证、研究和实施全过程,并做出主要贡献。成果的主要完成单位应为成果主要完成人所在的单位,并在成果的方案设计、论证、研究和实践的全过程中做出主要贡献。

国内首创的;

在全国产生一定影响的。

注:实践检验的起始时间,应从正式实施(包括正式试行)教育教学方案的时间开始计算,不含研讨、论证及制定方案的时间。截止时间为推荐国家级教学成果奖的时间。

(2)教学成果奖目标要求

特等奖教学成果应当在教育教学理论上有重大创新,在教育教学改革实践中取得特别重大突破,对提高教学水平和教育质量、实现培养目标有突出贡献,在国内处于领先水平,在全国产生重大影响。

一等奖教学成果应当在教育教学理论上有创新,对教育教学改革实践有重大示范作用,对提高教学水平和教育质量、实现培养目标产生重大成效,在全国或者省(市、区)域内产生较大影响。

二等奖教学成果应当在教育教学理论或者实践的某一方面有重大突破,对提高教学水平和教育质量、实现培养目标产生显著成效。

(二)培育与凝练

1.成果来源

(1)事先计划

适用于项目立项时就已经非常明确知道自己在做什么,如何做的,取得了什么成果等。

(2)倒查梳理

适用于项目立项时,计划不清晰;开始只是为了教改项目;缺乏无顶层设计;有过设想,但执行中改变了。

(3)整合已完成的教研项目

对于已完成的许多小项目,应将其整合成一个大成果,目前很多二等奖即是如此。

2.成果培育策略

(1)瞄准改革趋势,规划研究项目

围绕高等教育教学改革趋势、学校教育教学改革难点、人才培养模式等主题,提前规划设计各级各类教育教学改革项目,确保教育教学改革成果具有一定的先进性和创新性。以项目研究为驱动,搭建教育教学成果项目平台。

(2)统筹整合成果,丰富成果载体

依托项目研究,提高成果培育意识,不断丰富具体成果,打造专业、教材、课程、案例、资源库、教学改革论文教学改革专著等成果载体,以载体建设为抓手,构建教育教学成果支撑体系,确保教育教学改革成果具有一定引领性和显著性。

(3)注重交流宣传,持续优化改进

教学成果奖特别强调的是成果应用推广效果,在研究及实践过程中,需要注重交流宣传,通过会议报告、研讨交流、宣传报道、专家咨询等途径,多渠道交流,持续改进优化,提高教育教学改革成果的科学性和扩展性。在宣传交流过程,有利于推广成果,建立合作,为成果在本校外推广提供途径,以多方协同为途径,建立教育教学成果的推广机制。

3.成果凝练策略

(1)树立先进理念,明确成果领域

教学成果奖具备成果水平高、创新要求高和实践周期长等特点,因此需要紧密联系国内外教育教学改革趋势,结合教育教学改革问题,提前谋划设计,可围绕成果形成期与实践期间的国家重大战略发展需求、教育部重点发展方向及要求,树立先进教育理念,提高成果选题的站位,突出成果的先进性,确定成果所属领域,在成果名称中可将"先进理念"与"成果领域"体现出来,一般来说高水平成果需要体现聚焦性与宏观性的特点,即主题聚焦、成果宏观,最好能够体现一个学校、一个专业、一类课程、一个领域等改革的综合性与特色性。

(2)强化系统思维,找准教学问题

教学成果奖特别强调的成果实践性,成果是否有效实践其源头在于能否找准教育教学的问题。找准教学问题,是教学成果凝练的一项难题,教学问题容易被一些现象所覆盖,这就需要成果完成人具备系统思维和高度总结概括能力,实现从现象到问题的转变。通常需要先列出成果领域核心要素(子系统)和教育教学现象,再将教育教学现象进行聚类分析,最后总结形成教学问题。在进行聚类时,一般体现的是子系统层面的问题,问题与问题(即子系统与子系统)之间原则上在同一个层面,避免交叉、重复。

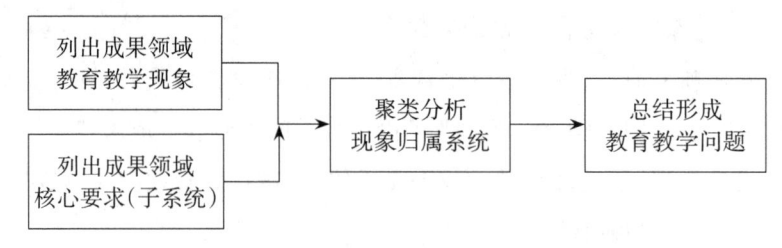

图9-1 寻找教育教学问题的系统思维图

(3)对照教学问题,设计成果框架

教学问题是成果奖的框架设计起点,因此,需要对照教学问题,科学设计成果的框架。通常一个问题对应一个子方案,必要时在成果框架中加入理念与保障要素,为便于推广应用,最好凝练形成一个相对固定的模型、模式或方案。成果主题通常体现出子方案的理念、方法或特色。

(4)依托成果载体,优化成果内容

一般来说需要先形成改革方案,再按照方案实践取得一系列改革成效。但在教学改革中,往往方案的形成与教学成果载体形成时间界线模糊,这就需要一些具备"逆"向思维,来凝练成果,即根据成果载体取得显著性成绩,不断优化成果内容,支撑高水平教学成果奖的申报,从而提高申报教学成果奖的示范性。

一项高水平教学成果奖的主题,往往要综合应用上述(1)-(4)项策略,反复推敲,不断完善,最终凝练而成。

(三)成果申报流程

1.申报书填写策略

(1)工作流程

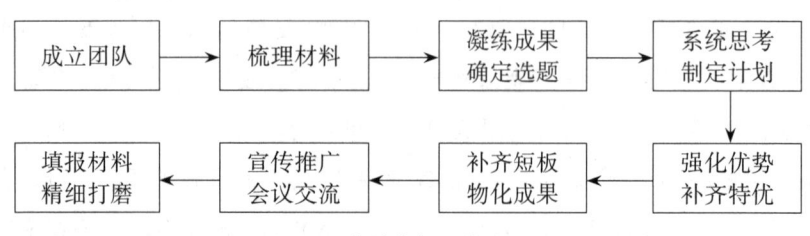

图9-2 成果申报工作流程图

（2）成果选题策略

①把握改革风向：对标党和国家对教育教学改革的总体布局，重点关注全国教育大会、《中国教育现代化2035》等教育领域的重大活动、会议及政策文件，研究新时代高等教育发展的新方向。

②选定主题领域：围绕热点、重点领域寻找突破点，近年来的热点领域包括立德树人、五育并举、培养模式、专业建设、课程教学、实践教学、创新创业、合作育人、师资队伍、教学组织、学业评价、通识教育、教育评价等。

③明确发展趋势：梳理研究教育部门发布的相关政策文件，明确选题领域的发展趋势和建设要求。了解高等教育领域发展现状，确定本校成果在全国高校或区域范围高校内的比较优势。

④结合实际定题：根据学校教育教学改革实际确定成果主题，好的主题将提高成果的推广力度。主题命名通常可采用热点关联法、成果总结法、改革领域概括法。热点关联法即关联热点教育教学领域，成果总结法即根据后续凝练总结形成的模式，改革领域概括法即表述为领域名称+改革实践。通常应用前两种方式命名，能够在题目上表现出该成果的创新性。

（3）"成果简介及主要解决的教学问题"撰写策略

①成果简介：主要包含成果选题意义、成果起点标志、方案形成标志、成果概述以及成果取得成效。

选题意义，通常需要从适应国家战略需求、高等教育发展趋势、人才培养需求等角度为切入，不能仅仅从学校、专业、课程建设等微观角度出发谈意义。

成果起点标志，选择一项教学改革研究或实践项目为切入点，标志着成果正式开始进入研究阶段。

成果形成标志，即项目结题验收时间或取得阶段性进展的标志性事件。

成果概述，部分则要具体介绍成果形成思路、具体内容等。

成果取得成效，在简介中部分的成效，可从成果取得的众多成效中，选择最具权威的最具影响力的成效予以说明。

②主要解决的教学问题:详见本章成果凝练策略部分的"强化系统思维,找准教学问题"部分内容,表述上切记要是"真"问题,切记不能将研究内容、解决问题的方法和问题相混淆。一般教学问题包括3-5项为宜。

(4)成果——解决教学问题的方法撰写策略

此部分是成果的核心部分,不超过1 000字。如何将此部分内容写得出彩,难就难在要用1 000字将成果高度凝练总结成方法体系,又要对方案进行适当细化,需要兼顾整体性和具体性。

①对照性原则:通常可对照每项教学问题,逐条提出解决方案,可适当增加宏观布局和改革保障的内容,方法间具备相互支撑关系。

②结构性原则:通常对照问题自上而下进行方法设计,方法内部层次分明,逻辑关系清晰。

③具体性原则:方法切记不能只停留在理念层面,需要明确举措,据实撰写。

(5)成果的创新点撰写策略

此部分是成果创新点的体现,本部分不超过800字,3-5项创新点为宜。通常可分为理论创新、方法创新、模式创新、制度创新等层面,也可将具体创新举措提出。此部分表述上需要体现出创新点或证明创新点,尤其注意要与成果解决教学问题方法进行区分,应避免与前面内容重复,避免创新点不"新"。

①理论创新层面:围绕教育理念、指导思想、建设思路层面进行的架构,突出先进性。

②方法创新层面:紧扣先进教育理念,科学设计的方法,领先其他高校,在同一领域具备引领性。

③模式创新层面:形成了新的模式,在相关领域具备示范性。

④制度创新层面:研制了新制度,保障了成果有效的运行。

⑤具体举措层面:就成果形成的某一项具体创新举措进行介绍。

(6)成果的推广应用效果撰写策略

此部分不超过1 000字,是成果取得成效的具体体现。应包括校内实践、校外推广及成果辐射三个层面的内容。

①校内实践情况：包含成果在学校的应用规模、覆盖范围、实践年限、实践效果等。

②校外推广情况：包含成果在其他高校的应用情况、覆盖范围、实践效果等，可通过高校、专家的评价进行体现。

③成果辐射情况：包含成果示范效应、社会效应情况，可通过会议交流、媒体宣传报道等体现。

（7）主要完成人情况撰写策略

主要完成人内容需要根据成果方案写实，突出成果完成人在本成果的责任分工、相关教育教学改革成果。

2.总结撰写策略

通常总结部分要求为5 000字以内，在打磨好成果奖申报书后进行撰写。对成果立项背景，研究思路，解决的教学问题，解决教学问题的方法，成果创新点以及取得成效进行详细介绍。

3.附件支撑材料汇编策略

附件支撑材料汇编即能够证明成果及其取得成效的相关材料。根据成果情况，通常对应成果申报书编制目录、对应支撑材料类别编制目录有两种模式。

（1）对应成果申报书编制目录

对应成果申报书的模块即成果呈获奖项、成果简介、解决教学问题方法、成果创新点、成果推广应效果等部分，下设二级标题，细化支撑材料名称。

（2）对应支撑材料类别编制目录

一般支撑材料可分为立项文件、制度文件、改革方案、获奖证书（教师和学生）、成果应用证明、媒体宣传报道、学生评价、专家评价等模块。这一模式，可根据成果的具体需要对支撑材料进行归类与展示。

4.注意事项

（1）申报书全文的逻辑关系很重要，获奖与内容的关系，成果与问题的关系，问题与措施的关系，措施与效果的关系，人员贡献与成果的关系，形式具体方案，形式介于论文和总结之间。

(2)成果反映教育教学规律,是教育教学方案而不是具体的工作流程,对提高教学水平和教育质量、实现人才培养目标产生明显效果。

(3)成果经过凝练、提升、实践且证明有效的,具有独创性、新颖性、实用性。

(4)注意成效与成果的关系,成效是对成果效果的证明,选取关键性和显著性的指标,在表述时要体现数据的对比可信度,不能只用多少获奖绝对值来表现改革成效。

(5)注重成果牵头人的影响力,团队成员的代表性和对成果的实质性贡献与良好的结构需要考虑,申报国奖看全国影响、省级看区域。

(四)实践与推广

1.成果实践策略

(1)检验实践效果,持续改进成果

教育教学成果的成效需要在实践中检验,在实践中及时发现问题,适时调整改革措施,持续改进成果,提高成果的科学性与发展性。

(2)注重成果培育,积累实践成效

在实践过程要提前对实践覆盖面、标志性成果等的培育,注重各类获奖情况、学生发展情况、建设成绩等显著性成效的积累。

2.成果推广策略

(1)借助交流平台,广泛推介成果

以调研来访、学术交流、工作研讨等为契机,广泛推介教育教学改革思路、措施与成果,尽可能拓展应用范围,提高成果的知名度与认可度。

(2)注重宣传质量,打造精品成果

通过研究论文、新闻报税、工作简报、公众号等多种途径宣传教育教学改革成果,并注重宣传材料的质量等级,瞄准知名网站、新闻媒体,打造精品成果。

(3)提升成果推广的多样化和规模化

在教育教学成果的推广过程,坚持多样化、规模化推广,具体可包人才培养模式、课程、教材等成果应用情况,成果数量越多、应用规模越广,体现的教育教学成果推广应用价值就越大。

(五)常见问题

在教学成果奖申报过程中,初次申报时,容易陷入误区,本书列举了一些常见问题,在填写申报书时应予以重视和避免。

1. 成果缺乏前期基础,多为临时拼凑。

2. 获奖多为堆砌,甚至将科研项目列入。

3. 成果起止、应用随意性大,缺乏证据。

4. 成果缺乏提炼和理论升华,切忌写成工作总结型成果。

5. 成果解决的问题不真实或者零散不系统,问题与成果之间的呼应性不够,解决问题的方法对问题的针对性不足。

6. 成果创新写得较为随意,或过分夸大,或包治百病,注意要对创新点反复推敲,创新点是否为真的创新。

7. 成果应用推广写得琐碎,注重点、忽视面,或者只列出具体数字缺乏对比,难以信服。

8. 成果中自创新名词、概念太多,名词之间关系无法说清。

9. 主要完成人主要贡献与成果的关联度不高,避免排序不合理甚至挂名情况。

10. 成果要主要完成人的身份不一致,如普通教师申报全局性成果(全校、全院等)。

11. 成果的支撑材料放在申报书中,如有人将编写教材目录、学生获奖详细清单等放入正文不合适。

12. 用时代新词表述四五年前的成果,这与成果实践年限的要求是相矛盾的,注意选题热点提出的时间。

13. 成果总结报告只对申报书简单重复。

14. 支撑材料庞杂,存在凑数现象,支撑材料缺乏结构化,未进行归类,不方便专家查阅。

15. 成果主动推广不够,影响全靠简单描述。

参考文献

[1]李桢.李桢与自觉教[M].北京:北京师范大学出版社,2020.

[2]王桂波,王国君.教师职业技能训练教程[M].北京:清华大学出版社,2012.

[3]孙华.教学设计论纲[M].重庆:重庆大学出版社.2013.

[4]张丽丽,高乐国.学前儿童发展心理学[M].上海:华东师范大学出版社.2016.

[5]陈时见.比较教学论[M].南昌:江西教育出版社,1996.

[6]钱玲,喻潜安.教学设计理论与实践[M].北京:教育科学出版社,2012.

[7]袁德润.课程与教学 新手教师的视角[M].杭州:浙江大学出版社,2018.

[8]威廉.J.罗思韦尔,H.C.卡扎纳斯.掌握教学设计流程(第三版)[M].李洁,李元明,译 北京:北京大学出版社.2007.

[9]邢红军.大学教学技能精进教程[M].北京:清华大学出版社,2017.

[10]李爽,李阳.商务礼仪实务[M].北京:清华大学出版社,2017.

[11]陈昊.地理教学的时间管理研究[M].镇江:江苏大学出版社,2016.

[12]黄萍.中学数学教与学的理论与实践[M].贵阳:贵州教育出版社,2007.

[13]朱汉国,郑林.新编历史教学论[M].上海:华东师范大学出版社,2008.

[14]谢忠新.学前教育现代教育技术[M].上海:复旦大学出版社,2013.

[15]杨乃虹.教育学教程[M].北京:高等教育出版社,2000.

[16]杨吉兴,何咏梅,肖钰士,等.中学人文课程教学概论[M].武汉:华中科技大学出版社,2012.

[17]陈文华.教师技能——新形势对教师的新要求[M].呼和浩特:远方出版社,2005.

[18]李洪屏,王永强,田洪,等.学前儿童科学教育活动设计与指导[M].上海:复旦大学出版社,2016.

[19]王光健.客房服务与管理实务[M].北京:高等教育出版社,2018.

[20]李经天,王小兰.教师教学技能训练教程[M].武汉:华中科技大学出版社,2012.

[21]高建明.高校实验教学质量评价体系的建设与实践探索[M].长春:吉林人民出版社,2017.

[22]杨西燕,范翔宇,范存辉.大学生野外实习安全教程[M].北京:石油工业出版社,2021.

[23]殷爱荪.探索者的脚步 苏州大学文正学院教学管理论集(第3辑)[M].苏州:苏州大学出版社,2014.

[24]饶玲.课程与教学论[M].北京:中国时代经济出版社,2004.

[25]李高峰,吴成军.初中生物学有效教学[M].北京:北京师范大学出版社,2015.6.

[26]朱艳俊.高中思想政治课教师教学反思研究[D].上海:上海师范大学,2018.

[27]申继亮.教学反思与行动研究:教师发展之路[M].北京:北京师范大学出版社,2006.

[28]沈柳.一所民办高校的教师课堂教学评价研究——以上海市J学院为个案[D].上海:华东师范大学,2009.

[29]张文佳.基于绘本故事的小学低学段生命教育的行动研究[D].石家庄:河北师范大学,2021.

[30]刘雅静.学分制收费改革与高校教学管理模式创新研究[M].桂林:广西师范大学出版社,2019.